Practising
SPANISH
Grammar

third edition

Christopher Pountain
Teresa de Carlos
Angela Howkins

 **HODDER**
EDUCATION
AN HACHETTE UK COMPANY

First published in Great Britain in 2000. Second edition published in 2006.
This edition published in 2011 by Hodder Education, an Hachette UK Company,
338 Euston Road, London NW1 3BH

www.hoddereducation.co.uk

Hachette UK's policy is to use papers that are natural, renewable and
recyclable products and made from wood grown in sustainable forests.
The logging and manufacturing processes are expected to conform to the
environmental regulations of the country of origin.

The advice and information in this book are believed to be true and
accurate at the date of going to press, but neither the authors nor the publisher
can accept any legal responsibility or liability for any errors or omissions.

British Library Cataloguing in Publication Data
A catalogue record for this book is available from the British Library

Library of Congress Cataloging-in-Publication Data
A catalog record for this book is available from the Library of Congress

ISBN 978 1 444 13770 5

1 2 3 4 5 6 7 8 9 10

Typeset in 9.5/11pt Palatino by Servis Filmsetting Ltd, Stockport, Cheshire
Printed and bound in the UK by CPI Antony Rowe.

What do you think about this book? Or any other Hodder Education title?
Please send your comments to the feedback section on www.hoddereducation.co.uk

Contents

Preface to the First Edition

Practising Spanish Grammar has been designed as a workbook in Spanish grammar specifically to accompany John Butt and Carmen Benjamin's *A New Reference Grammar of Modern Spanish* (B&B), to which it is cross-referenced, though it is of course possible to use the exercises independently or with any other good grammar of Spanish. Coverage of B&B is, we hope, comprehensive, with particular concentration on those areas of usage which we know from experience English learners of Spanish find difficult.

The exercises are graded as follows:

Level 1: Basic exercises, suitable for revision of the essential points of Spanish morphology and syntax, and using straightforward, everyday language. These could be used by sixth-formers, and by degree course students for revision.

Level 2: More difficult exercises which involve more ambitious language, especially authentic texts, and cover all the points of standard usage. These will be particularly suitable for thorough revision by post-A-Level students or by competent A-Level students who are looking for a challenge.

Level 3: Advanced exercises which involve mini-research projects, explanations and commentaries, or language which is stylistically marked or otherwise difficult in some way. This level also includes some work on non-standard usages. These are intended particularly for practical language classes at university level, and will lead on naturally to the formal linguistic and stylistic study of Spanish.

Although we have tried to pay attention to a range of varieties of Spanish, variation within Latin America especially is so great that we cannot realistically achieve comprehensiveness in this respect. We have attempted, therefore, to give special attention to some Mexican and Argentine usages which differ from the Peninsular norm. We hope that teachers using this book will not find this limitation too inconvenient, and that they will be able to adapt exercises and answers, where necessary, to their own usage.

A key has been supplied for all but the open-ended exercises, so that the book can also be used for private study.

We are grateful to John Butt and Carmen Benjamin, who suggested this project in the first place and commented on some of the material, and to Lesley Riddle of Arnold for her encouragement and forbearance during the book's preparation. We owe a particular debt of gratitude to Lynn Ingamells, who brought her vast experience as a Spanish language teacher and examiner to bear in looking critically at a number of sections of the book, and to Coral Neale, who gave us tea, sympathy and the benefit of another native speaker's point of view when most needed. We must also not neglect to thank several generations of our students, whose difficulties, questions and errors have hopefully helped us to target the exercises appropriately.

We would of course be very grateful to receive comments on the exercises from practising teachers who use them in the classroom and will ultimately be the best judges of their effectiveness.

Christopher J Pountain
Teresa de Carlos
Department of Spanish and Portuguese,
University of Cambridge

Preface to the Third Edition

The format for this third edition of *Practising Spanish Grammar* remains the same, with graded exercises and references to the relevant sections of the fifth edition of *A New Reference Grammar of Modern Spanish* by John Butt and Carmen Benjamin (referred to in the text as B&B). It has been similarly updated to reflect changes in Spanish, most especially the technological terms and cultural words that are now current in everyday vocabulary. Keywords have been provided to facilitate understanding and retain the focus on the grammar element of an exercise, and the number of translation exercises from English to Spanish has been reduced. A glossary of grammatical terms replaces the cross-reference section at the end of the book.

In addition to the thanks already expressed, we would like to thank Bianca Knights and Lavinia Porter of Hodder Education for seeing this new edition into print. Thanks also go to Julio Cortés Lucas and Consuelo Gonzalo Soria for their helpful comments and advice, and to the students in the classroom whose learning experiences have, in their own way, provided input into this book.

Christopher J Pountain
Teresa de Carlos
Angela Howkins
2011

Acknowledgements

The authors and publisher would like to thank the following for permission to use copyright material in this book:

Concejalía de Turismo de Alcalá de Henares (28.2), Consejo Superior de Investigaciones Científicas (5.4, 29.2), Diario El País Internacional SA (12.2, 13.11, 13.29, 20.1, 33.1), Ediciones Destino SA (11.18B, 24.9), Ediciones Temas de Hoy SA (9.3, 13.7), Editorial Alfaguara (32.4), Editorial Planeta (21.3), *El Pais* Semonal (33.1) Hodder & Stoughton Publishers (21.3), Penguin Books Ltd (Hamish Hamilton Ltd) (3.8), Plaza Janés (16.17), Secretaría de Estado para la Comunicación (20.10), Society of Authors as the Literary Representative of the Estate of L.P. Hartley (3.8).

1 Nouns

The form of the article

1.1 General exercise (1) (B&B 1, Level 1)

Give the correct form of the definite article (*el, la*) with the following nouns.

1. piel	8. análisis	15. crisis
2. clase	9. hipótesis	16. foto
3. problema	10. señal	17. régimen
4. muchedumbre	11. nuez	18. árbol
5. agua	12. mano	19. labor
6. fin	13. viaje	20. desastre
7. flor	14. hambre	

1.2 General exercise (2) (B&B 1, Level 1)

Complete the following sentences by choosing an appropriate word from the list below and supplying the correct definite article.

carne, césped, color, dolor, incidente, mapa, radio, serie, sed, tranvía.

1. Tuvieron que ir a la comisaría a denunciar _____.
2. Estas píldoras son muy buenas para _____ de cabeza.
3. En algunos países, está totalmente prohibido pisar _____.
4. Hay muchos que opinan que _____ es mucho peor que el hambre.
5. A María nunca le ha gustado _____ amarillo.
6. Hoy en _____ han dicho que la ola de calor seguirá hasta el fin de semana.
7. Moncó, como es un pueblo tan pequeño, no sale en _____.
8. ¿Se ha publicado ya _____ de artículos que escribió Alfonso sobre la biosfera?
9. No es que no me guste _____, es que simplemente soy vegetariano.
10. En muchas ciudades europeas están reintroduciendo _____ como medio de transporte.

1.3 Masculine and feminine pairs (B&B 1.2, Level 1/2)

Give the feminine forms that correspond to the following masculine nouns.

Example: autor → **autora**

1. director	5. príncipe
2. juez	6. león
3. alcalde	7. yerno
4. actor	8. poeta

9. presidente
10. profesor
11. conde
12. héroe
13. dependiente
14. guitarrista
15. jefe
16. modelo
17. caballo
18. policía
19. gallo
20. estudiante

1.4 Words with two genders (1) (B&B 1.4.16, Level 1)

Keywords

la quiebra	bankruptcy
el capataz	foreman
el forofo	supporter, fan
la cicatriz	scar
un presagio	omen

Insert the correct definite or indefinite article as appropriate for the meaning of the noun and the correct adjective ending, where necessary, in the following sentences.

1. ¿Tú sabes cómo se llama ___ capital de Honduras?
2. Con la quiebra de la empresa, Fermín perdió ___ capital que había invertido.
3. Habrá que cambiar ___ orden de las instrucciones para que todo quede más claro.
4. Cuando el capataz dio ___ orden, todos empezaron a tirar de las cuerdas.
5. En una novela o en una película siempre preferimos ___ final feliz.
6. Los forofos quedaron desolados por la derrota de su equipo en ___ final de la Copa.
7. La zona industrial de Bilbao se encuentra en ___ margen izquierd_ de la ría.
8. Nadie pensaba que iban a ganar las elecciones por ___ margen tan ampli_.
9. Tras las inundaciones se teme que enfermedades como ___ cólera aumenten el número de muertos.
10. ___ cólera es una emoción mucho más fuerte que el enfado ¿verdad?
11. Antaño cuando se veía ___ cometa, era como un presagio.
12. Un año, los Reyes me trajeron ___ cometa.
13. Se quedó ___ mayor parte del día sentado en el rincón escuchando y observando lo que pasaba.
14. ___ parte que dimos sobre el accidente a la compañía de seguros no fue suficiente.
15. Lo reconocieron por la cicatriz que tenía en ___ frente.
16. Las condiciones de los soldados que lucharon en ___ frente fueron pésimas.
17. He perdido ___ de ___ pendientes que me regaló mi esposo el día de nuestra boda.
18. Subir ___ pendiente con el viento en contra no fue nada fácil.
19. A ___ mañana siguiente, Pepe llamó a su novia para disculparse por la borrachera.
20. Nadie sabe lo que le traerá ___ mañana.

1.5 Words with two genders (2) (B&B 1.4.16, Level 2/3)

Insert the correct noun ending (where necessary), the correct form of the definite or indefinite article, as appropriate, and the correct adjective ending in the following sentences.

1. Fuimos a Valencia para ver ____ almendr__ en flor.
2. Londres es ____ capital del Reino Unido.
3. ____ policía estaba hablando con uno de los vecinos.
4. Tiene un lunar en ____ frente.
5. Este libro ha sido publicado por ____ editorial británic__.
6. La chica llevaba ____ pendientes exótic__.
7. En el acuario vimos ____ peces muy pequeñ__.
8. Toledo está en ____ márgen__ del Tajo.
9. Ponlos en orden alfabétic__.
10. ____ Mar Mediterráne__ está muy suci__.
11. Mi primo aprende a tocar ____ trompeta.
12. Me gustan ____ cerez__.
13. ____ cometa Hiyakutake se acercó a la Tierra en 1996.
14. Este comité tiene ocho vocales rus__.
15. Mira lo que está escrito en ____ margen derech__ de la página.
16. Hoy en día hay ____ cura eficaz contra ____ cólera.
17. Velázquez perteneció a ____ orden de Santiago.
18. Aquí hay que poner dos puntos en vez de ____ coma.
19. Vamos a escuchar ____ parte meteorológic__.
20. ____ cámaras están en huelga.

1.6 Nouns ending in *-ma* (B&B 1.4.3 and 1.4.6, Level 2/3)

Supply an article and the correct form of the adjective for the following nouns.

1. ___ clima benign__
2. ___ asma crónic__
3. ___ esquemas disparatad__s
4. ___ poema épic__
5. ___ problemas contemporáne__s
6. ___ estratagema atrevid__
7. ___ crema depilatori__
8. ___ emblema venezolan__
9. ___ programa televisiv__
10. ___ diagrama técnic__
11. ___ dogma religios__
12. ___ diploma avanzad__
13. ___ armas blanc__s
14. ___ normas acordad__s
15. ___ dilema complicadísim__
16. ___ panorama magníific__
17. ___ diadema precios__
18. ___ alma caritativ__
19. ___ flema ingles__
20. ___ rima perfect__

1.7 Nouns ending in *-is* (B&B 1.4.5, Level 2/3)

Insert the correct form of the definite or indefinite article as appropriate and the correct adjective ending in the following sentences.

1. Ha padecido ____ apendicitis gravísim__ .
2. ____ tesis de Pablo es ést__: que hay que controlar la inmigración.
3. El presidente puso ____ énfasis en la cuestión social.
4. El catedrático ofreció ____ análisis muy profund__ de ____ crisis financier__ .
5. La guerra nuclear representaría ____ nuev__ apocalipsis.
6. ____ tercer__ dosis se toma a las cinco.
7. Su ingreso en la Academia fue ____ apoteosis de su carrera.
8. ____ meningitis suele ser peligrosísim__ .
9. Cuando el ídolo se puso a cantar, aquello fue ____ éxtasis.
10. ____ diéresis es necesari__ en palabras tales como *desagüe*, *cigüeña*, etc.

1.8 **Words ending in -e (B&B 1, Level 2)**

Arrange the following words in two columns, masculine and feminine, and give their English translations.

arete, base, cable, carrete, catástrofe, chiste, epítome, gripe, higiene, índole, juguete, lastre, lote, mole, pirámide.

1.9 **Gender of compound nouns (B&B 1.4.9, Level 2/3)**

Project: Find out the gender of the following words, if you do not know it already. Can you see any rule for the gender of such words?

aguanieve, aguardiente, altavoz, bocacalle, cortacésped, enhorabuena, hazmerreír, madreselva, maniobra, parabién, paraguas, pésame, pormenor, salvapantallas, sin-razón, terremoto, todoterreno.

Number

1.10 **Plural formation (B&B 2, Level 1/2)**

Give the plural forms of the following.

1. el dólar
2. la tecla
3. el café
4. la tesis
5. el mes
6. la ración
7. el crimen
8. el virus
9. la raíz
10. el sacacorchos
11. la hora punta
12. la bocacalle
13. el régimen
14. el país miembro
15. el viernes
16. el boicot
17. el tabú
18. el dios
19. el autobús
20. el menú

1.11 **Agreement of the verb (B&B 2, Level 2)**

Replace the infinitive given in brackets with the most appropriate form of the verb.

1. El elemento más problemático _____ (ser) los parados.
2. Una minoría de los espectadores _____ (llegar) a pelear entre sí.
3. La muchedumbre se _____ (manifestar) a favor de las reformas.
4. Después de la guerra, el problema fundamental _____ (ser) los refugiados.
5. Algunos estudiosos creen que Shakespeare _____ (ser) en realidad varias personas.
6. Casi la mitad de los obreros no _____ (estar) de acuerdo con la oferta de la dirección.
7. El único grupo que no _____ (haber) emitido su voto _____ (ser) la minoría griega.
8. El primer ministro dijo que el Consejo de Ministros no _____ (ir) a despenalizar la marihuana.
9. ¿Qué _____ (opinar) la mayoría de los ciudadanos sobre la sequía?
10. El nuevo factor de defensa _____ (ser) los misiles intercontinentales.

1.12 **Spanish plural for English singular, and vice versa (B&B 2.2, Level 2)**

Translate the following sentences into Spanish.

1. I have a great desire to go on holiday.
2. People can act in a very strange fashion.
3. Put your dirty clothes in the washing machine. (tú)
4. We all put our coats on before leaving.
5. She went downstairs, humming a popular tune.
6. He doesn't look further than the end of his nose.
7. They had all forgotten to bring their umbrellas.
8. The proposal received warm applause.
9. Jealousy is a terrible thing.
10. The room was in darkness.
11. I've no more strength left.
12. We usually spend Christmas at home.

2 Articles

The form of the article

2.1 *El* or *la, un* or *una*? (B&B 3.1, Level 1)

Put the correct form of the article, definite or indefinite as appropriate, in the following phrases.

1. ____ alma caritativa
2. ____ frías aguas del Báltico
3. ____ América de hoy
4. ____ habla coloquial
5. ____ hache no se pronuncia
6. ____ ancha Calle Serrano
7. ____ otra aula
8. ____ área enorme
9. ____ armonía doméstica
10. ____ final de América
11. ____ armas nucleares
12. ____ árabe casada

Uses of the article

2.2 The article with names of languages (B&B 3.2.16, Level 1)

In which of these cases is an article needed?

1. La región vasca tardó en aceptar ____ latín.
2. El tratado estaba redactado en ____ inglés, ____ francés y ____ chino.
3. En Nueva York se emplea mucho ____ español en los letreros.
4. Mi tía habla ____ sueco muy literario.
5. Durante los siglos XVII y XVIII fue un hecho la decadencia de ____ catalán.
6. Este artículo hay que traducirlo de ____ español a ____ portugués.
7. En México hay varios cursos de ____ español para extranjeros.
8. Lo que más extraña de ____ finlandés son los casos.
9. ¿Sabes ____ japonés? Sí; de niño siempre hablaba ____ japonés en casa.
10. Resulta muy difícil entender ____ árabe hablado.

2.3 The article with names of countries and towns (B&B 3.2.17–18, Level 1/2)

Read the following sentences and correct those which you consider incorrect.

1. La Coruña está en Galicia.
2. La capital de Egipto es Cairo.
3. Cuando fuimos a Austria también pasamos unos días en República Checa.
4. Vamos a celebrar las bodas de plata en casa de mi primo en Rioja.
5. El poder de la nueva China se basa sobre todo en la inversión y las exportaciones.
6. En Paraguay el guaraní es lengua cooficial con el español.
7. En zonas de Perú, Bolivia y el noroeste de Argentina perduran el quechua y el aimará.

8. Después de pasar unos días en Habana, alquilaron un coche e hicieron un recorrido de toda la isla de Cuba.
9. Sus libros sobre España medieval son fascinantes.
10. Son las cinco; las cuatro en Canarias.

2.4 **The article with days of the week (B&B 3.2.20, Level 1/2)**

Translate into Spanish.

1. See you on Monday!
2. Where were you last Friday night? (tú)
3. We only open from Monday to Wednesday in winter.
4. On Saturday evenings he goes to Mass.
5. Christmas Day falls on a Sunday this year.
6. We leave on Tuesday 5 April.
7. As of Thursday this office will be closed.
8. It always seems to rain on Fridays.
9. There won't be anyone here from Wednesday to Friday.
10. What day is it today? It's Tuesday.

2.5 **General exercise (B&B 3.2, Level 2)**

Complete these sentences by inserting an appropriate definite article where necessary.

1. A nosotros nos gustan ___ almendras tostadas.
2. ¿Tú sabes ___ móvil* de Arsenio?
3. Ya son imprescindibles ___ ordenadores como ___ instrumentos de ___ trabajo.
4. ___ defensores de ___ ingeniería genética aseguran que tienen ___ capacidad para erradicar ___ enfermedades degenerativas.
5. – ___ señor Rodríguez, lo siento pero en este momento no está ___ señora Aguirre.
6. Nunca, pero nunca se pierde ___ esperanza de que mejoren ___ cosas.
7. Aunque decía que no le pasaba nada, estuvo dos días en ___ cama.
8. ___ dinero no da ___ felicidad pero sin ___ dinero no se vive en este mundo.
9. ___ crecimiento de ___ población, ___ tasas elevadas de ___ mortalidad y ___ problemas de ___ migración en ___ países de___ Tercer Mundo requieren ___ acción inmediata.
10. Hoy día es normal acceder a ___ servicios de ___ Internet como ___ navegación, ___ buscadores y ___ redes sociales desde ___ móvil.

(móvil = celular in Lat. Am.)

2.6 **The indefinite article after a verb (B&B 3.3.6–3.3.9, Level 2)**

Insert an indefinite article, if appropriate, in the following sentences.

1. Esta chica no tiene ____ novio.
2. Hoy día en España casi todo el mundo tiene ____ coche.
3. Aquí es donde tenemos que hacer ____ cola.
4. Eché ____ vistazo al periódico.

5. Cuando la vi, llevaba ____ zapatos viejos y ____ sombrero de paja.
6. Si no comes nada te vas a quedar como ____ esqueleto.
7. Ya es hora de que busquemos ____ trabajo si queremos comprar ____ piso.
8. Sevilla tiene ____ aeropuerto internacional.
9. Tengo ____ derecho a saber por qué me han despedido.
10. Mi mujer es ____ grafista, así que tenemos ____ ordenador en casa.
11. Plauto fue ____ dramaturgo romano muy apreciado en su época.
12. Hay que buscar ____ solución a este problema.
13. Fui al mercado a comprar ____ pescado.
14. La Unesco es ____ buen ejemplo de lo que puede conseguir la cooperación internacional.
15. Mi abuela todavía no tiene ____ teléfono en casa.
16. ¿Me puede ayudar, por favor? Soy ____ forastero aquí.
17. Hace años que lleva ____ bigote.
18. Es ____ pena que no nos conociésemos antes.
19. No te preocupes: mi amigo Juan es ____ hombre de confianza.
20. Este pobre niño no tiene ____ madre.

2.7 *Unos* (B&B 3.4, Level 2/3)

Study the following sentences. Where is the use of *unos* or *unas* obligatory? If it is not obligatory, what is the difference in meaning if it is omitted?

1. Los delincuentes fueron identificados por unas huellas dactilares halladas en la puerta del almacén.
2. El nuevo ministro no vacilará en defender antes que nada unos principios humanitarios.
3. Precisamente, este año tenía pensado dedicarme a unos cursos de Empresariales.
4. A lo mejor voy a estar unos días en Roma.
5. Hay unos profesores muy raros que siempre andan distraídos.
6. Tengo unas gafas de fantasía que me regaló mi novia.
7. La mujer consiguió en el siglo XX unos logros bastante grandes.
8. En este centro siguen unos métodos un tanto arcaicos.
9. Me estaban mirando unos ojos negros y recelosos.
10. Este libro tiene unos pasajes preciosos.

Use and omission of the articles

2.8 Use and omission of the definite article (B&B 3.2, Level 2)

Translate into Spanish.

1. We Spaniards seek truth in all things.
2. Prices are high in France at the moment.
3. India did this in the name of democracy.
4. Scientists think that beef can damage your health.
5. French and Spanish are quite similar.
6. On Saturday evening I will visit Dr Pérez.
7. In Liberators' Square there was the statue of President Rosales, the founder of the Republic.
8. Twenty per cent of the class are left-handed.

9. Sr. Puig will be on television next week.
10. He couldn't play football while he was in prison.
11. Granny is at home, reading.
12. I'm going to wait for Real Madrid to score before I go to bed.
13. In Chapter 4 there is a description of Buñuel, the famous Spanish film director.
14. Aunt Sonia and Mummy are both ill in bed.
15. Father Moreno comes from Oviedo, the capital of Asturias.

2.9 Use and omission of the indefinite article (B&B 3.3.12–3.3.13, Level 2)

Translate the following sentences into Spanish.

1. What a sky! I have never seen such a storm.
2. Would you like a room with a balcony? (usted)
3. He never wears a tie.
4. Please give me half a kilo of oranges. (usted)
5. We have had a certain difficulty in sending this e-mail.
6. The comet had a long tail.
7. A mermaid has a fish's tail.
8. What would you like as a starter (first course)? (usted)
9. What a surprise it was to find such a crowd here!
10. Here comes another man with an umbrella.

2.10 Use and omission of the definite and indefinite article (1) (B&B 3.2, 3.3, Level 2/3)

Complete the following sentences with an appropriate definite or indefinite article where necessary.

1. No tengo ___ tiempo para hacerlo.
2. Por ___ primera vez en su vida, salió a la calle a manifestarse en contra de ___ paro.
3. Adela tiene ___ pelo rubio y rizado y ___ ojos azules enormes.
4. Hay ___ página web donde se recogen ___ opiniones de ___ lectores sobre ___ paro juvenil.
5. Tardaron ___ media hora en llegar a ___ casa de ___ Gómez.
6. ___ tomates están a 1,50 euros ___ kilo.
7. Claro, si no tienes ___ televisor no puedes ver ___ maravillosa serie que ponen sobre ___ animales en peligro de ___ extinción.
8. Hay quienes dicen que este país necesita ___ gobierno con ___ líder fuerte.
9. ___ tía Angustias siempre iba a ___ iglesia ___ domingos por ___ mañana.
10. Hay quien cree que ___ comité para ___ conservación de ___ naturaleza debería estar formado por ___ expertos y no por ___ políticos.

2.10 Use and omission of the definite and indefinite article (2) (B&B 3.2, 3.3, Level 3)

Read the following passage and identify where definite and indefinite articles have been omitted or wrongly used.

Actualmente en España las costumbres sociales con respecto a la emancipación familiar están cambiando y dos de cada cuatro españoles entre veintiséis y veintinueve años viven con sus padres. Democracia les ha dado libertad y formación pero no les ha dado independencia. Bien buscan un trabajo, bien buscan una casa, circunstancias les obligan a quedarse en casa y prolongar su dependencia familiar.

Una de las causas principales es el problema para acceder al primer empleo y la precariedad e inseguridad de continuidad de contratos temporales. Una otra es el problema de la vivienda. Precios de los alquileres, sobre todo en las grandes ciudades, son desproporcionados a realidad económica mientras el pago de la hipoteca media absorbe mitad del salario medio bruto.

Padres también sufren esta situación y detrás de cada uno de estos jóvenes hay padres que se sienten perplejos y culpables y que permiten que sus hijos sigan en casa.

3 Adjectives

Agreement

3.1 Basic agreement (B&B 4.2, 4.6, Level 1/2)

Give the correct form of the adjective in the following phrases (the masculine singular form of each adjective is given).

1. Una chica (español)
2. El habla (contemporáneo)
3. Unas costumbres (catalán)
4. No tengo (ninguno) hermano
5. Las fiestas de (Santo) Isidro
6. La (feliz) pareja
7. Una criada (cortés)
8. En (tercero) clase
9. Un problema (moderno)
10. Una jirafa (macho)
11. Con fecha (anterior)
12. Las niñas (mayor)
13. Tres libros (azul)
14. Un estudiante de (primero) año
15. Una pared (gris)
16. Todo el (santo) día
17. Dos pueblos (indígena)
18. Las mujeres (iraní)
19. Un (bueno) susto
20. La Iglesia de (Santo) Tomás

3.2 More complex agreements (B&B 4.7, Level 2/3)

Translate the following sentences into Spanish.

1. He always sends me boring short stories and novels.
2. The majority of Paraguayans are bilingual.
3. It gave us a certain pleasure and happiness.
4. That idea is good.
5. Do you have a relevant argument or objection? (usted)
6. There is nothing evil about him.
7. I asked her to speak a bit louder.
8. Neither my brother nor I were in the least offended.
9. Toledo has many attractive old squares and buildings.
10. She did it with her habitual charm and patience.

3.3 Colour adjectives (B&B 4.2.4, 4.3, Level 2/3)

Translate the English in brackets into Spanish to complete the following sentences.

1. Cuando le dijeron que le favorecía (pink) empezó a vestirse de ese color, sobre todo (deep pink).
2. Decidió comprarle a su novia una barra de labios (bright red).
3. Ni que decir tiene que es muy peligroso exponerse a (ultraviolet rays).
4. La higuera es un árbol con (dark green leaves) de lento crecimiento.
5. No sé por qué se le ocurrió comprarse un portátil (orange) – es muy llamativo.
6. Hay que apreciar (the pale gold) de este vino y sus aromas que recuerdan a frutos tropicales.

7. Lo que más extrañaba de su tierra eran las aguas (turquoise blue) del mar y la fina arena (white) de las playas.
8. ¡Tirad los vaqueros desteñidos! Este año se llevan (bright, vivid colours) como por ejemplo (lime greens and shocking pinks).
9. Escogió la camiseta (red and blue striped) porque (red and blue) son los colores de su equipo.
10. Entró en la peluquería con el pelo (dark brown) y salió con una melena (blond) con mechas (platinum).

Formation of adjectives

3.4 Formation of the feminine (B&B 4.2.1–4.2.3, Level 1/2)

Change the noun phrases into the corresponding feminine form.

Example: un chico español   →   una chica **española**

1. un muñeco holandés
2. mi hermano mayor
3. su amigo hindú
4. un profesor feliz
5. un niño modelo
6. un caballero cortés
7. cualquier artista andaluz
8. un chaval encantador
9. un erizo macho
10. un príncipe musulmán
11. nuestro colega hablador
12. un cantante provenzal
13. un muchacho grandote
14. el ministro anterior
15. un joven marroquí

3.5 -*ísimo* forms (B&B 4.9, Level 1)

Complete these sentences using the intensive (-*ísimo*) forms of the adjectives.

1. Creo que ese jarro chino es del siglo cuarto a.C. (antes de Cristo). De todas formas es muy antiguo, _____.
2. Los fundadores del buscador Google eran muy jóvenes, _____, y se han hecho muy, muy ricos, _____.
3. El viaje fue largo, largo, _____.
4. Para dedicarse a la lucha libre, debe ser muy fuerte, _____.
5. Mariana estuvo muy simpática con nosotros, _____.
6. ¡No te podrías imaginar unas condiciones peores! Eran _____.
7. Pedro es una persona muy fiel, _____.
8. Conste que será muy difícil que nos entendamos, _____.
9. El rey mismo acudió a la reunión. No me lo pude creer, el _____ rey.
10. Ese pueblo queda muy, muy lejos de aquí, _____.

3.6 Adjectives pertaining to places (B&B 4.8, Level 2)

Recast the following sentences so that the phrase expressing the town, region or country of origin is rendered by an adjective.

Example: Ana es de Grecia.   →   Ana es **griega**.

1. Tegucigalpa es la capital *de Honduras*.
2. Esta cerveza es *de Bélgica*.

3. Es una costumbre *de Málaga*.
4. El Cid Campeador era *de Burgos*.
5. Éstos son mis primos *de Polonia*.
6. Este reloj es *de Suiza*.
7. Me gustan los pasteles *de Austria*.
8. Los *de Madrid* están siempre ocupadísimos.
9. Sabe mucho de las leyendas *de la India*.
10. Tu abuela es *de Gales*.
11. Los lagos *de Suecia* son muy pintorescos.
12. Me fastidia la vida *de Londres*.
13. Manuel de Falla era *de Granada*.
14. La música *de Hungría* es apasionante.
15. El habla *de Buenos Aires* es muy difícil de entender.

3.7 Adjectives formed from nouns (relational adjectives) (B&B 4.12, Level 3)

Give the adjectives which correspond to the expressions containing nouns which are given in brackets.

Example: un ataque (del corazón) → un ataque **cardíaco**

1. el apoyo (del estado)
2. problemas (con la lengua)
3. el lenguaje (de los periódicos)
4. el orgullo (de la ciudad)
5. el amor (de un hijo)
6. una enfermedad (de pulmón)
7. la presencia (de los reyes)
8. un masaje (del cuerpo)
9. un sindicato (de las minas)
10. una inspección (de rutina)
11. las costumbres (del pueblo)
12. una novela (de policías)
13. una crisis (de finanzas)
14. un éxito (de taquilla)
15. la población (de ovejas)
16. una ocupación (de verano)
17. un remedio (de casa)
18. la industria (de discos)
19. una región (de agricultura)
20. una zona (para peatones)

3.8 Translating 'un-' (B&B 4.13, Level 3)

The following sentences are taken from L.P. Hartley's *The Hireling* (Harmondsworth: Penguin, 1964). Suggest translations for the words italicized.

1. He looked smart, expensive, and *unapproachable*.
2. The house had an *unmistakable* air of wealth.
3. I shouldn't like to do that, it would be too *unkind*.
4. She gave Leadbitter a look so full of unhappiness that he felt quite *uncomfortable*.
5. Most *unfortunate* for you both, my lady.
6. It's that *undelivered* message that torments me.
7. For a moment she felt physically *uneasy*.
8. But Leadbitter's demon remained *unappeased*.
9. The voices spoke in accents which were harsh and *unrefined*.
10. 'You did indeed,' said Lady Franklin, *unaware* of the warmth of her words.

Adjective position

3.9 **Adjective position (1) (B&B 4.11, Level 2/3)**

Consider which of the possibilities for the placing of the adjective is most likely, and what difference in meaning there is between the two.

1. Después de la caída del comunismo se fragmentó la antigua Yugoslavia / la Yugoslavia antigua.
2. Escribir un resumen del pasaje es un nuevo ejercicio / un ejercicio nuevo para vosotros.
3. El Sr Gutiérrez es un buen fontanero / un fontanero bueno.
4. ¡Deja de hablar de tus dichosos sobrinos / tus sobrinos dichosos!
5. En el hotel hay numerosas familias / familias numerosas.
6. No tengo ni un triste libro / un libro triste.
7. Los valientes soldados / los soldados valientes vivían en condiciones pésimas.
8. La frase que acabas de citar no es un buen ejemplo / un ejemplo bueno del uso del verbo "parecer".
9. Todos los grandes logros / los logros grandes del siglo XIX se hicieron gracias a la Revolución Industrial.
10. En el piso de abajo vive una pobre mujer / una mujer pobre.

3.10 **Adjective position (2) (B&B 4.11, Level 2/3)**

Place the adjective before or after the noun, as appropriate.

1. El millonario se instaló en un hotel de Marbella (lujoso).
2. Diríjase al Servicio de Limpieza (Municipal).
3. La abolición del impuesto fue una solución (radical).
4. Había unas 200 personas en el hotel, entre ellas niños (numerosos).
5. Un grupo de catedráticos (prestigiosos) han asegurado que no hay peligro en comer zanahorias.
6. El gobierno toma medidas para evitar una crisis en la industria (siderúrgica).
7. El asesinato provocó una reacción (fuerte) en la pequeña comunidad rural.
8. Estaba en Madrid cuando recibí la noticia (triste) de la muerte de mi colega (querido).
9. Contesta en voz (alta) a las preguntas (siguientes).
10. Rondaban las calles bandas (criminales).

3.11 **Position of adjective with compound nouns (B&B 4.11.5, Level 2)**

Place the adjective given in brackets appropriately, and if necessary make it agree.

1. Tengo un dolor de cabeza (tremendo).
2. Padecía un tipo de cáncer (raro).
3. Era exportador de vinos (fino).
4. Penélope Cruz es una estrella de cine (conocidísimo).
5. Soy director de una empresa de juguetes (español).
6. Mi amigo tiene una colección de sellos (extraordinario).
7. La Giralda es el edificio de Sevilla (más alto).
8. Hay una red de autocares (nacional) en este país.

9. El 23 de diciembre se celebró una comida de empresa (navideño).
10. Te puedo recomendar una agencia de viajes (fiable).

3.12 Adjective position: *bueno, malo, grande, pequeño* (B&B 4.11.6, Level 3)

Use the following words to make meaningful sentences. In some cases you may find you can make more than one.

Example: sueño – siempre – ser – torear – grande

→

Torear siempre fue / ha sido su gran sueño.

Keyword

la promoción   (academic) class

1. grande – ser – árbol – majestuoso – roble
2. malo – grande – debido a – aplazado – torneo – tiempo – final – ser
3. ya no – PC de sobremesa – ser – pequeño – ordenador portátil – hermano
4. empresa – aprovechar – español – crear – grande – nuevo – red social – mercado
5. Andrés – poner – humor – noticias – malo – malo
6. grande – reducir – reto – contaminación – centro – atmosférico – urbano
7. establecimiento – tener – internacional – hotelero – prestigio – español – formación – grande – debido a – personal – bueno
8. malo – pero – promoción – niña – siempre – ser – Catalina – bueno – sacar – nota
9. batalla – pequeño – perder – empresa – comercio – contra – grande
10. vino – fundamental – bueno – bueno – bueno – disfrutar – mesa – compañía – ser

3.13 Adjectives whose meaning varies according to position (B&B 4.11.8, 9.7, 9.10, Level 3)

Translate into Spanish.

1. The average Spaniard does not keep strange animals at home.
2. Here is half a bottle of pure olive oil.
3. Cundinamarca was the former name of several modern Latin American countries.
4. The poor orphan stole out of sheer hunger.
5. Ancient cities have a certain charm.
6. The tall building was painted in various colours.
7. You're a fine friend: you haven't left me even one miserable cent! (tú)
8. At certain times of the year the top dignitaries visit the poorest pensioners.
9. The delicious dishes held a rare attraction for the humble peasants.
10. We have the sure hope that our poor friend will regain her former happiness.

4 Comparatives

Regular and irregular comparative forms

4.1 Comparative forms of adjectives and adverbs (B&B 5.1, 5.2, 5.10, Level 1)

A Insert an adjective or adverb in the comparative form to suit the meaning of the sentence. Use a different word for each sentence.

Example: Dinamarca es ____ que Rusia.

→

Dinamarca es **más pequeña** que Rusia.

1. El caviar es _____ que las sardinas.
2. Durante las vacaciones se vive _____ que en el resto del año.
3. En el sur de Europa, las temperaturas suelen ser _____ que en el norte.
4. Se dice que la monarquía británica es _____ que la española.
5. Hoy en día todo cambia _____ que antaño.
6. Comes _____ que un pájaro, te vas a quedar en los huesos.
7. En invierno amanece _____ que en verano.
8. Yo nací antes luego soy _____ que tú.
9. Los inviernos en este país norteño son _____ de lo que te imaginas.
10. El sueldo de las mujeres suele ser _____ que el de los hombres.

B Repeat the same exercise with *bastante* or *mucho* preceding the comparative expression.

4.2 *Más grande/mayor, más pequeño/menor* (B&B 5.8, 5.9, Level 2)

Fill in the gaps with *gran(de), más, mayor, más gran(de), menos, menor* or *más pequeño,* making the adjective agree where necessary.

¿Quién no ha oído hablar de Mallorca y Menorca, es decir, de la perla mayor y la perla menor de la islas Baleares? Y digo lo de perla, en parte, porque en la (1) _____ de estas islas se encuentra la (2) _____ factoría de perlas cultivadas del país, donde se manufactura, o más bien se cultiva, la (3) _____ perla Majórica.

No cabe duda de que al ser (4) _____ de tamaño, Menorca hace honor a su nombre. Pero ¿podríamos decir que su relevancia histórica haya sido (5) _____? Ciertamente no. Empezando por la Prehistoria, Menorca ofrece el (6) _____ número de *taulas* y *talayots* del archipiélago, de un interés artístico tan (7) _____ que sólo por eso merece una visita. Pero hay otro dato histórico de (8) _____ interés para los británicos. Por el tratado de Utrecht de 1713, el rey de España cometió el (9) _____ error, o la (10) _____ debilidad, de ceder Menorca y Gibraltar a la (11) _____ Bretaña, como mal (12) _____, por su intervención en la Guerra de Sucesión.

Pasemos no obstante al presente y hablemos ¿cómo no? del turismo. El número de turistas que acude a las Baleares es cada año (13) _____. ¿Cuál de las dos islas tiene (14) _____ éxito? Lógicamente la afluencia de público es (15) _____ en Mallorca, aunque sólo sea porque su capacidad hotelera es también mucho (16) _____. Por otro lado, la presencia de la familia real española en el palacio de Mari Vent durante el mes de agosto atrae a los (17) _____ dignatarios y gentes de pro del país. Allí acuden la infanta Dña. Elena, hija (18) _____ del rey; su hermana (19) _____, la Infanta Dña. Cristina y el (20) _____ de todos, el príncipe Felipe, todos ellos amantes de los deportes náuticos, sobre todo la vela.

Con la llegada del otoño la afluencia de público se va haciendo (21) _____ en todos los lugares de veraneo y los (22) _____ hoteles se ofrecen a precios de ganga. Es entonces cuando nuestros (23) _____, los jubilados, que no tienen (24) _____ preocupaciones pero que tienen a cambio todo el tiempo libre del mundo, van a ocupar estas plazas hoteleras, con ayuda del IMSERSO, a un precio mucho (25) _____ del que se paga en pleno verano.

Comparisons of inequality

4.3 *Más/menos que* or *más/menos de*? (B&B 5.5, Level 1)

Insert *más de/menos de* or *más que/menos que* as appropriate in the following sentences.

Keywords

la recaudación	takings (money)
derramar	to spill

1. En ____ un siglo la población mundial casi se ha triplicado.
2. La recaudación por las ____ 250.000 visitas recibidas se destinará a Unicef.
3. Si son más pobres, es porque ganan _____ nosotros.
4. ____ un 10% de los afectados por la enfermedad son niños.
5. Como no hicieron _____ insultarse, no llegaron a un acuerdo.
6. Se pasó ____ 15 meses haciendo rehabilitación todos los días.
7. Se derramaron ____ sesenta toneladas de crudo en el desastre ecológico.
8. Serían ____ las cuatro de la madrugada cuando llegó a casa.
9. Ahora se nota mucho _____ antes que España es el destino predilecto de los jubilados extranjeros.
10. ____ las tres cuartas partes de la humanidad pasa hambre.

Comparisons of quantity with clauses

4.4 Distinguishing where there is comparison with a clause (B&B 5.6, Level 2)

Fill in the gap with *de* or *que*.

1. Le duele más el codo sano ____ el que tiene operado.
2. Le duele más el codo ____ lo que imaginaba antes de operarse.
3. Él sabe que es menos corrupto ____ los que le critican.
4. Él sabe que es menos corrupto ____ lo que la prensa hace ver.
5. Trabaja más ____ lo que debiera.

6. Trabaja muchas más horas ____ otros que contrataron a la vez que él.
7. Anda en una moto mucho más vieja ____ la que yo tiré hace un año.
8. Tiene una moto más vieja ____ lo que permite el código de circulación.
9. Es más rico ____ lo que aparenta.
10. Es más rico ____ los que aparentan serlo.
11. Ahora tiene más problemas ____ antes de poner su propio negocio.
12. Ahora tiene más problemas ____ los que te imaginas.
13. Llegué igual de cansado ____ el que ganó la carrera.
14. Llegué igual de cansado ____ si hubiera ganado la carrera.

4.5 Constructing comparisons of quantity with a clause (B&B 5.6, 7.2.2, Level 2/3)

React to these comments in two ways, following the example. Use the verb given in brackets to make the second of your sentences.

Example: ¡Es una casa más bonita!
No sabes ____ → No sabes **lo bonita que es**.
Es ____ (imaginarse / tú) → Es **más bonita de lo que te imaginas**.

1. ¡Llega siempre más tarde a clase!
   No sabes _____ .
   Llega _____ (permitirse)
2. ¡Canta más bien!
   No sabes _____.
   Canta _____ (suponer / tú)
3. ¡Es más fuerte este brandy!
   No sabes _____
   Es _____ (esperar / uno)
4. ¡Tengo un compañero más listo!
   No sabes _____
   Es _____ (parecer)
5. ¡El estadio queda muy lejos!
   No sabes _____
   Queda _____ (pensar / uno)
6. ¡Los españoles hablan más alto!
   No sabes _____
   Hablan _____ (ser habitual)

Following the example, do the same with the following sentences, which involve nouns.

Example: ¡Nos pusieron más pegas!
No sabes ____ → No sabes **la de pegas que nos pusieron**.
Nos pusieron ____ (suponer) → Nos pusieron **más pegas de las que supones**.

7. ¡Tiene más dinero esa gente!
   No sabes ____
   Tienen ____ (poder gastar / ellos)
8. ¡Me regalaba más flores aquel novio!
   No sabes ____
   Me regalaba ____ (caber en casa)

9. ¡Se venden más estilográficas en esta tienda!
No sabes _____
Se venden _____ (parecer)
10. ¡Nos pusieron más dificultades!
No sabes _____
Nos pusieron _____ (esperar / nosotros)
11. ¡Hicimos más amigos durante las vacaciones!
No sabes _____
Hicimos _____ (imaginarse / tú)
12. ¡Se come más pasta en Italia!
No sabes _____
Se come _____ (creerse)

Superlative of adjectives and adverbs

4.6 Superlative of adjectives (B&B 5.3, Level 1)

Put the adjective in brackets first into the *-ísimo* form and then into the *el/la más* + adjective form, as in the example, making the necessary changes.

Example: Mi madre se toma un café (caliente) por la mañana.
 →
 Mi madre se toma **un café calentísimo** por la mañana.
 Mi madre se toma **el café más caliente** por la mañana.

1. El perro es un animal (noble y fiel).
2. Se instaló en una parte (antigua) de la ciudad.
3. La acompañaba un señor muy (amable) del barrio.
4. Ya no saben ni cómo resolver un problema (simple).
5. De los allí presentes sólo un chico (joven y valiente) se atrevió a increparlo.

4.7 Equivalence with English 'most' and '-est' (B&B 5.3, 5.4, 5.13, Level 3)

Translate the following sentences into Spanish.

1. What, in your opinion, is the most stressful aspect of being a doctor? (tú)
2. Being the most unsociable person in the family, he prefers to be left alone.
3. That was by far the worst paella I've ever eaten.
4. I'll do my very best to come out first.
5. Who recycled the highest amount of glass last year?
6. Mary collected the most paper for recycling.
7. What would you like doing most? (tú)
8. She came across as the person that most liked children.
9. This is where the mountains look highest.
10. Global economy brings the best quality of life at the lowest possible cost.
11. Democracy is the worst form of government ever invented except for all the others.
12. I'll see him as soon as I can; but warn him that the earliest possible day is Thursday and Friday the latest, because I'm off on a business trip. (tú)

Other comparative constructions

4.8 'The more. . . the more. . . / the less. . . the less. . .' (B&B 5.11, Level 1)

Complete the following sentences with suitable comparatives.

1. Cuanto _____ ejercicio hagas, _____ en forma estarás.
2. Cuanto _____ grande sea el coche, _____ gasto tendrá.
3. Cuanto _____ estudies, _____ probable será que suspendas.
4. Siento decirte que cuanto _____ lo conozco, _____ me cae.
5. Cuanto _____ ganas, _____ cosas te puedes comprar.
6. Cuantas _____ veces lo intentaba, _____ le salía.
7. Cuantos _____ kilos engorda, _____ se angustia.
8. Cuanto _____ afilado esté el cuchillo, _____ cortará.
9. Cuantos _____ días pasen, _____ te acordarás de tu familia.
10. Cuanta _____ ayuda pida y _____ autosuficiente sea, _____ le valorarán.

4.9 'More and more. . ., less and less. . .' (B&B 5.12, Level 2)

Matching the words in both columns, make sentences with the verb *ser* and the adverbial expression *cada vez más.*

Example: (1–j) **La crisis es cada vez más profunda** or **La crisis cada vez es más profunda.**

1. la crisis	a. mejor
2. el nivel de vida	b. mayor
3. las relaciones personales	c. elevado
4. encontrar empleo	d. bajo
5. el índice de natalidad	e. difícil
6. la vida	f. sucio
7. el mundo de los negocios	g. complicado
8. el paro	h. duro
9. la situación	i. confuso
10. las condiciones sanitarias	j. profundo

Comparison of equality

4.10 *Tan* and *tanto* (B&B 5.15.1, Level 1)

Fill in the gaps with *tan* or *tanto/-a/-os/-as.*

1. Tu piso está _____ céntrico como el mío, no sé de qué te quejas.
2. Lo siento señora, dudo que tenga usted _____ derechos como dice.
3. El restaurante *El rey del pollo frito* no es _____ caro como *El Anselmo,* ni mucho menos.
4. Mi hermano juega al fútbol _____ bien como el mejor.
5. Por mucho que digas no creo que tú peses _____ kilos como yo.
6. Pepa habla _____ y _____ mal como su hermano.
7. Dentro del local había _____ gente como fuera de él.
8. Perdona que te lleve la contraria, pero no me parece que quede _____ lejos como decías.

9. Ni que decir tiene que yo tengo _____ problemas como cualquiera.
10. ¡Hija! Tienes _____ cara como sospechaba.
11. Me tocó pagar por el diccionario _____ como por la gramática.
12. Tengo entendido que Zaragoza es casi _____ grande como Sevilla.

Miscellaneous

4.11 **General exercise (1) (B&B 5, Level 2)**

Translate the English expressions in the passage below to give a complete text in Spanish.

El envejecimiento de la población significa que (1) *there are more and more cars* en las carreteras conducidos por (2) *older people.* En España hay 2.8 millones de personas (3) *over 65* con carné de conducir. Según un estudio (4) *more than half of* estos mayores se siente (5) *less confident* al volante. Con la edad, los ancianos son (6) *more careful* porque poseen (7) *a greater perception* del riesgo pero han perdido reflejos e intentan suplir esta falta (8) *going slower* y, (9) *the slower they go, the more they annoy other drivers.* Tampoco tienen la vista (10) *as good as* antes. (11) *More than 30% of old people* sufre deterioros visuales. Quizás los jóvenes sean (12) *the most reckless drivers* pero los ancianos sufren (13) *as many accidents as* ellos. A partir de los 65 años hay (14) *many more men drivers than women* y a los hombres les cuesta mucho reconocer que (15) *they run more risks than they are aware of.* Si antes eran (16) *the best,* ahora están entre (17) *the most dangerous drivers.*

4.12 **General exercise (2) (B&B 5, Level 2/3)**

Translate the following sentences into Spanish.

1. Fewer than half the people invited have come.
2. The house is nicer than I imagined.
3. Often things are more complicated than they seem.
4. The lakes are more than two hours away by car.
5. The sooner the deal is closed, the better for everyone.
6. The problems of society are becoming increasingly complex.
7. He shouldn't spend as much as his friends if he earns less.
8. The less we see of you around here, the happier we are.
9. Chess is being introduced more and more into schools but the media are taking less and less notice of it.
10. The results will be known sooner rather than later.
11. Come on in! The more the merrier. (vosotros)
12. The sooner the better!
13. Let's make the most of this opportunity.
14. Better late than never.
15. Send it back by the thirtieth of November at the latest. (usted)

5 Demonstratives

Agreement

5.1 Agreement (B&B 6.1, Level 1)

Use a correct demonstrative (including the 'neuter') in the following sentences.

1. Aquí tiene unos pañuelos bordados. ¿Le gustan _____ pañuelos?
2. _____ hambre de los años 40 fue terrible.
3. _____ es lo que le gusta a mi suegra.
4. _____ ideas son un poco revolucionarias.
5. En _____ época no había trenes ni automóviles.
6. ¿Cuál prefiere, _____ sombrero aquí o _____?
7. He encontrado _____ museo más interesante que _____ de momias antiguas que visitamos ayer.
8. El señor _____ parece que está hecho una estatua.
9. Fue precisamente _____ lo que sospechaba.
10. Luego Juan y Pablo protestaron: _____ porque no sabía nada del asunto y _____ porque le echaban la culpa sin querer escucharlo.

Usage

5.2 Equivalence with English (B&B 6.4, 6.5, Level 2)

Translate the following sentences into Spanish, paying particular attention to the translation of 'this', 'that' and 'those', etc.

1. In that year the French Revolution began.
2. Those who were inside could not get out.
3. That's the problem.
4. Do you want this paper? No, I want that one that's on the table. (tú)
5. Those Romans knew a lot about building roads.
6. This is the difference between stalactites and stalagmites: the former come down and the latter go up.
7. Those of you who have finished can go home.
8. Those are the children I want to see.
9. I like those new T-shirts they've got in that shop in the High Street.
10. It was on that seat that I left my handbag.

5.3 Demonstrative or article? (B&B 6.5, Level 1/2)

Which of the alternatives given is possible in the following sentences? (There may be more than one possibility.)

1. Sólo acudieron a la clase los / aquellos que tenían buenas notas.
2. Sólo podemos atender a los / aquellos clientes que puedan pagar al contado.

3. Las economías de estos países son diferentes de las / aquellas de los países de la U.E.
4. El / aquel chico al que me refería era tu primo.
5. Sin duda alguna, la decisión molestará a los / aquellos que somos europeos.
6. La nueva maestra es mucho más estricta que la / aquella anterior.
7. Esta calle es más ancha que la / aquella por la que llegamos.
8. Este edificio tiene más pisos que el / aquel de enfrente.
9. Siempre creía que la primera chica era más simpática que la / aquella con la que se casó.
10. Los / aquellos de ustedes que piensen de otra manera pueden retirarse enseguida.

5.4 **Project (B&B 6.4, Level 3)**

Study the use of demonstratives in the following text, which is a transcription of everyday speech taken from M. Esgueva and M. Cantarero, *El habla de Madrid* (Madrid: CSIC, 1981).

Lo que es grave son **esos** pequeños descuidos, ¿no? Por supuesto que hay muchos casos en que hay una persona ligada directamente a la muerte de un enfermo. Pero, otros muchos, que son para mí los más importantes, porque siempre que una persona deja morir a otra, la cosa está tan evidente que todo el mundo le culpa y **ese** individuo tendrá un cuidado al próximo día verdaderamente bestial, ¿no? O sea, estará con sus cinco sentidos pendiente del enfermo. Mientras que **esos** pequeños olvidos de todos, **ésos** son los que no se corrigen mucho. En **eso**, hace poco yo lo he visto en el Clínico, no que se muriese por culpa de un individuo, sino que un individuo no hizo una cosa que podía haber mejorado la situación del enfermo; entonces, a **este** individuo se le ha estado señalando con el dedo durante mucho tiempo, continúa. El hombre **este** tiene un cargo de conciencia tremendo. El próximo día **ese** hombre ya no vuelve a hacer una cosa. O si la vuelve a hacer, que es un monstruo, ¿no? Pero lo que yo quiero decir es que **estas** grandes cosas se pueden corregir mucho mejor que las pequeñas tonterías.

1. Do you notice anything about the way in which these demonstratives are used?
2. Which is the most frequent demonstrative?
3. The statistics of demonstrative usage in this very large corpus are in fact:

este, etc.	865
ese, etc.	1097
aquel, etc.	151

   What do you think accounts for the relatively low frequency of *aquel*, etc.?
   Assemble some statistics of your own (based on a shorter sample!) from a different kind of text, such as a novel or a newspaper, and see how they match up.
4. Notice the use of the demonstrative after the noun (*El hombre este tiene un cargo de conciencia tremendo*) which is a feature of speech. Listen out for other examples of this usage in spoken Spanish.

6 The neuter

6.1 *Lo* with adjectives or with adverbs (B&B 7.1, 7.2, Level 1)

Fill in the gaps with either *lo* or *lo de* and translate into English.

1. _____ (raro) es que no hayan avisado.
2. Vete en metro, es _____ (más cómodo).
3. _____ (arriba) está todavía sin amueblar.
4. _____ (más característico) de Londres son los autobuses rojos de dos pisos.
5. No te enfades, _____ (ayer) fue una broma.
6. Es un dormilón, _____ (antes) que se levanta es a las 10.
7. Telefonéame _____ (más tarde) a las 11 de la noche.
8. _____ (peor) fue que acabaron riñendo.
9. _____ (hace un siglo) siempre nos parece más idílico.
10. _____ (más aburrido) es pasar la aspiradora.
11. _____ (más divertido) de la tele son los anuncios.
12. Lo que antes se vende es _____ (barato).
13. _____ (detrás) del garaje estaba lleno de chatarra.
14. _____ (más seguro) es que se habrán olvidado.
15. _____ (al lado) pertenece todo al ayuntamiento.

6.2 Translation of 'how' by *lo* (B&B 7.2.2, Level 1/2)

React to the statements following the examples.

Examples: Este cuadro es muy feo.
→
Hay que ver lo feo que es este cuadro.

¡Qué gente tan rara!
→
Hay que ver lo rara que es esta gente.

1. ¡Que niño tan guapo!
2. ¡Vaya tipo tan antipático!
3. Esta paella está muy rica.
4. Es un local la mar de agradable.
5. Es un libro muy interesante.
6. ¡Vaya película aburrida!
7. Este ejercicio es muy difícil.
8. Es un lugar precioso.
9. ¡Qué diseño tan original!
10. Esta casa es muy pequeña.

6.3 Translating *lo* + adjective/adverb (B&B 7.2.2, Level 2)

Using the material given in brackets, make an expression with *con lo* + adjective/adverb, as in the example, and translate the sentences into English.

Example: (estar gorda / yo), no sé qué ponerme.
→

Con lo gorda que estoy, no sé qué ponerme.

1. (trabajar poco / tú), no tienes derecho a quejarte.
2. (estar grave / mi padre), ahora está estupendamente.
3. (ser difícil / el examen), no me explico cómo me dieron semejante nota.
4. (estar cara / la vida), no sé cómo vive la gente con esos sueldos.
5. (estar rico / el vino), ¿cómo es que bebes agua?
6. (vivir bien / en España), ¿qué haces que no vives allí?
7. (ser guapa / esa chica), siempre va hecha un adefesio.
8. (ser puntuales / los Pérez), es raro que no hayan llegado ya.
9. (ser raro / tu vecino), no sé cómo encuentra amigos.
10. (vivir lejos / tú), no podemos ir cuando quiera a visitarte.

6.4 *Lo* as a neuter pronoun (B&B 7.4, Level 1)

Fill in the gaps in the following dialogues, including *lo* as in the example given.

Example: Tu barrio es muy bonito.
Sí que ____, pero tiene demasiado tráfico.
→

Sí que **lo es**, pero tiene demasiado tráfico.

1. ¿Tus hermanos son mayores que tú?
Sí que ____, están ya todos casados.
2. La tele es un comecocos.
Ni hablar, no ____, no estoy de acuerdo contigo.
3. Los problemas económicos de hoy en día son tremendos.
Sí que ____, y además de muy difícil solución.
4. ¿Estás de mal humor?
Sí que ____, es que últimamente todo me sale mal.
5. Estoy harto de tanto trabajar.
Yo también ____, a ver si nos dan las vacaciones de una vez.
6. Todos mis hermanos somos Cáncer.
¡Qué casualidad! Yo también ____, nací el 19 de julio.
7. Es muy cómodo vivir en el centro.
Sí que ____, pero también tiene sus problemas.
8. Yo diría que Madrid es casi tan grande como Londres.
No, no ____, ni con mucho. Londres es el doble de grande.
9. ¿Sabes cuánto han pagado por ese piso?
No, no ____ ni me importa.
10. ¿Quién dijo que el mundo se iba a acabar en torno al año 2000?
Creo que ____ un tal Nostradamus.
11. ¿Cómo dices eso?
____ porque me da la gana.
12. ¿Cómo pudieron hacer semejante cosa?
Seguramente ____ porque no les quedó más remedio.

6.5 *Lo, lo que, lo de* (B&B 7, 35.6, 36.1.3, 36.1.5, Level 2/3)

Insert *lo, lo que* or *lo de* and translate into English.

1. ____ malo no fue ____ dijo sino ____ se calló.
2. Este niño es de ____ no hay, siempre hace ____ contrario de ____ se le dice.
3. ____ pasó fue que lo detuvo la policía por ____ borracho que iba y ____ grosero que se había portado con ellos.
4. Los políticos nunca hacen ____ prometen, con ____ cual ____ único que consiguen es que la gente nunca les cree ____ dicen.
5. ¡Con ____ rico que está el jamón serrano y ____ caro que está!
6. ____ increíble de la situación era que Paula no estaba avergonzada de ____ había hecho.
7. Para ____ come, no sabes ____ delgada que está.
8. Con ____ bien que se te da ____ cocinar, ¿cómo que no ____ haces más a menudo?
9. ¡____ faltaba! Con ____ tarde que iba, encima me dejé el dinero en casa.
10. No es ____ tener que ganarme la vida, ni ____ hacerme cargo de los niños ____ me preocupa, sino el tener que solucionarme ____ yo todo sin la ayuda de nadie.
11. Haz____ ____ mejor que puedas.
12. ____ demás ya ____ iremos viendo poco a poco.
13. En ____ más leve y en ____ más grave, Sanitas se ocupa de tu salud. (*advertisement*)
14. No creo que ____ mío sea la crítica de cine. Sé ____ cuesta hacer una película y ____ fastidia que los críticos te la echen a perder.

6.6 Neuter demonstrative pronouns (*esto, eso, aquello*) (B&B 7.5, Level 1)

Insert the missing demonstrative in the following sentences.

1. ¿Pero qué dices? ¡____ es imposible!
2. Por favor, ____ que te voy a decir ahora, no se lo cuentes a nadie.
3. ¿Qué es ____ que llevas ahí?
4. ¡Estoy harto! ____ tiene que acabar de una vez.
5. ¡Oye, mira! ¿Qué es ____ que se ve allá lejos?
6. No quiero que vuelvas a decir ____ nunca más.
7. ¡Niño, ____ no se toca!, que se rompe.
8. ____ se está animando, vamos a quedarnos un rato más.
9. ¿Recuerdas ____ que comentábamos el otro día?
10. ¡Oye! ¡Ven a ver ____! ¿Crees que se podrá arreglar?

6.7 General exercise (1) (B&B 7, 36.1.3, 36.1.5, Level 1)

Choose the appropriate word for each of the following sentences.

1. Nadie sabe qué es el / lo mejor en la vida.
2. ¿Qué es el / lo que te dijo ayer en la reunión?
3. No podemos ir andando a la playa. ¿Tú sabes la / lo lejos que está?
4. ¿Te has enterado de el / lo de los vecinos?
5. ¿Te has enterado de el / lo disgusto que has dado a Susana?
6. De todos estos libros, ¿cuál es el / lo de Alfonso?
7. El / lo que prefiero es el / lo rojo.
8. Hay que ver lo / la simpática que es Sofía.

6.8 General exercise (2) (B&B 7, 36.1.3, 36.1.5, Level 1/2)

Replace the phrases in italics with *lo* or an expression using *lo*, making adjustments to the rest of the sentence where necessary.

1. *El negocio de Pepe* no marcha bien.
2. A la abuela le encantan *las cosas dulces*.
3. *La historia del rescate* es increíble.
4. No te puedes imaginar *qué inteligente es* Cecilia; domina *todos los temas*.
5. *Las cosas que nos pasan* son estupendas.
6. No te creas nada de *todas esas historias* que contó.
7. La carne que se sirve en este restaurante es de *la mejor calidad*.
8. Nos contó *el percance que sufristeis durante el viaje*.

7 Possessives

7.1 Basic agreements (B&B 8.3.1–8.3.3, 8.4.1, 8.5, Level 1)

Translate the following into Spanish.

1. My shoes
2. My dear friend, how are you?
3. Her boyfriend
4. Are these letters yours? (ustedes)
5. A work of his
6. Your feet (tú)
7. Our daily bread
8. His aunt
9. In spite of them
10. Their cousins
11. A bad habit of mine
12. Your breakfast (ustedes)
13. A friend of yours (vosotros)
14. Nothing of hers
15. My birthday
16. Our apologies
17. Around us
18. Their arrival
19. A style very much your own (tú)
20. Your dress (usted)

Look again at those translations where you used a form of *su*. How could you make the phrase unambiguous?

7.2 Use of the definite article in place of a possessive (B&B 8.3.4, Level 1)

Rewrite these sentences using the definite article and a personal pronoun instead of the possessive given in brackets.

Example: Juan ha roto (su) brazo → Juan **se** ha roto **el** brazo.

1. Este chico ha robado (mi) cartera.
2. Estrechó (tu) mano.
3. La gente hacía (nuestra) vida imposible.
4. Tienes que cambiar (tu) ropa.
5. Su madre lavó (su) camiseta.
6. ¡No compliques (mi) vida!
7. No sé si me atrevo a pedir (su) coche prestado.
8. Duele (mi) cabeza.
9. En la iglesia tenemos que quitar (nuestro) sombrero.
10. ¿Quién va a salvar (vuestra) vida?
11. Por favor, no estropees (mi) cámara.
12. Dejó de cargar los sacos cuando se cansaron (sus) brazos.
13. No reconocí a Juan. Había afeitado (su) barba.
14. ¡Qué falta de educación no ayudarte a poner (tu) abrigo!
15. Al oír las noticias (mis) ojos se llenaron de lágrimas.

7.3 Expression of the idea of possession (B&B 8.3.4, Level 2/3)

In the following sentences, possession is indicated by a possessive in brackets. Express the notion of possession appropriately, either by (a) use of a possessive adjective, (b) use of a personal pronoun and an article, (c) use of an article alone.

Project: Consider the cases where there is more than one alternative. Is there any difference in meaning between the various options?

1. (Mis) ojos son azules.
2. ¡Abrocha (tu) chaqueta!
3. Sansón no quería que (su = de Sansón) mujer cortase (su = de Sansón) pelo.
4. En cuanto vi (tu) cara me enamoré de ti.
5. Te he hecho una paella con (mis) propias manos.
6. La abuela me pidió que le diera (mi) mano para ayudarle a ponerse de pie.
7. Creo que dejé (mi) suéter en (tu) despacho.
8. A ver si duermes ahora: cierra (tus) ojos.
9. El agua fría se derramó por todo (mi) cuerpo.
10. Me duelen (mis) pies.
11. Entonces vi (su) pie por debajo de la cortina.
12. Novocrem suaviza (su) piel.
13. (Mi) hermana es azafata.
14. Tenemos que tender (nuestra) ropa para que se seque.
15. ¿Dónde tiene (su) pasaporte?

7.4 The definite article with the long possessive form (B&B 8.4.2, Level 2)

Insert the definite article in the following sentences if it is needed.

Keyword

la contraseña   password

1. ¿Me dejas tu paraguas, por favor? Mío está roto.
2. ¿Es vuestra esta casa?
3. Muy señor mío: Acuso recibo de su carta con fecha de ayer. . .
4. Eso hay que comentarlo con tu madre y mía.
5. Tengo aquí mi guitarra: ¿tú también has traído tuya?
6. ¿Dónde está tu coche? Delante de la puerta está mío.
7. ¡Qué historia más emocionante tuya!
8. Ese bolígrafo ¿es mío o es tuyo?
9. ¿Cómo están tuyos?
10. En la mesa hay tres libros: el azul es mío y el rojo es tuyo.
11. ¿Puedo usar tu móvil? No sé dónde he puesto mío.
12. Quería que le diera mi contraseña porque había olvidado suya.
13. ¿De qué hijo habláis, de nuestro o de vuestro?
14. ¿Sabes que el piso no es suyo, que es de sus padres?
15. Tomaremos en cuenta que Jaime es pariente suyo.

7.5 *El de*, etc. (B&B 36.1.2–3, Level 1/2)

Fill in the gaps with *el, la, los, las, lo*, as appropriate.

1. La juventud de hoy es más consciente de los problemas del Tercer Mundo que ____ de hace cincuenta años.
2. El problema fundamental sigue siendo ____ de siempre.
3. ____ de Madrid se suelen considerar afortunados en esto.
4. Sus libros son ____ de un liberal desilusionado.
5. No hay mazapanes como ____ de Toledo.
6. ____ de los recortes económicos va a ser tema de debate en todos los sectores de la sociedad.
7. ¿Quieres mi dirección o ____ de mis padres?
8. ____ de contar su vida privada a un desconocido no le ha gustado nada.
9. La casa de mis tíos es mucho más pequeña que ____ de los abuelos.
10. Muchas costumbres latinoamericanas están derivadas de ____ de la población criolla.

8 Numbers

8.1 Numbers in full written (or spoken) form (B&B 10, Level 2/3)

Read aloud and/or write out in full the following.

Keywords

PIB (*Producto Interior Bruto*)
una pulgada

GDP (Gross Domestic Product)
an inch

1. El Plan de Energías Renovables 2005–2010 ha creado alrededor de 95.000 nuevos empleos.
2. Javier, de 31 años, comparte un apartamento de 40m² por el que paga 700 euros.
3. Las Autoridades Sanitarias advierten que el tabaco perjudica seriamente la salud. Nicotina: 1,0 mg., 0,8 mg. Alquitrán: 14 mg., 10 mg.
4. Hay 8,8 millones de videojugadores en España: la mitad mayor de 20 años y el 37%, mujeres.
5. Después de un crecimiento medio anual del 5,5%, la economía contrajo un 2,1% y el déficit público llegó hasta el 6,2% del PIB.
6. Juan Domingo Perón gobernó Argentina en tres ocasiones (1946–52, 1952–55 y 1973–74).
7. Radio Exterior emite a través del satélite *Hispasat*, con posición orbital 30° Oeste, a partir de las 05.00.
8. XVI Premio Fernando Rielo de poesía mística, dotado con 5.000 euros. Más información en Fundación Fernando Rielo, calle Jorge Juan, 102, 2° B. 28009 Madrid. Teléfono (91) 575 40 91, hasta el 15 de octubre.
9. Este portátil tiene una pantalla de 15,4 pulgadas, disco duro de 120 gigabytes y autonomía de hasta II horas. Solo pesa 1.240 gramos.
10. Isabel II fue expulsada de España en 1868 al proclamarse la I República.

8.2 Cardinal, ordinal and collective numbers (B&B 10.1, 10.8, 10.12, Level 3)

Fill in the blanks in the following table.

Figure	Cardinal number in words	Ordinal number in words	Collective numeral
10	diez	décimo	una decena
	dieciséis		
			una docena
	cuarenta		
2			

Figure	Cardinal number in words	Ordinal number in words	Collective numeral
		undécimo	
25			
	cien(to)		
	mil		
1.000.000			
		vigésimo	

8.3 Translating ordinal numbers (B&B 10.12, Level 2/3)

Translate into Spanish, writing out the numbers in full.

1. Read me the first two lines, please. (usted)
2. Charles V reigned in the first half of the sixteenth century.
3. It's my brother's fiftieth birthday tomorrow.
4. This is the twenty-second edition of the Real Academia's dictionary.
5. The fifteenth chapter is all about Alfonso XIII.
6. Our team is in third place in the league.
7. 2005 was the four hundredth anniversary of the publication of the first edition of the *Quixote*.
8. Pope John XXIII called the Second Vatican Council.
9. Can you imagine the fourth dimension? (tú)
10. Welcome to the eighty-fifth meeting of the Society.
11. When my great-grandmother talks about travelling third class, I don't know what she is talking about.
12. On the first day we didn't do anything but on the second day we went to the Modern Art Gallery.

8.4 *Cien* or *ciento*? (B&B 10.6, Level 2)

Fill in the blanks with either *cien* or *ciento*.

1. En el estadio había _____ mil hinchas.
2. «_____ Dos» es una marca de coñac español muy conocida.
3. Te he dicho más de _____ veces que no te metas en este asunto.
4. El cinco por _____ de la población es analfabeta.
5. El número _____ trae buena suerte.
6. Dame un billete de _____ pesos.
7. La empresa cuenta con _____ veinte empleados.
8. Mañana mi abuela cumple _____ años.
9. _____ s de turistas estaban en la playa.
10. El coste de la vida ha aumentado en un _____ por _____ en años recientes.

8.5 Fractions (B&B 10.10, Level 2)

Match up the fractions in the left-hand column with the expressions in the right-hand column.

1. ⅔
2. ¾
3. ⅞
4. ⅘
5. ⁷⁄₁₆
6. ²⁄₇
7. ³⁄₁₁
8. ⁴⁄₉
9. ³⁄₁₀₀
10. ¹⁄₁₀₀₀

a. cuatro quintos
b. cuatro novenos
c. siete dieciseisavos
d. tres onceavos
e. tres centésimos (-as)
f. dos tercios
g. un milésimo (una milésima)
h. siete octavos
i. dos séptimos
j. tres cuartos

8.6 Advanced number expressions
(B&B 10.7, 10.9, 10.10, 10.11, 10.15, Level 2/3)

Translate the following into Spanish.

1. Four times seven is twenty-eight.
2. Two-thirds of fifteen is ten.
3. Five-eighths is the same thing as 0.625.
4. Forty-four per cent of the population don't take enough exercise.
5. The area of the bedroom is five and a half square metres.
6. Which floor do you live on, the fifth or the sixth?
7. A third of all diseases are due to smoking.
8. A millimetre is a thousandth of a metre.
9. Alfonso X reigned in the thirteenth century.
10. Spaniards generate more than 17 million tons of rubbish a year of which only a quarter is recycled.
11. The river is five metres wide and 4.75 metres deep.
12. The average temperature in the Antarctic is twenty below zero.
13. The odd numbers are on this side of the street.
14. The fence is at right angles to the wall of the house.
15. There were twenty-one girls in a class of twenty-four.

9 Pronouns

Subject pronouns

9.1 Subject pronouns for emphasis and contrast (B&B 11.2–3, Level 1/2)

A Insert the missing pronouns in the following dialogues.

1. —¿____ cómo os llamáis?
   —____ Susana y ____ María. ¿Y ____ cómo te llamas?
2. —¿A qué se dedican ____?
   —____ soy abogado y ____ ingeniero.
3. —Mira, estos somos ____ en San Francisco.
   —Pues ____ pareces estar muerto de frío.
4. —¿____ son peruanas, verdad?
   —No, ____ somos colombianas.
5. —¿La señora Martínez es ____?
   —Sí, soy ____.
6. —En casa tenemos un labrador.
   —¡Qué casualidad! ____ también tenemos uno.
7. —No sé ____ , pero ____ me muero de sueño y me voy a la cama.
   —____ también, así que te seguimos.
8. — Vamos al cine. ¿Vienes?
   — No, ____ no puedo, pero id ____ porque ____ nunca encuentro tiempo.
9. —____ votaréis a los conservadores ¿no? y vuestros amigos los Pérez imagino que también.
   —____ ni hablar, en cuanto a los Pérez, ____ sabrán lo que hacen.
10. —¿De dónde son ____?
    —____ soy argentino y mi esposa israelita, aunque ____ también nació en la Argentina.
    —¿Y qué idioma hablan sus hijos?
    —____ hablan castellano, hebreo e inglés.

B Are there any cases in which the pronouns could be omitted? Why are the others necessary? What changes would you make for Latin American usage?

Second person forms

9.2 The *voseo* (B&B 11.3.1–4, Level 3)

Read the following text adapted from *Boquitas pintadas* by the Argentinian writer Manuel Puig (Barcelona: Seix Barral, 3rd edn., 1989) and establish the relationship between Raba and Nene. Do they address one another as *vos* or *usted*? Give the corresponding Peninsular versions for the *vos* forms, not forgetting the verbs and the accents.

Keywords

patrón / patrona   employer, boss
la cancha   football, sports ground

N: —Hola. . .
R: —Es la Raba.
N: —Sí, qué (1) decís.
R: —¿Quién habla? ¿la Nene?
N: —Sí ¿cómo (2) andás? ¿de dónde (3) hablás?
R: —Del mismo teléfono del bar ¿y (4) su marido?
N: —Bien. El otro día hablamos de tantas cosas y ni me (5) dijiste dónde es que
(6) estás trabajando.
R: —En una fábrica, Nené. No me gusta, yo quiero volverme a Vallejos.
N: —¿Dónde (7) vivís?
R: —En una pieza, con una amiga de mi tía que fue la que me trajo para acá.
(8) ¿Usted no (9) quiere ser patrona mía?
N: —¿Acá en mi casa (10) querés decir? No, cuando tenga un chico sí voy a necesitar
ayuda, pero ahora no. Mi marido ni siquiera viene a almorzar los días de trabajo.
R: —(11) ¿Quiere que la vaya a visitar?
N: —Hoy no, Raba, porque tengo que salir. Pero un día quiero que (12) vengas, así
(13) ves la casa, con el juego nuevo de comedor y el living, pocos tienen en Vallejos
una casa como la mía, mamá no se la imagina. Mi marido se fue a la cancha a ver
el partido, pero después voy a ver si me lleva a alguna parte si no (14) te decía que
(15) vinieras.
R: —¿Y (16) tu marido a dónde (17) te va a llevar?
N: —No sé, Raba. Además ni siquiera estoy segura que vamos a salir, (18) vos
(19) llamame pronto, Raba, otro día ¿eh?
R: —¿Y le (20) mandaste la plata a (21) tu mamá o no? porque yo no (22) te dije nada
pero (23) tu mamá me contó todo.
N: —¿De qué?
R: —Que (24) vos primero le (25) dijiste que le (26) ibas a mandar plata para hacerle
el tratamiento a (27) tu papá en el sanatorio pago, y ahora tiene que ir al hospital.
Ella me dijo que (28) vos (29) eras mala con (30) tu papá, y que no (31) te iba a
escribir más. ¿(32) Te escribió?
N: —Sí que me escribió.
R: —¿Y cuándo (33) te voy a ver?
N: —(34) Llamame pronto. Chau, Raba.
R: —Chau.

9.3 Degrees of familiarity: *tú* and *usted*
   ## (B&B 11.3.2, Level 3)

Read the following passage, and every time it switches between using *tú* and *usted*
or *ustedes*, say who (or what!) is being addressed.

Keywords

In pre-euro times, *un duro* was a 5-peseta piece and expressions such as *estar sin un
duro* and *no tener un duro*, meaning 'to be broke, not have a penny', have survived
the currency change.

la pasta	dough (cash)
un adoquín	a paving stone
sin miramientos	unceremoniously

Tengo ganas de coger el teléfono y llamar a Antonio: "Tesoro mío, la grúa se ha llevado mi coche, ¿no (1) <u>podrías</u> ir a recogerlo, amorcito?"

Cojo un taxi y por suerte, al abrir el bolso para sacar un cigarrillo, veo el monedero. Recuerdo que no tengo un duro.

—(2) <u>Mire</u>, antes de enfilar hacia el aeropuerto, tenemos que pasar por un cajero automático.

—Anda, pues acabamos de pasar por uno y ya, (3) <u>fíjese</u>, a saber cuándo vemos otro. (4) <u>Oiga</u>, que aquí no se puede fumar, ¿no (5) <u>ha visto usted</u> el letrero?

—(6) <u>Mire</u>, allí hay un cajero.

—Ya, allí, pero como vamos por el carril de la izquierda a ver cómo hacemos ahora y además para pararse aquí, imposible.

Busco, busco y rebusco en el bolso y encuentro las trescientas pesetas que necesito y todavía me sobran veinte, para darle propina al nazi del taxista.

—(7) <u>Oiga</u>, (8) <u>pare</u> aquí, aquí mismo.

—Pero ¿cómo voy a parar aquí, en medio de María de Molina?

—Que (9) <u>pare</u> (10) <u>le</u> digo. (11) <u>Tenga</u>, (12) <u>quédese</u> con el cambio, señor.

Cruzo entre los coches que pitan y cabezas que salen por las ventanillas amenazadoras, insultantes:

—(13) ¡<u>Estás</u> loca de atar!

—¿Es que (14) <u>estás</u> ciega o qué, gilipollas?

El cajero, no (15) <u>se sorprenderán</u> si (16) <u>les</u> digo que me devolvía con insistencia la tarjeta. (17) "<u>SU</u> DOCUMENTO ESTÁ DEFECTUOSO", decía el cartelito en la pantalla.

—(18) <u>Tu</u> puta madre es la que está defectuosa. Me (19) <u>vas</u> a dar la pasta o (20) <u>te</u> hago puré con un adoquín.

A las máquinas hay que tratarlas con dureza y sin miramientos.

(Source: Carmen Rico-Godoy (Spain), *Cómo ser mujer y no morir en el intento* (Santillana))

Pronouns after prepositions

9.4 Pronouns after prepositions (1) (B&B 11.5.1, Level 1)

Correct the mistakes in the following sentences.

1. Los niños estaban con los.
2. Tu madre haría cualquier cosa por tú.
3. No esperes nada de nos.
4. Entre tú y mí hemos hecho este mueble.
5. María le ha dicho a Pepe que no quiere ir con lo.
6. Puedes contar con nos.
7. Le había regalado a la un collar de diamantes.
8. Estaba mirando hacia tú.
9. En cuanto a yo, no veo ningún problema.
10. No sabía que Juan estaba sentado detrás de me.

9.5 **Pronouns after prepositions (2) (B&B 11.5.1, Level 1/2)**

Insert the appropriate pronoun in the gaps.

1. Se acercó a ____ y nos dio la mano.
2. Como no sabía nada de ____ he decidido venir a ver si estabas vivo todavía.
3. Lo he hecho por ____ y encima no me lo agradecéis.
4. Idos sin ____, ya acudiré al restaurante a las 9.
5. Juan no acudió, aunque contaban con ____, porque a ____ nadie le había dicho nada.
6. ¿Qué sería de ____, si no le hubieran echado una mano a su debido tiempo?
7. Yo he llegado antes, así que usted va detrás de ____ en la cola.
8. No se hagan ilusiones, este regalo no es para ____.
9. No sé por qué no te fías nunca de ____, yo nunca te he engañado.
10. Pablo y yo os podemos acompañar, o ¿es que preferís ir ____ solos?
11. Manuel y su mujer entraron en la sala y detrás de ____ una veintena más.
12. Eres un optimista, según ____ todo el mundo es bueno.
13. Todos consiguieron trabajo menos ____, soy una desgraciada.
14. Excepto ____ todos aceptaron la solución, eres un inconformista.
15. Sí, eso es del el dominio público; incluso a ____ me había llegado la noticia.
16. Debió ser una buena solución cuando incluso ____ la aceptaste.
17. Excepto a ____, aquí a nadie se le deja entrar, y eso porque eres de confianza.
18. A todos les pareció bien menos a ____, debo ser muy especial.
19. Entre ____ y tus hijos no hay un gran parecido, en cambio, ellos se parecen mucho entre sí.
20. Entre ____ y ____ no queda nada, lo nuestro se acabó.

9.6 **Pronouns after *con* (B&B 11.5.2, Level 1)**

Write the appropriate form of the pronoun which is given in brackets.

Keywords

tenerla tomada con	to have it in for
terco	stubborn
las medias tintas	half measures

1. Por más que te buscamos no dimos con (tú), ¿dónde te metiste?
2. Para ir a la playa no cuentes con (yo), ahora, si cambias de plan avísame.
3. No sé qué le has hecho a ese profesor, pero la tiene tomada con (tú).
4. ¿Te has dado cuenta si Pepe llevaba el equipaje con (él)?
5. ¡Qué terco eres!, con (tú) no se puede discutir.
6. Siempre te están confundiendo con (yo), cualquiera diría que nos parecemos.
7. A ver si te buscas otros amigos, no me gustan nada esos tipos que andan con (tú).
8. Ni con (tú), ni sin (tú), no insistas porque no pienso ir a esa fiesta.
9. Estaba tan enfadado con (él) mismo que se olvidó de echar la llave.
10. O estás con (yo) o estás contra (yo), aquí no caben las medias tintas.

9.7 **Reflexive pronouns with prepositions (B&B 11.5.3, Level 2/3)**

Complete the following sentences by translating the English in brackets.

Keywords

el secuestrador	the kidnapper
el rehén	the hostage
disparar	to shoot
el delito	the crime, offence

1. Lucas no le cae bien a nadie porque está tan seguro (*of himself*) y solamente piensa (*about himself*).
2. Ella reclamaba el dinero (*for herself*).
3. Julio, ¡ya está bien! No has dejado de hablar (*about yourself*) en toda la noche.
4. La situación ya es difícil (*in itself*) sin que la compliques más.
5. Todos se pusieron de acuerdo (*amongst themselves*) para pedir un incremento salarial.
6. Si no estás en paz (*with yourself*), ¿cómo puedes ayudar a los demás?
7. No hace falta que nos den explicaciones. Juzgaremos (*for ourselves*).
8. No sé qué vamos a hacer para que María esté más contenta (*with herself*).
9. Los secuestradores pusieron al rehén (*in front of themselves*) para que no disparara la policía.
10. Como dijo tanta cosa (*against himself*), terminó culpándose del delito sin haberlo cometido.

Object pronouns

9.8 **General exercise (B&B 11.7, Level 1)**

Replace the word or phrase in brackets with an object pronoun.

Keyword

descargar	to download

1. Marta recibió (las tres cartas) ayer.
2. Los señores aceptaron (el proyecto).
3. ¿Llevaste (a Luisa) a casa?
4. Vosotros insultasteis (a mí y a mis colegas).
5. ¿Me das (el periódico)?
6. Los clientes han dicho (a nosotros) que no quieren (los productos).
7. Manolo descargó la película (para sus hermanas).
8. ¿Dónde has dejado los libros (para mí)?
9. Javier mandó un e-mail (a sus amigos) ayer.
10. Mi hermana siempre ha tenido envidia (de mí).

9.9 **Order of object pronouns (B&B 11.12, Level 1/2)**

In each of the following sentences the pronouns in one half need to be rearranged.

1. A pesar de la publicidad, no le dio se importancia al asunto.
2. Me gusta mucho este coche, ¿lo compramos nos?

3. Estos trastos nos estorban aquí, a ver cuándo los os lleváis.
4. En cuanto se sepa el resultado, ya se a ustedes lo comunicaremos.
5. ¿Dónde están las llaves? Habré dejado me las en casa.
6. ¡Niño no te vayas a caer me y tengamos un disgusto!
7. —¿Quién les dio a ustedes esta información? —Dieron la en Turismo nos.
8. Este vino lo vamos a terminar nos, no merece la pena dejar un poco.
9. No lo vuelvo os a repetir: las flores no se pisan.
10. Se lo voy a decir ahora mismo para que no olvide me se.
11. Paco escribió el informe el jueves y el viernes entregó lo nos.
12. Desde que se mudaron de casa, no les ha vuelto a ver se por aquí.
13. Si se enteran sus padres de lo que ha hecho este niño, les cae se el pelo.
14. Si os sobra dinero, lo os quedáis para vosotros.
15. Averió se nos el coche y tuvimos que parar en plena autopista.
16. Me han sacado la muela del juicio y me se está hinchando la cara.
17. Al ver que se había desmayado, no se ocurrió les otra cosa que llamar a urgencias.
18. El título no lo entregaron nos hasta un mes después de la graduación.

9.10 Position with the imperative (B&B 17.4, Level 1)

(See also exercises 10.7, 12.3 and 12.4)

Using the familiar form of address, answer the questions a) in the affirmative and b) in the negative with an imperative and object pronoun, as in the example.

Example: ¿Preparo los bocadillos? → **Sí, prepáralos.**
No, no los prepares.

1. ¿Cierro las ventanas?
2. ¿Subo las maletas?
3. ¿Apagamos las luces?
4. ¿Leemos este artículo?
5. ¿Se lo mostramos?
6. ¿Te doy las notas?
7. ¿Le mandamos el paquete?
8. ¿Te compro esta revista?
9. ¿Nos llevamos las botellas?
10. ¿Le pedimos el dinero?
11. ¿Os dejo el coche?
12. ¿Me pongo los zapatos?

9.11 Position with the gerund and past participles (B&B 11.14.5, 11.14.6, Level 1)

Replace the underlined elements with object pronouns and place them appropriately in the sentences.

Keyword

la dehesa   pastureland

1. Están construyendo <u>casas</u> en la dehesa.
2. Estaba sentada ahí leyendo <u>el artículo</u>.
3. Gregorio no sabía que el joven pintor estaba pintando desnudas <u>a sus hijas</u>.
4. Mercedes siguió envolviendo <u>las camisas para el cliente</u>.
5. Pasó todo el día poniendo en orden <u>sus papeles</u>.
6. Estoy preparando <u>el café para ti</u>.
7. Todavía no he hecho <u>todos los ejercicios</u>.
8. Ya hemos mandado <u>el paquete a ti</u>.

9. Ya has contado <u>la historia a tu primo</u> ¿verdad?
10. Todavía no han saludado <u>a sus tías</u>.

9.12 Position of the pronoun in double verb constructions (B&B 11.14, Level 3)

(See also exercise 15.6)

Read the following passage. Where possible move the object pronoun, as in the examples.

Examples: lo tiene que admitir   →   **tiene que admitirlo**
              quiere conocerla   →   **la quiere conocer**

Keywords

pelar   to crop hair, shave head
piojos   lice

Cuando me fui para el 5 de febrero, las chiquillas ojos de rendija, Margarita y Eugenia, (1) <u>me iban a ver</u> allá. Y en una de esas me dice la chiquilla grande:
—Mi mamá dice que (2) <u>nos va a pelar</u>.
—Pues yo pelona aquí no te quiero. ¿Qué (3) <u>no las puede peinar</u> tu mamá?
—Dice que (4) <u>se cansa de peinarnos</u> y por eso (5) <u>nos va a pelar</u>, para que no se nos suban los piojos.
La tía Luisa las peló y ellas ya (6) <u>no me volvieron a buscar</u>. Ninguna de las dos volvió, seguro les dio vergüenza. Después supe que las regalaron. No faltaron vecinos que nos conocían y me encontraron en el mercado de San Lucas:
—La señora Concha tiene a las muchachas. ¿Qué (7) <u>no las quiere recoger</u>?
—Yo no tengo ningún derecho. (8) <u>Si ellas quieren buscarme</u>, pues que vengan a la peluquería y (9) <u>yo sabré defenderlas</u>. Pero (10) <u>irme yo a meter</u> a otra casa a sacarlas, eso sí que no.

(Source: E. Poniatowska, *Hasta no verte Jesús mío*
(Mexico: Ediciones Era, 1969))

9.13 Object pronouns used to denote personal involvement and possession (B&B 8.3.4, 11.11, Level 2/3)

Fill in the gaps with the appropriate pronoun.

1. Estoy desolada. Mientras quitaba el polvo se _____ cayó el florero que heredé de mi abuela.
2. Pasaron el día viendo la tele porque no se _____ ocurrió otra cosa que hacer.
3. Estudié contabilidad porque siempre se ___ daban bien las matemáticas.
4. Estáis mojados porque se _____ olvidó llevar el paraguas.
5. Se _____ escapó el perro de casa, están desconsolados.
6. Se _____ han ido todos los amigos, estamos completamente solos.
7. Tendré que ir al restaurante, se _____ ha quemado la comida.
8. Si se _____ han roto las gafas no vas a poder ni salir de casa.
9. ¿Cómo estáis? ¿Se ___ ha pasado ya el enfado?
10. El final de esa película me conmovió tanto que se ___ hizo un nudo en la garganta.

9.14 'Redundant' or reduplicative object pronouns (1) (B&B 11.16, Level 2)

There are some pronouns missing from these sentences: put them back in.

Keywords

fechoría   misdemeanour
con pelos y señales   in minute detail

1. A mí interesa muchísimo la política, en cambio a mi novia aburre cantidad.
2. A quienes más atraía la idea era a mi padre y a mi hermano.
3. A nadie parece bien que cambien las normas.
4. ¿A tu familia ha tocado la lotería alguna vez?
5. No a todo el mundo tiene que gustar lo mismo.
6. ¿A quién puede ir bien esta situación de caos?
7. Al público lo que más conviene es estar bien informado de cuáles son sus derechos.
8. ¡Hay que ver cómo son! A ellos nunca apetece salir.
9. A sus padres tenía en un pedestal, por eso se llevó tal decepción al enterarse de su fechoría.
10. A nosotros lo contaron todo con pelos y señales.

9.15 'Redundant' or reduplicative object pronouns (2) (B&B 11.16, Level 2)

Rephrase the following, starting with the underlined element and adding the appropriate object pronoun as in the example given.

Example: Conocí a mi mejor amiga en la universidad.
$\rightarrow$
A mi mejor amiga la conocí en la universidad.

1. Recogí los pantalones de la tintorería ayer.
2. Podemos dedicar las noches a visitar las animadas terrazas de Recoletos.
3. Hemos alquilado esta casa para las vacaciones.
4. Metes los guantes en el cajón.
5. Aprobaron la nueva constitución por referéndum.
6. He traído un ramo de flores a mi madre.
7. Han ingresado a los supervivientes en el hospital.
8. ¿Habéis llamado a los García?
9. ¿Te has bebido ya la botella de ginebra que te dio Marisa?
10. Me has echado las cartas, ¿verdad?

9.16 General exercise (1) (B&B 12.4, Level 2)

Answer the questions with the appropriate pronouns instead of the underlined words. You will have to adapt the verb forms and the other object pronouns, where they exist, as in the example.

Example: ¿Adónde te llevas esos papeles?
$\rightarrow$
Me los llevo al despacho.

Keywords

anginas   tonsils
blanquear dinero   to launder money

1. ¿En cuánto tiempo te fumas <u>la cajetilla de tabaco</u>?
   ____ en un día.
2. ¿Quién os contó <u>semejante tontería</u>?
   ____ tú, ¿no te acuerdas?
3. ¿Por qué te pusiste <u>sombrero</u>?
   ____ porque creí que era costumbre.
4. ¿De qué van a operar <u>al niño</u>?
   ____ de anginas.
5. ¿Cómo es que se creyó <u>el cuento que le metieron</u>?
   ____ porque es un infeliz.
6. ¿Por qué dijeron <u>que ellos no pensaban contribuir</u>?
   ____ simplemente por fastidiar.
7. ¿Adónde se llevaron <u>a los niños</u> de campamento?
   ____ a los Picos de Europa.
8. ¿Cómo te hago <u>el café</u>?
   ____ bien cargado, por favor.
9. ¿Dónde tienen <u>el dinero blanqueado</u>?
   ____ en una cuenta bancaria en Suiza.
10. ¿Cómo es que odia tanto <u>a la suegra</u>?
    ____ porque le hace la vida imposible.
11. ¿De qué van a disfrazar <u>a la niña</u>?
    ____ de Caperucita Roja.
12. ¿Cómo es que te teñiste <u>el pelo</u> de ese color?
    ____ porque es el último grito.

9.17 *Le/les* and *se* for *le/les* when followed by *lo/la/los/las* (B&B 11.13, 12.3, Level 1)

Rewrite the following sentences as in the example.

Example: Han comprado la moto a mi hermano.
         →
         Le han comprado la moto.
         and
         Se la han comprado.

Keywords

una paliza   a beating, thrashing
otorgar   to award

1. Di mi dirección al agente.
2. Vendimos el piso a los vecinos de enfrente.
3. Otorgaron el premio a la escritora brasileña.
4. Dieron la noticia al equipo inmediatamente.
5. Eché fertilizante a la planta.
6. Dieron una paliza al intruso.
7. Enseñaron a todos los mismos cuadros.

8. Prometí a mis padres una visita.
9. Hemos explicado el teorema a los estudiantes.
10. Los Reyes Magos traen regalos a los niños.
11. Pusieron una multa al conductor por exceso de velocidad.
12. Dieron una sorpresa a los recién llegados.

9.18 The *le/lo* controversy (B&B 12.5–6, Level 3)

Which of the following object pronouns are deemed acceptable?

1. A las chicas les / las veía jugando en el patio y luego les / las oía entrar en las clases.
2. Le / lo / la llevé a su casa en coche porque era tarde.
3. Me quedé mirándola / le fijamente a aquella sinvergüenza y la / le dije cuatro cosas.
4. Ignoro si tiene usted hogar o no le / lo tiene.
5. Así como de Juan a don Juan hay un abismo, así le / lo hay de Augusto a don Augusto.
6. Casi todas las mujeres me parecen atractivas, si por mí fuera les / las seguiría a todas.
7. Por eso no les / los quiero a mis hermanos, porque son demasiado egoístas.
8. ¿Que viene él? Ni hablar, dile / lo que no quiero verle / lo.
9. María le / lo dio la mano y él, cubriéndosela de besos le / la acompañó hasta la puerta.
10. Lo que la / le molesta a Teresa es que sus padres la / le pongan límite a la hora de salir.
11. Tenía yo a la niña sobre mis rodillas y estaba contándole / la cuentos, besándola / le y acariciándole / la.
12. A mi hermano le / lo encontré un trabajo en mi empresa y no se lo / le creía.

9.19 General exercise (2) (B&B 11, 12, Level 3)

Complete the sentences with appropriate pronouns.

1. Entre ____ y ____, haremos la torta y luego _____ daremos a Cristina para su cumpleaños.
2. Cuando volvíamos de Santiago, ____ paró el coche y ____ quedamos tirados en la carretera.
3. Ya ___ he dicho que si el dinero no ___ alcanza, puedes pedir___ un préstamo.
4. El dinero que ___tocó a Lola en la lotería ___ usó para pagar___ a su madre unas vacaciones.
5. ___ dije en broma, pero la broma ___ pagué ___ .
6. A Paloma ___ vi en la estación y ___ saludé pero ____ ignoró.
7. A ellos ___ voy a hacer el bien que pueda; ____ merecen y ____ caen muy bien.
8. ¡Qué cansado estoy! ____ cierran los ojos de sueño.
9. ¡Ay, Juanito! Ayúda___, por favor. Présta___ 50 pesos. ____ necesito. ____ devolveré mañana. ____ prometo.
10. ¿Cómo íbamos a saber lo que querían de ____ si no _____ explicaron?

9.20 Use with certain verbs (B&B 12.6.4, Level 3)

Translate the following sentences into Spanish using the verbs given below with the corresponding pronouns and reduplicative forms whenever possible.

concernir, enseñar, importar, interesar, llamar, obedecer, pegar, preocupar, recordar, tirar, tocar.

1. Remind your sister to be punctual.
2. I have vivid memories of my mother. I remember her standing in front of the mirror getting ready to go out.
3. Trying to attract her attention, he first threw a pebble at her and then went up to her from the back and pulled her plait.
4. If you don't obey your teacher, she'll be very cross with you.
5. The teacher was dismissed for hitting one of the girls.
6. My mother worries that I'm going to fail my exam.
7. Pepe told Mary that in spite of the fact that it was no concern of hers he didn't mind telling her all about it.
8. What are you going to call the girl? Please call us when you have decided. (vosotros)
9. My mum is interested in most things but all my dad seems to be interested in is watching football.
10. Show your mother what you have just done. (tú)
11. The girl was taught to play the harp and the boy to play the saxophone.
12. It is her turn to be happy now: she's just won the lottery.

10 Forms of verbs

10.1 Regular verbs (B&B 13.1.1, 13.5.1, 13.5.2, Level 1/2)

In the following table the 'model' verbs *hablar, comer* and *escribir* are used. Fill in the blanks in the table with the corresponding forms from each of the three conjugations using these verbs.

Form	*hablar*	*comer*	*escribir*
		como	
	hablábamos		
			escribió
	hablando		
3rd pers. sing. Present Subjunctive			
	habларéis		
			escribirías
		¡coman!	
2nd pers. pl. Imperfect Subjunctive (-ra)			
		comiésemos	
	hablé		

10.2 Spelling changes in verbs (B&B 13.2.2–10, 13.5.3, Level 1/2)

Which of the following verb forms are spelt incorrectly? Give the correct spellings.

1. efectúa
2. aislan
3. cojemos
4. tañó
5. arguimos
6. condujieron
7. pagéis
8. empezemos
9. prohíbo
10. confio
11. varie
12. bucéa
13. escogí
14. fluctüó
15. crié
16. cambian
17. reune
18. ciñió
19. sujiera
20. reina

10.3 Radical-changing verbs (B&B 13.1.4, Level 1/2)

Complete the table of verb forms, following the example given in the first line.

Infinitive	3rd pers. sing. Present	3rd pers. sing. Preterite	1st person sing. Present Subjunctive	1st pers. plural Imperfect Subjunctive (-*ra* form)
recordar	recuerda	recordó	recuerde	recordáramos
pedir				
cerrar				
divertirse				
entender				
oler				
dormir				
seguir				
despertarse				
elegir				
sentir				
sentarse				
aprobar				
jugar				
vestirse				
tropezar				

10.4 Verb-forms crossword (general exercise) (B&B 13, Level 3)

(Don't use accents in this exercise.)

1	2	3	4	5	6			7	8
					9				
						10			
								11	
12									
	13			14					
15				16		17			
		18					19		
20			21		22				
		23							

Horizontales

1 Les _____ las gracias por haberme ayudado. (3)
4 Este niño está pálido; ¡_____lo de paseo! (5)
7 Yo no _____ nada de este asunto. (2)
9 Nada más llegar _____ a bañarme. (3)
10 Nunca nos volvemos a ver, a menos que no _____ en Londres. (3)
12 Pablo _____ más dinero que yo. (4)
13 Espero que mis tíos no me _____ calcetines para Navidad. (3)
15 _____ esta noche con mis primos. (5)
16 La junta se _____ en un viejo palacio de la capital. (5)
18 ¡No _____ ustedes que les vaya a dar la lata! (5)
20 ¡_____lo en la mesa, por favor! (3)
21 No hay ninguna duda de que la ciudad asediada se _____. (7)
23 Hicimos todo lo posible para que ustedes _____ trabajar seguros. (8)

Verticales

1 Yo _____ una mirada hacia la puerta. (6)
2 Cuando andabas por el bosque _____ el canto del ruiseñor. (4)
3 En San Lorenzo de El Escorial _____ varios reyes de España. (5)
4 Cada tarde _____ muchas viejecitas vestidas de negro. (6)
5 Los antiguos países comunistas se _____ ahora con los capitalistas. (5)
6 Si _____ llegar con tiempo, tendrían que ir en avión. (9)
7 ¡_____se, por favor, señores! (7)

8 _____ se una vez una niña llamada Dorothy que vivía en Kansas. (3)
9 ¿Adónde _____ anoche? (6)
10 _____ difícil identificar a los responsables del crimen. (4)
11 Todos los animales importados _____ llevar una etiqueta electrónica. (7)
13 _____ por sentado que todos sabéis los términos gramaticales tradicionales. (5)
14 ¡Venga, niños, _____, que está muy rico el filete! (5)
15 No hay ningún problema que yo _____. (4)
17 No es nada fácil _____ las facciones opuestas. (4)
19 ¿Qué hora _____ cuando salieron? (3)
22 Le ayudaré con tal que se _____ cuenta de sus responsabilidades. (2)

10.5 Irregular verbs: preterites (B&B 13.1.7, 13.3, Level 1)

Put the following sentences into the preterite.

1. Vamos a dar un paseo.
2. Estoy un mes en Sevilla.
3. ¿Tienes miedo?
4. Conduce como un loco.
5. No quieren salir.
6. Lo ponéis en el armario.
7. Sabemos lo ocurrido.
8. Haces tus deberes en casa.
9. No puedo entrar.
10. ¿Qué me dices?
11. Hay un estrépito horroroso.
12. Ustedes vienen a ver mi coche nuevo.
13. Esto se reduce a un simple malentendido.
14. Andamos con cuidado por la zona.
15. Es a las cinco y media cuando tenemos que hacerlo.
16. Nos da un susto.
17. El jefe le hace entrar en su despacho.
18. Eso se lo digo yo, pero no quiere contestar.
19. Entonces vemos el panorama.
20. Se produce una nueva situación crítica.

10.6 Irregular verbs: futures and conditionals (B&B 13.1.8, 13.3, Level 1)

Complete the sentences using the verbs given in brackets in either the future or conditional form, as appropriate.

1. Yo que tú _____ (saber) muy bien qué contestar.
2. Yo _____ (querer) saber el precio, si es tan amable.
3. ¿Qué _____ (hacer) mañana Marta y yo? ¿_____ (salir) con las otras compañeras?
4. ¿_____ (haber) sitio para todos en este coche?
5. Yo _____ (poder) ayudarte si quisieras.
6. No te preocupes: Elena no _____ (decir) nada a su madre.
7. Cuando sepa que le han concedido el premio, no _____ (caber) en sí de gozo.
8. Si los geranios empiezan a marchitarse, mi marido los _____ (poner) a la sombra.
9. Si no fuera por los exámenes nosotros no _____ (tener) nada que hacer.

10. Estoy segura de que mañana ____ (hacer) buen tiempo.
11. Si Nando está cansado, no ____ (venir) a la fiesta.
12. No tenía ni idea de cuánto ____ (valer) un piso en el casco viejo.

10.7 Irregular verbs: positive imperatives
(B&B 13.1.11, 13.3, 17, Level 1)

(For imperatives, see also exercise 9.10 and chapter 12)

Give the positive imperative forms for *tú* of the following verbs, then use them to complete the sentences.

venir, hacer, salir, poner, ir, irse, decir, ser, tener.

1. Paloma, ____ a ver quién llama a la puerta, ¿quieres?
2. ¿Por qué no hablas? ____ la verdad.
3. Yo no puedo salir con Isabel; ____ tú con ella.
4. Julio, ____ bueno y la abuela te dará un caramelo.
5. Si quieres ayudarme, ____ la mesa.
6. ____ con Ricardo a la fiesta; también está invitado.
7. Niño, ____ cuidado con los vasos.
8. ____, no quiero verte más por aquí.
9. Esta tarde tengo mucho trabajo; ____ tú la cena.

10.8 The present subjunctive
(B&B 13.1.9, 13.2, 13.3, Level 1/2)

(For the subjunctive see also chapter 13)

Complete the sentences, putting the verbs given in brackets into the correct form of the present subjunctive.

1. Te pido que me ____ (disculpar).
2. Es mejor que usted no ____ (preguntar) nada.
3. No creas que ____ (ser) fácil hacer que Margarita ____ (enamorarse).
4. No me extraña que Susana ____ (ponerse) a temblar.
5. Carlos quiere que ____ (ir, nosotros) a verle en Córdoba.
6. Mientras no me ____ (explicar) tus problemas, no te puedo ayudar.
7. Debes darme cuantas noticias ____ (tener).
8. Cuéntamelo todo antes de que ____ (llegar) Roberto.
9. ¿Tú crees que es posible que tus padres ____ (saber) la verdad?
10. Es una pena que no ____ (poder) quedaros más tiempo.
11. Nadie te pide que ____ (venir) a buscarme. Prefiero que no lo ____ (hacer).
12. Es probable que ellos ____ (traer) más cosas pero nada probable que ____ (caber) en el maletero.
13. Pepe, no hace falta que me ____ (acompañar). No creo que ____ (haber) peligro.
14. Nos alegramos mucho de que usted ____ (estar) bien.
15. Vamos a quedarnos aquí hasta que ____ (empezar) a hacer frío.

10.9 **The imperfect subjunctive** (B&B 13.1.10, 13.2, 13.3, Level 2)

Put the following sentences into the past.

1. El primer ministro niega que su política esté dictada por los extremistas.
2. Solo pido que la gente me escuche.
3. Todos temen que el proceso de reforma pueda ser largo.
4. ¿Cómo es posible que no lo sepas todavía?
5. Los investigadores no creen que las consecuencias del escape sean tan graves.
6. Hay que convencer a Mario para que no haga nada que perjudique las buenas relaciones que tenemos.
7. Dice que el problema no estará resuelto mientras no sintamos vergüenza por la situación del tercer mundo.
8. Sé que cuanto más tengamos más querremos.
9. Me gusta mucho que haya tantas tiendecitas en el barrio.
10. Dudo que quepamos todos en el local.

10.10 *Voseo* forms (B&B 13.1, Level 3)

Study the *voseo* forms in the following extracts from Ernesto Sábato's *El túnel* (Madrid: Cátedra, 1983, 9th edn., pp. 104–6) and rewrite the passage using *tú* forms.

—¿Por qué te vas?
—Temo que tampoco vos me entiendas.
Me dio rabia.
—¿Cómo? Te pregunto algo que para mí es cosa de vida o muerte, en vez de responderme sonreís y además te enojás. Claro que es para no entenderte.
—Imaginás que he sonreído —comentó con sequedad.
—Estoy seguro.
—Pues te equivocás. Y me duele infinitamente que hayas pensado eso.
No sabía qué pensar. En rigor, yo no había visto la sonrisa sino algo así como un rastro en una cara ya seria.
—No sé, María, perdoname —dije abatido—. Pero tuve la seguridad de que habías sonreído.

———————————— • ————————————

—¿Qué edad tenés vos?
—Treinta y ocho años.
—Sos muy joven, realmente.

———————————— • ————————————

—Y vos, ¿qué edad tenés? —insistí.
—¿Qué importancia tiene eso? —respondió seriamente.
—¿Y por qué has preguntado mi edad? —dije, casi irritado.
—Esta conversación es absurda —replicó—. Todo esto es una tontería. Me asombra que te preocupés de cosas así.

10.11 **Project (general)** (B&B 13.1, Level 2/3)

How many verb forms can you make from the letters of the following Spanish word? You may introduce the acute accent on vowels, but you must not use any letter more often than it occurs in the original word. And don't confuse 'n' and 'ñ', which are always thought of as separate letters!

REGAÑADIENTES

Here is a start:

ríe, ríen, reís, ríes, ría, ganas, gane, ganes, ganar, engaña, engañas, engañar, engañad . . .

Note: You may think this is a trivial kind of exercise, but in fact it will make you very aware of different Spanish verb forms.

11 Indicative usage

11.1 The present tense
(B&B 14.3.3–14.3.4, 14.3.6, 14.6.3, 17.10, Level 2)

In these sentences, the present tense is either used to refer to the past or the future, or as an imperative. Replace the underlined present form with another tense that suits the context.

Example: <u>Salís</u> ahora a dar una vuelta con los niños y luego os <u>recojo</u> yo con el coche.

→

Salid (*imperative*) ahora a dar una vuelta con los niños y luego os **recogeré** (*future*) yo con el coche.

Keywords

una birria	(a load of) rubbish
los hinchas	fans, supporters
dar la lata (a alguien)	to annoy, pester (someone)

1. Estábamos a punto de despedirnos cuando <u>dice</u> Pepe: «¿Qué tal si nos vamos todos a un chino a cenar?»
2. La próxima vez no <u>traigo</u> al niño, porque nos ha dado la lata toda la tarde.
3. Iba mi marido conduciendo tranquilamente por la N1, en eso se le <u>cruza</u> un zorro y casi se <u>mata</u>.
4. Os <u>venís</u> a casa a eso de las seis, <u>aparcáis</u> allí el coche y nos vamos andando al centro.
5. En 1492, cuando Cristóbal Colón <u>descubre</u> América, <u>tiene</u> también lugar la expulsión de los judíos de España.
6. Si encuentro algo que me guste, me lo <u>compro</u>.
7. El próximo congreso se <u>celebra</u> en Praga, dentro de dos años.
8. Niños, os <u>vais</u> a la cama ahora mismo, que es ya muy tarde.
9. ¡Vaya birria de película!, si lo <u>sé</u>, no <u>vengo</u>.
10. A la salida del partido, se pusieron a discutir dos hinchas y por poco se <u>pegan</u>.

Project: Look out for sentences in any Spanish you read or hear in which the present tense is used in the above ways.

11.2 Continuous and simple tenses (1)
(B&B 14.3.2, 15.1, 15.2, Level 2/3)

Complete the sentences below by putting the verb in brackets into the most suitable form of the present tense (simple or continuous). Where both can be used, explain the difference in meaning.

1. (Buscar / yo) a la secretaria. ¿Dónde se ha metido?
2. (Tratar / nosotros) de encontrar una solución.

3. Le (decir) lo que yo he oído, no sé si será cierto.
4. Este reloj no (funcionar), hay que llevarlo a la relojería.
5. El cortejo fúnebre (acercarse) en estos momentos al panteón familiar.
6. Últimamente (trabajar / él) como un loco.
7. Esta carta (decir) que nos ha tocado un viaje al Caribe.
8. Oye, ¿no ves que me (pisar)?
9. ¿En qué (pensar / tú)?
10. ¿Qué (opinar / ellos) sobre ese asunto?
11. Ya sé lo que (querer / tú) decir.
12. Todavía me (preguntar) por qué harían semejante comentario.

11.3 Continuous and simple tenses (2) (B&B 15, Level 3)

Translate the following sentences into Spanish.

1. I was sitting at a table beneath a tree spreading butter on a bun.
2. The jacket I was wearing made her think I was her husband.
3. Is your husband staying here? (usted)
4. I see that you are making progress with this. (tú)
5. I'm not feeling very well, to tell the truth.
6. When is he meeting Mortimer?
7. Farmers are accusing the public of dumping rubbish in the countryside.
8. Farmers were expecting a good crop this year.
9. For 30 hours we are offering a massive 30% off all stock.
10. They were firing the pistol all night long.

11.4 The preterite and the imperfect (1) (B&B 14.4, 14.5, Level 1/2)

Using both the *tú* and *usted* forms and the appropriate form of the preterite or the imperfect, ask for the following information about someone's holiday.

1. dónde (estar) de vacaciones el verano pasado
2. por qué (elegir) ese lugar
3. cómo (ir) hasta allí
4. cómo (desplazarse) por la zona, si no (tener) coche
5. (tener) algún conocido en aquel lugar
6. (hacer) amistades nuevas
7. (comer) en restaurantes o (preferir) quedarse en casa
8. (seguir) un horario o (improvisar) algo distinto cada día
9. qué impresión (sacar) del lugar
10. (estar) cara la vida, o barata; (salirte/le) caro el viaje a ti/usted

11.5 The preterite and the imperfect (2) (B&B 14.4, 14.5, Level 1/2)

Identify in which of the following sentences the preterite and/or imperfect are used incorrectly and make the necessary corrections.

1. Durante las dos semanas que pasó en París nunca visitaba a su amiga que vivía allí.

2. Cuando Antonio vivía en Madrid, lo que más le gustó fue el Retiro.
3. A pesar de vivir veinte años bajo el mismo techo, Pablo nunca se llevó bien con su suegra.
4. Pilar quería mucho a su marido hasta que éste la abandonaba por otra.
5. Hace 15 años el tren que iba de Madrid a Sevilla tardó 6 horas.
6. Ricardo no pudo ir de vacaciones porque su madre estaba enferma.
7. La procesión de Semana Santa fue realmente conmovedora.
8. Desde que descubría que Lola hablaba mal de ella, Julia no volvió a llamarla.
9. Eduardo no quería ir al teatro en un principio, pero al final logramos convencerle.
10. El año pasado fuimos al cine al menos dos veces por semana.

11.6 The preterite and the imperfect (3) (B&B 14.4, 14.5, Level 2)

Change the verbs in brackets into the preterite or the imperfect tense, as appropriate.

1. Recuerdo perfectamente a mi primera maestra: (ser) alta, esbelta, (tener) los ojos castaños y el pelo negro. Al llegar a clase (ponerse) una bata blanca y nos (hacer) rezar las oraciones. Todos le (tener) auténtica adoración.
2. (Ser) automático: cada vez que Pelé y Melé (ir) juntos al fútbol, (acabar) riñendo; así que (decidir) no volver nunca más.
3. La última vez que mis padres (estar) de viaje no (dormir) en toda la noche porque el avión (salir) a las seis de la mañana y les dijeron en la agencia que (haber) que facturar las maletas con dos horas de antelación.
4. Como (vivir) en la costa, de pequeños (veranear) en un pueblecito de montaña hasta que, un buen día, mi hermana (decir) que ella (aburrirse) allí mucho y (dejar) de ir.
5. A los Pérez nunca les (caer) bien su nuera; de hecho (pasar) varios años sin verse apenas y nunca (llegar) a llevarse bien del todo.
6. (Estar / ellos) casados durante cinco años y entonces (romperse) el matrimonio, pero como los dos (adorar) a los niños, y ninguno (querer) separarse de ellos, (seguir) viviendo juntos hasta que los niños (hacerse) mayores.
7. Todo (ocurrir) tan de repente que nadie (darse) cuenta de la masacre que se había producido hasta que (ver) el reportaje en la tele.
8. Ayer cuando (volver) el niño del colegio, (sentarse) delante de la tele y (decir) que no (sentirse) bien y no le (apetecer) merendar.

11.7 Future tense (B&B 14.6, Level 2)

Fill in the gaps in the following passage, which is taken from the Colombian newspaper *El Tiempo*, with the appropriate future form of the verbs listed.

Keywords

el pesebre	manger, Nativity scene
una estela	a square column
un colibrí	a hummingbird
una tonada	a song, tune
un villancico	a Christmas carol

abrir, adornar, conformarse, convertir, dar, demarcar, encender, encontrarse, entonar, estar, girar, haber, iniciarse, presidir, proyectar, ser, sostener.

Este 2 de diciembre y hasta el 15 de enero (1) _____ 180 mil bombillas de diversos colores y alrededor de 300 reflectores que (2) _____ a Medellín en "la ciudad luz" del país.

Todos los años se rinde un homenaje a algún aspecto de la ciudad. En esta ocasión se pensó en las flores, que identifican la capital antioqueña.

El recorrido por este jardín luminoso (3) _____ en el cruce de la Avenida Oriental con La Playa, en el centro de la ciudad. Allí, una estrella-flor de cinco metros, (4) _____ el punto de partida de la Navidad y (5) _____ la bienvenida a los visitantes.

En uno de los costados de la Avenida La Playa (6) _____ ubicado el pesebre, enmarcado en una gruta cuya forma semeja los pétalos de una flor. Una gran estela de luz en bombillos (7) _____ la estrella-flor de David sobre el pesebre, integrando en este transitado sector de Medellín las figuras representativas de la Natividad.

Sobre otro tramo de esta arteria, colibríes en actitud de vuelo (8) _____ siete pasacalles en estructura, bombillería y angeo. Con aplicaciones florales, intercaladas con abstracciones geométricas que simulan grandes rosas, (9) _____ un techo de luces.

Los Tres Reyes Magos, muñecos volumétricos de seis metros de altura, tejidos en lonas de diferentes colores, (10)_____ el recorrido por la avenida.

En el bulevar de Junín —que (11) _____ sus puertas el dos de diciembre una galería de 30 figuras de ángeles pastores, ángeles abejas, ángeles trabajadores y ángeles tradicionales (12) _____ los postes.

Pero sin duda, el mayor descreste tecnológico (13) _____ un árbol de Navidad de cinco metros de altura, que conjuga sonido, luces y movimiento. (14) _____ al son de tonadas y villancicos, adornados con caballitos de madera, regalos, tambores y ángeles.

Con este árbol gigante (15) _____ aquellos visitantes que se dirijan por el sendero del río.

Como complemento (16) _____ 22 espectáculos artísticos a cargo de grupos musicales que (17) _____ villancicos, aires clásicos, colombianos, andinos y hasta música moderna para darle gusto a todo aquel que haga del recorrido su programa familiar de fin de año.

11.8 Suppositional future (B&B 14.6.5, Level 1/2)

Replace the underlined words in the following sentences with a future tense.

Example: Todavía no han llegado. <u>Quizás se haya retrasado</u> el tren.
   →
   Todavía no han llegado, **se habrá retrasado** el tren.

Keyword

(estar) de baja   (to be) off sick

1. He llamado muchas veces a su casa pero nunca están. <u>A lo mejor les ha pasado</u> algo.
2. Ya no menciona nunca a su amiga Lola. <u>Quizás se han enfadado</u>.
3. Hemos gastado muchísimo este mes. <u>Seguramente no queda</u> ni un céntimo en la cuenta.
4. Vete a la cama inmediatamente, <u>debes estar agotado</u> de tanto trabajar.
5. No sé su edad pero <u>seguramente ha cumplido</u> ya los cuarenta.
6. ¿Cuánta gente crees que cabe aquí? <u>Yo calculo que caben</u> unas cien personas.
7. Hoy en día, un piso en el centro de Barcelona <u>debe costar</u> una auténtica fortuna.

8. En Ciudad de México <u>viven</u> unos veinticinco millones de personas.
9. A juzgar por el acento que tiene, este señor <u>debe ser</u> andaluz.
10. Lleva mucho tiempo de baja y se le ve muy pálido, <u>a lo mejor tiene</u> una enfermedad grave.

11.9 The conditional: use of the conditional for the future in the past (B&B 14.7.3, Level 1/2)

Put the infinitive in brackets into the correct form: the main verb into a past tense and the other verb into the conditional form.

1. Mis amigos me _____ (comentar) que _____ (estar) allí el fin de semana.
2. Le _____ (asegurar, yo) que _____ (tener) los papeles firmados para el viernes.
3. Los turistas _____ (creer) que las entradas _____ (valer) más.
4. Cristina _____ (saber) que su hermana se lo _____ (contar) todo a su madre.
5. El patrón _____ (estar) seguro de que los huelguistas _____ (volver) a trabajar.
6. María me _____ (prometer) que me _____ (ayudar).
7. Los científicos _____ (estar) convencidos de que los restos del satélite _____ (caer) en el Atlántico.
8. Los chicos _____ (saber) muy bien que el profesor no _____ (aceptar) tal excusa.
9. Antonio _____ (decir) que _____ (reunirse) con los amigos en el bar.
10. El cliente _____ (querer) saber si le _____ (dar, nosotros) un descuento.

11.10 The conditional: use of the conditional in conditional contexts (1) (B&B 14.7.1, Level 1/2)

Put the infinitive in brackets into the conditional form.

1. ¡Cómo me _____ (gustar) volver a Grecia de vacaciones! Hace años que no voy.
2. Les _____ (parecer) mal que no aceptáramos la invitación.
3. ¡Vaya regalo miserable que te han hecho! ¡Cualquiera _____ (decir) que están en la ruina!
4. En esas circunstancias no os _____ (quedar) más remedio que pasar allí la noche.
5. Eso _____ (tener) que haberlo discutido antes tu padre y yo.
6. _____ (Ser, ustedes) tontos no aprovechar de semejante oportunidad.
7. Yo no _____ (querer) perderme ese espectáculo por nada del mundo.
8. No les _____ (salir) las cosas muy bien, cuando no han vuelto a mencionar el asunto.
9. Yo que tú me _____ (haber) ido sin darles explicaciones.
10. Sin duda nos _____ (ayudar), pero se lo tenemos que pedir con tiempo.

11.11 The conditional: use of the conditional in conditional contexts (2) (B&B 14.7.1, 14.75, 25.3, 25.4, Level 1/2)

(See also exercises 13.20–13.23)

A Complete these conditional sentences with the information given in brackets, following one of these patterns:
   si + imperfect subjunctive . . . conditional
   si + pluperfect subjunctive . . . perfect conditional

Examples: Si tuviera permiso de conducir, (no meterlo a la cárcel).
→

. . . no lo meterían a la cárcel.
Si hubiera tenido permiso de conducir, (no meterlo a la cárcel).
→

. . . no lo habrían metido a la cárcel.

1. Si fuera un vago, (echarlo del trabajo).
2. Si no sintiera vergüenza, (no ponerse colorado).
3. Si nos hubiera dado tiempo, (ir a ver la exposición).
4. Si supiéramos jugar al tenis, (jugar).
5. Si el tiempo no lo impidiera, quizás (nosotros poder ir a la playa mañana).
6. Si hubieran llamado, (nosotros oírles).
7. Si de verdad pudieras, (deber ayudarme).
8. Si se hubiera roto el tobillo, (no seguir corriendo).
9. Si pudieran arreglarlo, (arreglarlo).
10. Si tuviera joyas, (ponérselas).
11. Si hubiéramos insistido, (conseguirlo).
12. Si estuvieran libres este fin de semana, (yo querer invitarles a almorzar).

B In which of the above sentences could the conditional form be replaced by the -*ra* subjunctive form?

11.12 Conditional for supposition about the past (B&B 14.7.2, Level 2)

Transform the following sentences, expressing supposition and approximation by means of a conditional tense.

Example: A las 12 aún no habían llegado. *Quizá se habían equivocado* de carretera.
→

Se habrían equivocado de carretera.

1. No conseguían abrir la puerta. *A lo mejor estaba rota* la cerradura.
2. Cuando se casó mi madre, *debía tener* unos veinte años.
3. He visto a una pareja haciendo eses por la calle. *Seguro que iban* borrachos.
4. *Debían tener* mucha prisa porque no quisieron entrar.
5. Entró sin encender la luz. *Probablemente no quería* despertar a sus padres.
6. *Yo creo que vinieron* unas treinta personas a la fiesta.
7. Le dije adiós pero no me contestó. *Quizás no me oyó* porque había mucho ruido.
8. El vecino de arriba *se debió dejar* los grifos abiertos, porque se nos inundó la casa.
9. El ayuntamiento *recibió* unas dos mil cartas de queja de los vecinos.
10. Como no dijeron nada, *seguro que estaban* de acuerdo.

11.13 Compound tenses (1) (B&B 14.9.1–3, 14.10.1, Level 1)

Put the verb in brackets into the present perfect or the pluperfect as appropriate.

1. Cuando llegamos a su despacho, la señora Martínez ya _____ (salir).
2. Cuando volvía a ver a Manuel, _____ (casarse, él).
3. El profesor se enfadó mucho con los estudiantes porque no _____ (hacer, ellos) los deberes.

4. No sé dónde _____ (poner, yo) los billetes.
5. No pudimos ir al concierto porque _____ (agotarse) las entradas.
6. Esta mañana no _____ (ducharme); no _____ (tener) tiempo.
7. Este año Ana _____ (dedicarse) al tenis y _____ (ganar) dos campeonatos.
8. Oye, niño, ¿_____ (terminar) ya lo que tenías que hacer?
9. Mi tía _____ (estar) enferma toda la semana así que la voy a visitar.
10. Cuando llamé a Diego, ya _____ (enterarse) del accidente.

11.14 Compound tenses (2) (B&B 14.8, Level 2)

Correct the mistakes in the following sentences.

1. No la había nunca visto tan nerviosa como ayer.
2. Tenemos pintado las habitaciones y la cocina, ya sólo nos queda por pintar el salón.
3. Llevo escrito tres cartas de las cinco que tengo que escribir.
4. En cuanto seamos llegados a casa, se lo diremos para tranquilizarlos.
5. —¿Han vendido ya el negocio?
   —Sí lo han, y a muy buen precio, creo.
6. Dudo que nos inviten ahora, si no nos han jamás invitado.
7. Mamá, tú nos has siempre dicho que te dejemos en paz, que tú solucionarás tu vida.
8. —¿Se habrá agotado la edición?
   —Con la publicidad que ha habido, seguro que se habrá.
9. ¿No han todavía recibido el paquete? Pero si hace un mes que lo enviamos.
10. Son muy precavidos, ya tienen reservado las vacaciones del año próximo.

11.15 The past tenses (1) (B&B 14.4, 14.5, 14.9, Level 2)

Put the verbs in brackets into the preterite, the imperfect or the present perfect form.

Keywords

prestaciones	facilities, features
un dispositivo	a device

Yo de tecnología no sé mucho pero (1)_____ (creerse) estar al día con mi portátil y mi cámara digital hasta que un día una colega y yo (2)_____ (hacer) juntas un viaje en tren. Mientras yo (3)_____ (enchufar) el portátil, ella (4)_____ (teclear) en su móvil. (5)_____ (pensar) que (6)_____ (estar) mandando mensajes de texto pero no, igual que yo, (7)_____ (estar) trabajando. Al terminar, me (8)_____ (mostrar) que su teléfono además de ser un ordenador que (9)_____ (disponer) de todas las herramientas necesarias para trabajar en movimiento, incluso navegar por Internet, (10)_____ (tener) incorporadas prestaciones multimedia. Cuando (11)_____ (llegar) a nuestro destino, ese pequeño dispositivo (12)_____ (actuar) como un GPS así que no (13)_____ (perderse), y durante el viaje de vuelta Ana, así se llama mi colega, y yo (14)_____ (ver) las fotos de sus vacaciones y después me (15)_____ (dar) uno de sus auriculares blancos y (16)_____ (pinchar) canciones. (17)_____ (ser) tan divertido que al día siguiente (18)_____ (sacar) todos mis ahorros del banco para comprarme el último y mejor modelo posible. Ahora casi no utilizo mi portátil. Hoy, por ejemplo, lo (19)_____ (dejar) en casa y (20) _____ (hacer) todo con el *smartphone*.

11.16 **The past tenses (2) (B&B 14, Level 2)**

Put the verb in brackets into the correct tense. All the past tenses (simple and perfect) are used.

Una quinceañera de Chicago ____(pisar) el pasado jueves por primera vez la escuela. Hasta entonces la muchacha, cuyo nombre no ____(ser facilitado) por las autoridades, ____(pasar) toda su vida encerrada en casa viendo la televisión. Y eso porque su madre ____(temer) que le ocurriera "algo malo" si ____(andar) por las calles y, aún más, si ____(acudir) a las escuelas. La principal metrópolis de Illinois, ____(pensar), es un lugar muy peligroso.

El extraño caso ____(ser descubierto) a principios de mes, cuando la madre ____(telefonear) al número de emergencia del Ayuntamiento de Chicago para preguntar angustiada si la meterían en la cárcel por no haber escolarizado a la muchacha. La escolarización es obligatoria en EE UU a partir de la enseñanza primaria y hasta el bachillerato. "Chicago es una ciudad muy peligrosa y nuestro barrio mucho más" ____(explicar) la madre, "y la televisión", ____(añadir), "da muy buenos programas educativos". (…) No obstante, la hermana menor de la protagonista de esta historia, una niña de 8 años, sí ____(acudir) a una escuela pública del modesto barrio donde vive la familia.

Source: *El País* (Spain)

11.17 **The past tenses (3) (B&B 14.4, 14.5, Level 2/3)**

Translate into Spanish this text, which is based on an article from *El País* (17.07.02).

Keywords

un fajo	a bundle
de etiqueta	in formal dress
el camarote	the cabin
la cubierta	the deck
un moscardón	a bluebottle

More than one film about the *Titanic*, the biggest liner of its time, has been a box office hit, and its story still fascinates, a hundred years after it hit an iceberg and sank. On board was a young Spanish couple, Victor and Josefa. They had begun their honeymoon in Biarritz in 1911 and in the spring of 1912 were in Paris. One day, leafing through literature about the liner in Maxim's restaurant, they decided to visit New York. As they did not want to say anything to their parents, they left Victor's valet in Paris with a bundle of postcards on which they lied about what they were doing and where they were going. Every day the valet sent one of these cards to Victor's mother so she had no idea that her son had boarded the *Titanic* in Cherbourg.

On the night of 13th April, the captain of the ship gave a gala dinner. In the first class restaurant, Victor and Josefa dined in formal dress. At 11.00 p.m. they went to their cabin. Josefa was already in bed when they heard a noise. This did not alarm them but Josefa's maid was uneasy and knocked at the door. Victor went on deck to see what was happening. The sea was calm but the boat was not moving. Everyone thought it could not sink, but when an officer told Victor that the situation was serious, he ran to find Josefa and Fermina. They grabbed their coats and lifejackets and went up on deck. Panic now reigned and everyone was shouting. An officer got out a pistol and fired into the air, shouting "women and children first". Thus Josefa and Fermina survived. Hours after the tragedy, in Madrid, Victor's mother was eating when a bluebottle fell on to her plate. Immediately she knew that something had happened to her son. Soon afterwards she saw his name in the boat's list of disappeared in the newspaper.

Josefa married again in 1918 and when she died in Madrid in 1972 at the age of 83, her son Mauricio commented that she did not like talking about the voyage. She would answer questions but immediately change the subject. But she did keep photographs of Victor all her life.

11.18 The perfect tense in Latin America (B&B 14.9.8, Level 3)

Study the use of the present perfect and the preterite in the following passages. They are by an Argentinian, a Mexican and a Spanish writer. Establish which is which, and how the tenses might change in the others' usage.

A

—¿Ya te desayunaste, Molina?
—No, porque no te quería hacer ruido, para que durmieras.
—Pongo agua para los dos entonces.
—¡No! Vos quedate en cama que estás convaleciente. Yo preparo. Y ya tengo el agua por(1) hervir.
—Pero es el último día que permito esto.
—Contame qué leíste anoche.

———————— • ————————

—Pero mirá lo que hiciste . . . Si nos quedamos sin calentador, estamos listos. Y el platito . . . Y el té . . .
—Perdoname. Perdí el control. De veras, te pido perdón.
—El calentador no se rompió. Pero se volcó todo el kerosén.
—Molina, perdoname el arrebato.
—No hay nada que perdonar.
—Sí, mientras estuve enfermo si no era(2) por vos quién sabe dónde hubiese ido a parar.
—No tenés nada que agradecer.
—Sí que tengo qué agradecer. Y mucho.
—Olvidate, no pasó nada.
—Sí claro que pasó algo, y me muero de vergüenza.

For notes, see Key.

B

Vicente soy yo, abre, ¿quién voy a ser?, el tío más guapo del país, ves como sí has sabido quién era, pues mira, a hacerte una visita, ¿qué tal?, no sabía si a estas horas estarías repartiendo propaganda por ahí, ¿ya no?, ¿Y eso?, ¡qué cabrones!, como siempre va a haber gente que lo va a hacer más barato al final trabajaremos de balde, sí, esto es Taiwán, pues yo nada, he puesto carteles de dar clases por todos los sitios, pero no aparece un alumno ni por espejeras, aunque ahora como la guardería me sirve para relacionarme con mucha gente, a ver si con mi sex-appeal el boca a boca funciona, ¿y el CAP(1) lo has terminado?, ¿sí?, ¿has dado las clases prácticas y todo entonces?, y qué, nervioso, ¿no?, habrá sido para verte, sí, éste es el libro de Correos, sí, aquí está todo, me lo ha dejado mi prima Elena para que me lo fotocopie, para eso he venido, por si tú querías, no, aunque aún no ha salido la convocatoria.

(1) Certificado de Aptitud Pedagógica

C
Un día en la calle me encontré a Madalenita Servín:
—¿Qué ya vino? . . . me dijo.
—Sí, ya tengo(1) mucho tiempo de estar aquí . . .
—Entonces ¿ya dejó la tropa?
—Pues por ahora si . . .. Puse una peluquería.
—¡Válgame Dios!
—Y ahora ando buscando casa . . .

_____ • _____

En los primeros tiempos dejaba yo a mi Perico encerrado en el cuarto. Echaba candado y así como dejo a estos animales, así lo dejaba a él. Me iba desde las siete de la mañana a la lavada y regresaba hasta(2) las cinco de la tarde. Y el niño aquí solo, sin sus hermanos, llore(3) y llore y llore.
—¿Por qué no comistes(4)? Allí te dejé comida . . .
—Porque no tengo hambre.
—Y entonces ¿por qué lloras?
—Pues porque me quedé encerrado.
—Bueno, pues entonces vente conmigo.

For notes, see Key.

11.19 The *-ra* verb form (B&B 14.10.2, Level 3)

Study the uses of the *-ra* verb form in the following sentences, which are taken from the Cuban author Alejo Carpentier's *Los pasos perdidos* (Barcelona: Bruguera, 1979). Which other verb forms could be used instead?

Keywords

miriñaque	crinoline
desabrido	unpleasant
el raso	satin
la tiesura	stiffness

1. El miriñaque de mi esposa voló por sobre mi cabeza, pues me hallaba precisamente donde le tocara entrar, estrechándole el ya angosto paso.
2. El raso negro de la escena del baile había perdido la hermosa tiesura que lo hiciera sonar, en cada reverencia, como un revuelo de hojas secas.
3. En los días del estreno de esa tragedia de la Guerra de la Secesión, cuando nos tocara ayudar al autor joven servido por una compañía recién salida de un teatro experimental, vislumbrábamos a lo sumo una aventura de veinte noches.
4. Ahora llegábamos a las mil quinientas representaciones, sin que los personajes, atados por contratos siempre prorrogables, tuvieran alguna posibilidad de evadirse de la acción.

5. Antes, al menos, trataba de salvar su temperamento en un continuo repaso de los grandes papeles que aspirara a interpretar alguna vez.
6. Lo cierto era que ese abrazo, aunque resultara desabrido, volvía a apretar, cada vez, los vínculos aflojados por el desemparejamiento de nuestras actividades.
7. Al dejar a mi esposa en su escenario al comienzo de la función de tarde, tenía la impresión de devolverla a una cárcel donde cumpliera una condena perpetua.

Project: Make a note of other similar examples of *-ra* verb form usage in Latin American texts. Look also for examples of the *-ra* verb form with pluperfect meaning in subordinate clauses of time in Peninsular Spanish, especially in newspaper reports.

12 The imperative

The second person imperatives

12.1 The *tú* and *vosotros* imperatives (1) (B&B 17.2, 17.3, Level 1)

(See also exercises 9.10 and 10.7)

Fill in the missing forms in the following table.

Infinitive	*tú* imperative	Negated *tú* imperative	*vosotros* imperative	Negated *vosotros* imperative
			haced	
ser				
	lee			
				no tengáis
			poned	
		no te vayas		
salir				
				no os sentéis
		no digas		
	dame			

12.2 The *tú* and *vosotros* imperatives (2) (B&B 17.2.2, 17.2.4, Level 1/2)

The following text, from *El País* of 9 February 1994, is an injunction to the citizens of Zaragoza to have a good time during Carnival. It scandalized the more straitlaced members of the community! Change the infinitives to the *vosotros/as* form of the imperative.

Keywords

charanga	uproar, racket, brass band
alborozo	rejoicing
aporrear	to thump
un vencejo	a swift
berzotas	stupid

Vecinos de Aragón habitantes de Zaragoza y de todos sus barrios, yo, caballero errante de recónditos lugares que celebran el Carnaval y que tengo el gusto de encontrarme con vosotros y el conde de Salchichón rey de Carnavales infantiles que entre charanga y alborozo se ha abierto paso para presidir este evento, declaro: que sea Carnaval, en esta plaza y sus alrededores, por lo cual es obligado, de ahora en adelante, cumplir las órdenes que a continuación siguen: primero, ____ (disfrazarse) y ____ (hacer) el animal mientras dure el Carnaval; segundo, ____ (andar) boca abajo, (cantar)____, (correr)____ y (pintar)____ la pared; tercero, (aporrear)____ las puertas, (abrir)____ las ventanas y (voltear)____ las campanas; cuarto, (bailar)____ con locura, (beber)____, (comer)____ y (saciarse)____ hasta más no poder; quinto, (asustar)____ las ratas, (perseguir)____ los conejos y (burlar)____ los vencejos; sexto, (tirar)____ las carteras, los libros, las notas, que son Carnavales, no (ser)____ berzotas, y, séptimo, (bailar)____ la verbena y (quedarse)____ si es caso hasta que llegue la cena.

12.3 Imperatives with object pronouns
(B&B 11.14.2, 17.4, Level 2)

(See also exercise 9.10)

A Answer the questions with an imperative followed by an object pronoun, as in the examples.

Examples: ¿Qué quiere que hagamos con los sillones? (poner en el salón)
→

Pónganlos en el salón.
¿Qué quieres que haga con esto? (tirar a la basura)
→

Tíralo a la basura.

1. ¿Qué quieres que haga con estas cartas? (echar al correo)
2. ¿Qué quiere que hagamos con el coche? (llevar al taller)
3. ¿Qué quieres que haga con estas macetas? (regar un poco)
4. ¿Qué quiere que haga con estas botellas? (bajar al contenedor)
5. ¿Qué quieres que hagamos con las patatas? (pelar y freír)
6. ¿Qué quiere que hagamos con su dinero? (repartir entre los pobres)
7. ¿Qué quieres que haga con la calefacción? (encender cuanto antes)
8. ¿Qué quiere que hagamos con el vino? (terminar)
9. ¿Qué quieres que haga con este ejercicio? (corregir)
10. ¿Qué quiere que hagamos con el gato? (dar de comer)
11. ¿Qué quieres que hagamos con la tele? (dejar encendida)
12. ¿Qué quieres que haga con estos pasteles? (comer todos)
13. ¿Qué quiere que haga con la ventana? (cerrar)
14. ¿Qué quiere que hagamos con la lavadora? (arreglar cuanto antes)
15. ¿Qué quieres que haga con estos periódicos? (amontonar en ese rincón)

12.4 Negative imperatives with object pronouns
(B&B 13.1.11, 13.3, 17.4, Level 1/2)

(See also exercise 9.10)

Put the following positive imperative sentences into the negative.

1. ¡Dile la verdad!
2. ¡Ponla en la nevera!
3. ¡Démelo!
4. ¡Entrégueselo a ese señor!

5. ¡Acuéstate ahora mismo!
7. ¡Elige la más grande!
9. ¡Pedídselo a vuestro tío!
11. ¡Siéntese!
13. ¡Pruébelo!
15. ¡Descríbamelo!

6. ¡Cuélgalo allí!
8. ¡Hazlo así!
10. ¡Tráemela!
12. ¡Espérenme!
14. ¡Léedlo en voz alta!
16. ¡Cámbiamelo por otro!

12.5 The *vos* imperative (B&B 17.2.3, Level 3)

Find all the imperative forms in this extract from *El beso de la mujer araña* (Barcelona: Seix Barral, 16th edn., 1996) by the Argentinian writer Manuel Puig and give the equivalent Peninsular forms. Remember the role played by accents.

Keywords

un espiedo	a spit
un tarro	a jar, pot
dulce de leche	a spread of caramelized condensed milk

—¡¡¡Mirá lo que traigo!!!   1
—¡No!. . . estuvo mamá . . .
—¡¡¡Sí!!!
—Pero qué bueno . . . Anda bien entonces.
—Sí, un poco mejor. . . . Y mirá todo lo que me trajo. Perdón, lo que nos trajo.   5
—Gracias, pero es para vos, no embromés, hombre.
—Callate vos, apestado. Hoy acá se empieza una nueva vida, con las sábanas casi secas, tocá . . . Y todo esto para comer. Mirá, dos pollos al espiedo, dos, ¿qué me contás? Y los pollos son para vos, eso no te puede hacer mal, vas a ver que enseguida te componés.   10
—Jamás lo voy a permitir.
—Hacelo por mí, prefiero no comer pollo pero salvarme de tus olores, inmundo de porquería. . . . No, en serio te lo digo, vos tenés que dejar de comer esta puta comida de acá y vas a ver que te componés. Por lo menos hacé la prueba dos días.   15
—¿Te parece? . . .
—Claro, hombre. Y ya cuando estés bien . . . cerrá los ojos Valentín, a ver si adivinás. Decí.
—Qué sé yo . . . no sé . . .
—No abras los ojos. Esperate que te doy a tocar a ver si caés. A ver . . . tocá.   20
—Dos tarros . . . Y pesaditos. Me doy por vencido.
—Abrí los ojos.
—¡Dulce de leche!

12.6 Latin American and Peninsular usage (B&B 17.2.5, Level 2)

The following safety notice concerning cycling appeared in Cuba. Rewrite it using the Latin American second person plural imperative (*No transiten*, etc.) and the Peninsular second person plural familiar imperative (*No transitéis*, etc.).

```
┌─────────────────────────────────────┐
│          ¡¡PROHIBICIONES!!           │
│                                      │
│  NO TRANSITAR APAREADOS A OTRA       │
│  U OTRAS BICICLETAS.                 │
│  NO TRASLADAR BULTOS O               │
│  PAQUETES QUE LO OBLIGUEN A          │
│  MANEJAR LA BICICLETA CON UNA        │
│  SOLA MANO.                          │
│  NO TRANSPORTAR PASAJEROS EN EL      │
│  CUADRO (Caballo) O MANUBRIO DE      │
│  LA BICICLETA.                       │
│  NO REMOLCARSE DE UN VEHÍCULO        │
│  EN MARCHA.                          │
│  NO CONDUCIR SOLTANDO EL             │
│  TIMÓN, MANILLAS, PEDALES O          │
│  HACIENDO ACROBACIAS.                │
│                                      │
│         ¡EVITAR ACCIDENTES!          │
│                                      │
└─────────────────────────────────────┘
```

Source: *El Mundo* (Spain)

Imperatives in other persons

12.7 First person imperatives (B&B 17.5, Level 2)

Complete the following by putting the English in brackets into Spanish.

Todos somos conscientes de la necesidad de salvar el Planeta. Pues, (*let's do something*). Reciclar es bueno además de necesario: (*let's separate*) la basura, (*let's put*) el vidrio en una bolsa, los plásticos en otra y los desechos en otra y (*let's not be lazy*), (*let's throw them*) en los contenedores correspondientes, y las bolsas las podemos volver a usar, sobre todo si son de plástico.

¿Nos preocupa la contaminación atmosférica? (*Let's leave*) el coche en el garaje y (*let's walk*) al trabajo, al instituto, al supermercado, o si hace mal tiempo (*let's take the bus*) o el metro, y para esos viajes más largos, (*let's use*) el tren.

(*And let's not forget*) usar nuestras propias bolsas cuando hacemos la compra. Y esto sólamente para empezar. (*Let's show ourselves*) solidarios. Tenemos que hacer todo lo que podamos para ayudar a este planeta nuestro que está en alerta roja.

12.8 Third person imperatives (B&B 17.6, Level 2)

Read the following advice that Nina's friend is giving her with regard to her unemployed son who stays at home. Choose an appropriate verb from the list to fill each gap and put it in the third person imperative (*let him, let them*), adding an object pronoun where necessary.

beber, hacer, invitar, leer, no desanimarse, prepararse, salir, seguir durmiendo, venir, ver.

—Bueno, Nina, tu hijo es tu hijo pero ya no es un niño. Es una persona mayor que por las circunstancias sigue viviendo en casa. No debes ser tan estricta con él. Si quiere ver la tele, _____; si quiere leer hasta altas horas de la noche, _____. Si por la mañana no se despierta, no lo despiertes, _____, y luego _____ él el desayuno. Si está todo el día en casa, _____ algo para ayudarte, _____ a hacer la compra así se entera de cuánto cuesta todo. Está buscando trabajo ¿no? Pues, _____. Y si quiere invitar a los amigos a casa, _____. _____ todos a estar un rato con él en la casa. Mejor que estar callejeando ¿no te parece? Si quieren beber, _____. No todo lo que quieran, claro. A eso sí que hay que poner límites.

12.9 The infinitive used as an imperative (B&B 17.9, Level 1)

In an extract from a recipe for *cocido madrileño,* the instructions are expressed using impersonal imperatives. Replace these with infinitives.

1. Póngase a remojar los garbanzos la noche anterior en agua fría.
2. Déjese hervir el agua a fuego vivo, cosa de media hora.
3. Sin que deje de hervir el agua, agréguense los garbanzos y la sal.
4. Después de hervir a fuego vivo media hora, añádanse el tocino, el perejil y la cebolla.
5. Una hora antes de servirlo, sáquese el caldo para colarlo.

13 The subjunctive

Possibility and probability

13.1 Expressions of possibility and probability (B&B 16.3, Level 2)

(See also exercise 17.4)

A Complete the conversations with suitable verb forms in place of the infinitives given in brackets. Where possible, give more than one answer. The different expressions of doubt and possibility are underlined.

1. —¿Sabes si te han dado el trabajo?
   —No. Posiblemente me lo (notificar) mañana.
2. —¿Dónde está Juan?
   —No lo veo. Puede que se (ir) al bar.
3. —¿Cómo es que no hay nadie en esta clase?
   —Quizás les (decir) que fueran a otra.
4. —Me extraña que no lleguen los abuelos.
   —Ya los conoces. Tal vez (llegar) cuando estemos comiendo el postre.
5. —¿Cómo es posible que te (gastar) todo el dinero que te di ayer?
   —No me lo he gastado, probablemente me lo (quitar).
6. —¿Dónde están mis llaves?
   —Si miras bien el bolso que llevabas ayer, quizá las (encontrar).
7. —¿Quién me podría echar una mano con estas cuentas?
   —Espérate a que llegue tu hermano que es probable que él (entender) de contabilidad.
8. —¡Qué raro! No llamaron ayer por la noche.
   —Tal vez no (saber) nuestro nuevo número de teléfono.
9. —A ver, llama otra vez al timbre, puede ser que no (oír) o quizás se (retrasar) y (estar) a punto de llegar.
10. —¿Sacaré las entradas?
    —Yo que tú lo haría, si no tal vez te (quedar) sin ver la película.

B Repeat the same exercise with *a lo mejor*, *igual* or *lo mismo* instead of the underlined expressions.

Influence

13.2 Verbs of influence (B&B 16.12, Level 2)

(See also exercises 14.3, 15.2, 15.3, 16.1)

Complete the sentences with the information given in brackets.

Keyword

inalámbrico   *wireless*

1. Trataremos de evitar por todos los medios que (volverse a repetir esto).
2. Se ruega a los presentes que (abandonar la sala lo antes posible).
3. Con tanto insistir, consiguieron al fin que (cambiarles de habitación).
4. El Ayuntamiento trata de que los hogares (conectarse a la Red con tecnología inalámbrica).
5. Las autoridades han dispuesto que (repatriarse a los inmigrantes ilegales).
6. No consiento que (responderme / tú de esa manera).
7. Los directivos pretenden que (las energías renovables sustituir al carbón y al petróleo).
8. Es necesario que (producirse un cambio de mentalidad).
9. Nos desearon que (tener suerte y salirnos bien las cosas).
10. Os propongo que (salir juntos una noche, ir al cine y después a cenar).
11. Se empeñaron en que (ir todos ellos a tomar una copa a su casa).
12. Con *el marketing virtual* se pretende que (hablarse de un producto en las redes sociales, foros y chats, como antes se hacía boca a boca).
13. Esa señal de tráfico indica que (reducirse la velocidad).
14. Los padres deben preocuparse de que (sus hijos no ver páginas web inadecuadas).
15. Les recomendaron que (ver la última película de Almodóvar).

13.3 Noun + *de que* (B&B 16.5.1, Level 1/2)

Make sentences by combining an element from box A with an element from box B.

A	B
1. La idea de que	a. dejaran descansar al enfermo, las visitas salieran de la sala.
2. No escucharon la advertencia de que	b. se quedaran fue tal que se salió con la suya.
3. Ante el ruego de que	c. se acerquen los presos de ETA al País Vasco genera grandes conflictos.
4. La recomendación de que	d. se llevaran ropa para la lluvia y se mojaron.
5. Su empeño en que	e. no se coman dulces está a la orden del día.
6. La negativa del gobierno a que	f. salieran al amanecer le pareció descabellada.

13.4 Verbs with a double meaning (B&B 16.5.1, Level 3)

In these pairs of sentences the meaning changes significantly depending on whether the indicative or the subjunctive is used. Choose the appropriate form of the verb for each sentence and translate the sentences into English.

1. Nos advirtieron que aquel (ser) el último tren de la noche.
   Nos advirtieron que no (ir / nosotros) en el último tren de la noche.

2. Ya les han convencido de que no se (comprar) esa casa tan cara.
   Ya se han convencido de que no (poder) permitirse ese lujo.
3. Ya te dije que te (poner) el abrigo, que hacía frío.
   Ya te dije que (hacer) frío y se necesitaba abrigo.
4. La semana pasada escribió que (tener pensado) venir a visitarnos pronto.
   La semana pasada escribió que (pensar / nosotros) en ir a visitarle.
5. Ha quedado establecido que no se (experimentar) con la clonación humana.
   Ha quedado establecido que un gen (ser) el causante de la obesidad.
6. Insisto en que no me (apetecer) comer nada más.
   Insisto en que no me (dar) nada más, ya he comido bastante.
7. Hemos pensado que (ir / nosotros) a comer al restaurante.
   Hemos pensado que (venir / ellos) a comer con nosotros en el restaurante.
8. Insinuó que le (invitar) a pasar unos días con nosotros en la playa.
   Insinuó que (querer) pasar unos días con nosotros en la playa.

Emotional reactions and value judgements

13.5 Expressions indicating emotional reaction and value judgement (B&B 16.6, Level 2)

Join the two sentences, bringing the second one to the front and making the necessary changes.

Example: No piensa nunca en los demás. Está muy mal.
   →
   Está muy mal *que no piense* nunca en los demás.

 1. Vete a ver la exposición. Merece la pena.
 2. Se lo dicen para que cambie de actitud. Está bien.
 3. Crea dos direcciones de correo electrónico. Es mejor.
 4. Le dicen de todo, él ni se inmuta. Es igual.
 5. Queremos proteger nuestra identidad en la Red. Es natural.
 6. No nos quedó tiempo para verlo todo. ¡Qué pena!
 7. Los proveedores ofrecen gratis un servicio de videoconferencia. ¡Qué maravilla!
 8. Estuvimos cuchicheando todo el rato. Les molestó.
 9. ¡Vigila la presión de los neumáticos! Es importante.
10. No tienen mi talla. ¡Qué rabia!
11. Él no conocía tu situación. ¡Qué lástima!
12. Quiere mejorar cómo sea. Es lógico.

13.6 *Sería . . . que . . .* (B&B 16.6, Level 2)

In English one always says 'It'd be funny if . . .', but in Spanish always *Sería gracioso que* . . . Make sentences using this structure with material from the boxes: *Sería* + adjective or noun + *que* + verb in the subjunctive.

Example: sería gracioso Norman consigue el trabajo
   →
   Sería gracioso que Norman consiguiera el trabajo.

sería	fantástico	nos cae la lotería
	estupendo	tienen un accidente
	terrible	se agota el petróleo
	espantoso	nos roban las tarjetas de crédito
	absurdo	viajan en el mismo vuelo
	increíble	se puede ir de viaje a la Luna
	horrible	deja el trabajo sin tener otro
	lógico	conduce borracho
	una tontería	le meten a la cárcel
	una maravilla	se va la luz ahora mismo
	una casualidad	se escapa un león del zoo
	una suerte	consigue el trabajo
	un error	llegamos y no hay nadie
	un riesgo	nos pierden el equipaje
	un disparate	gana nuestro equipo
	una locura	quitan el subsidio a los minusválidos
	una lata	tengo que repetir este ejercicio
	una vergüenza	cierran un cine para abrir otro club nocturno

13.7 Subjunctive and infinitive (B&B 16.5, Level 2)

Give the correct form of the verb in brackets. The underlined words dictate the mood of the verb. In some cases the infinitive may be required: why?

Keywords

la persiana (slatted) blind
la colilla cigarette butt

Me he dejado los regalos de Navidad para la madre y las hermanas de Antonio encima de la televisión. Maldigo en silencio mi mala memoria o mejor dicho mi ausencia de memoria. <u>Maldigo</u> también que (sentirme) responsable única por el olvido. Antonio podía haber pensado en los regalos.

Pero no. Porque <u>lo natural es que</u> (ser) yo quien (llevar) los regalos, quien (fregar) los platos acumulados en el fregadero, quien (sacar) la basura, quien (hacer) la cama, quien (cerrar) las persianas, quien (vaciar) los ceniceros, quien (hacer) y (deshacer) el equipaje, quien (llamar) a un amigo cuando han operado a su hijo o a su madre, o quien (escribir) a máquina el domingo una carta urgente para que él la (poder) enviar a primera hora de la mañana. Es natural.

Pues <u>estoy harta de que</u> (ser) natural. <u>Quiero</u> (vivir) sola otra vez. <u>Quiero que</u> las cosas no (ser) naturales, sino simplemente necesarias o no, apetecibles o no. Yo también <u>quiero</u> (llegar) a casa y (hacer) lo que me (dar) la gana, (dejar) la ropa tirada por el suelo y las tazas de café por las mesas y los ceniceros llenos de colillas por todas partes. <u>Quiero</u> (representar) yo todos los papeles en mi propia función.

Source: Carmen Rico-Godoy, *Cómo ser mujer y no morir en el intento*

Verbs of denying and negated verbs of stating, declaring, knowing, thinking and understanding

13.8 General exercise (B&B 16.7, Level 2/3)

Transform these sentences, following the example.

Example: Creo que piensan venir esta tarde.
     →
          No creo que *piensen* venir esta tarde.

1. Veo que está empezando a mejorar el tiempo.
   No veo que _____ .
2. Dijeron que tenían un interés especial por ver a Carmita.
   No dijeron que _____ .
3. Habíamos entendido que eran cinco los que venían a cenar.
   No habíamos entendido que _____ .
4. Se había imaginado que todo iba a salir a la perfección.
   Nunca se había imaginado que _____ .
5. A mi abuela le dio la impresión de que el gato estaba raro.
   A mi abuela no le dio la impresión de que _____ .
6. Siempre había sospechado que el español era una lengua difícil.
   Nunca había sospechado que _____ .
7. A mí me parece que es una lengua muy fácil.
   Pues a mí no me parece que _____ .
8. El gobierno ha anunciado que va a adoptar medidas de urgencia.
   El gobierno no ha anunciado que _____ .
9. Yo estaba seguro de que entendías lo que te estaba diciendo.
   Yo no estaba seguro de que _____ .
10. Es que querían darnos una sorpresa.
    No es que _____ .
11. Esto significa que van a declarar la guerra de un momento a otro.
    Esto no significa que _____ .
12. Ella siempre dijo que le caían mal los vecinos.
    Ella nunca dijo que _____ .
13. Se dice que la población mundial sigue aumentando al mismo ritmo que antes.
    No se dice que _____ .
14. Tanto a él como a mí se nos ocurrió que había que tomar una determinación.
    Ni a él ni a mí se nos ocurrió que _____ .
15. Sospechaba que iba a pasar algo.
    No sospechaba que _____ .

13.9 Indirect negative questions and negated imperatives (B&B 16.7, Level 2/3)

Choose the correct form of the verb in the following sentences.

1. Nadie nos ha dicho si haya / hay que volver esta tarde.
2. No me explico qué le pudo / pudiera pasar para que reaccionara de ese modo.
3. Aún no he pensado qué me vaya / voy a poner para la fiesta de esta tarde.
4. No se imaginaban quién era / fuera el que llamara / llamaba a aquellas horas.
5. ¿No has notado qué simpáticos estén / están últimamente?

6. Aquí no dice si tengas / tienes derecho o no a pedir vacaciones sin sueldo.
7. No sé si te acuerdes / acuerdas de que este asunto ya lo habíamos discutido antes.
8. No me digan que no puedan / pueden hacerlo para el viernes.
9. No creas que es / sea la mejor película del año, pero no está mal.
10. Hijos míos, no penséis que la vida es / sea un camino de rosas.

Doubt, fear and hope

13.10 General exercise (B&B 16.8, 16.9, 16.11.3, Level 2)

Make your own statements of doubt, fear and hope on the basis of the following predictions.

Example: Se prohibirán los vuelos de bajo coste.

> →
>
> **Dudo / Los turistas temen / Nadie cree / Es de esperar / . . . que se pro-híban los vuelos de bajo coste.**

1. Al Presidente le aparecerán varios hijos naturales.
2. Prohibirán las corridas de toros.
3. El planeta se saldrá de su órbita.
4. Se legalizarán las drogas duras.
5. Habrá paz en el mundo.
6. La Luna se convertirá en destino turístico.
7. Todos iremos a trabajar a pie.
8. Se resolverán los problemas del Tercer Mundo.
9. Dejarán de talar árboles en Amazonas.
10. Se encontrará el Santo Grial.

13.11 General exercises on statements, assumptions and value judgements (B&B 16.6, 16.7, 16.9, 16.11, Level 3)

A This is an opinion column, and as such it presents a range of statements, assumptions and value judgements. Following the text closely, complete the sentences which follow it.

Keywords

modorro	stupid
un tópico	a cliché, a stereotype
bobalicón	utterly stupid

Imperio

Siempre me ha irritado el antiamericanismo visceral: es un prejuicio modorro que, como todo dogma, impide el entendimiento de la realidad. Digamos una obviedad: los estadounidenses no son todos tontos, ni belicistas, ni inmaduros, ni carentes de capacidad crítica, ni imperialistas, como el tópico más bobal-icón y etnocéntrico sugiere. Hay cosas de ellos que me desagradan (creo que es una sociedad muy dura con el débil, por ejemplo) y cosas que me gustan, como su sentido de la meritocracia, que es la antítesis de nuestro nepotismo y amiguismo.

Con todo, lo peor que tiene Estados Unidos es que es el país más poderoso, y todo poder tiende a la prepotencia y al abuso. Así sucedió con la España imperial, y con la Inglaterra victoriana; y así sucede cada vez que hay un relativo desequilibrio de fuerzas. Por ejemplo, parece ser que los portugueses nos siguen viendo hoy a los españoles, seguramente con razón, como a unos chulos. Esto es lo que no entienden los norteamericanos: además de gobernar el mundo, y de colonizarlo con las ideas, los dólares, la cultura e incluso las armas, pretenden que los colonizados les amemos: y eso no es ni lógico ni humano.

Source: Rosa Montero, *El País Internacional* (Spain)

1. A la periodista le irrita que ____.
2. Los prejuicios y dogmas impiden que ____.
3. Es obvio que ____.
4. El tópico sugiere que ____.
5. Le desagrada que ____.
6. Le gusta que ____.
7. Lo peor es que ____.
8. Con la España imperial y la Inglaterra victoriana sucedió que ____.
9. Parece ser que ____.
10. Los portugueses seguramente tienen razón que ____.
11. Los americanos pretenden que ____.
12. No es lógico ni humano que ____.

B This is another column by the same writer. Find all the verbs and expressions of the type we have been studying in this chapter. There are seven in total; three are followed by a verb in the indicative and four by a verb in the subjunctive. Try to establish why.

Keywords

recochineo	mickey-taking
ni un ápice	not a whit
la mezquindad	baseness

La traición

Tengo la sospecha de que este sinvivir que muchos padecemos últimamente por los escándalos políticos, esta penita pena y este abrirnos las venas ante tanta ilegalidad y recochineo es una obsesión propia de cierta edad. O sea, que a los más jóvenes, pongamos que de 25 años para abajo, les trae sin cuidado que Fulano robe o que no robe, o incluso que pague a pistoleros. A ellos les interesan más que nada las cosas concretas de sus vidas, amores, exámenes, trabajos, el éxito, el dinero y que haya suficiente nieve en la montaña para poder esquiar el domingo próximo (a veces el orden de prioridad empieza por lo último), pequeñas cosas de vidas muy pequeñas, y no es que la mía sea ni un ápice mayor que la de ellos. Todas las existencias particulares son diminutas en cuanto que las contemplas desde fuera.

Comprendo que les aburra la insoportable mezquindad de nuestra política, pero creo que se equivocan cuando piensan que lo que está sucediendo no les incumbe a ellos.

Source: Rosa Montero, *El País Internacional* (Spain)

13.12 'The fact that . . .' (B&B 16.10.1, Level 2)

Put the verb in brackets into the correct form and explain your choice.

1. Que (tener) alma barroca lo atestigua nuestra literatura.
2. El hecho de que muchos jóvenes (haber) irrumpido en los medios de comunicación tiene que ver con un momento específico, con una revalorización de la juventud.
3. Que La Habana (fiestear) las veinticuatro horas del día, desde que sale el sol hasta que se pone, ya se sabe.
4. Que el nacionalismo (ser) causa de muerte no deja de ser espeluznante.
5. Algunos hombres se sienten acomplejados por el hecho de que su mujer (aportar) mayores ingresos o simplemente (ocupar) un puesto superior al suyo.
6. El hecho de que la educación superior en España (necesitar) una seria transformación es de todos conocido.
7. El hecho de que los seres humanos (tener) una propensión a la violencia tiene sus consecuencias.
8. Que una persona (ser) mayor que otra no presupone su superioridad.
9. Que los escritores y poetas suelen ser vanidosos, egoístas y narcisos no (ser) nuevo.
10. Que los ciudadanos (tener) mala opinión de la justicia no es un gran descubrimiento.
11. Que hoy el cine europeo (necesitar) ser ayudado frente a la voracidad del americano, es evidente.
12. Que nuestro cine (gozar) por ahí de cierto cartel, da igual; que (haber) nuevos directores con ganas de trabajar, le trae sin cuidado al Director de cinematografía.

13.13 Verbs with a double meaning
(B&B 16.11.1, 16.11.2, Level 3)

Give the correct form of the verb in bracket and translate the sentences into English.

1. Se comprende que te (poner) como un loco cuando dijeron semejante cosa.
   No he comprendido ni una palabra de lo que (decir) el conferenciante.
2. De verdad, siento mucho que no (poder / tú) venir mañana.
   Siento que me (estar) poniendo mal por momentos.
3. Eso supone que (salir) de casa a las seis en punto, si no, llegaremos tarde.
   Supongo que (querer / vosotros) hacerlo, ¿no?
4. Explicó que (querer) venir sin falta.
   Eso explica que (querer / él) venir.
5. ¿Te parece que les (regalar / nosotros) el coche a los chicos?
   Parece que (vivir) felices y contentos pero andan bastante escasos de dinero.
6. Nos advirtieron que nos (ir) por otra carretera porque aquella estaba cortada.
   Nos advirtieron que (haber) obras en aquella carretera y por tanto (estar) cortada.

Subjunctive after subordinators

13.14 Purpose, cause, manner and result
(B&B 16.12.3, 16.12.4, 16.12.5, 33.5, 33.9, Level 2)

(See also exercise 26.11)

Change the infinitives given in brackets into the correct verb forms, and translate numbers 2, 3, 5, 6, 7, 10 and 12. The subordinators are underlined. (Note the variety of subordinators used here.)

1. Te voy a invitar al cine <u>para que</u> (ver) que cumplo con mi palabra.
2. No llegues antes de las 7, <u>no sea que no</u> (encontrar) a nadie en casa y (tocarte) esperar.
3. He venido <u>a que</u> (echarme / tú) una mano con estos impresos.
4. Hicieron toda aquella publicidad <u>con la intención de que</u> (irnos) acostumbrando.
5. Dile que sí enseguida, <u>no sea que</u> después (arrepentirse).
6. El causante del accidente se dio a la fuga, <u>no fuera que</u> le (detener) la policía.
7. ¡<u>Conque</u> tú no te (comer) el pastel! ¿eh? Entonces, ¿quién se lo ha comido?
8. <u>Puesto que</u> (ser) tan listo, arréglatelas como puedas.
9. Estaban <u>tan</u> asustados <u>que</u> (no poder) dar razón de lo que había pasado.
10. El gobierno está en minoría, <u>de ahí que</u> (querer) convocar elecciones.
11. He devuelto los pantalones, <u>es que</u> no me (convencer) cómo me quedaban.
12. Si lo hago, no es <u>porque</u> tú (decirlo), sino <u>porque</u> me (dar) la gana.
13. Lo explicó <u>de tal manera que</u> nadie (enterarse) de lo que dijo.
14. Salieron callando <u>de forma que</u> ni el portero les (oír).
15. ¿<u>De modo que</u> no (pensar / tú) volver esta noche a casa?
16. Lea la carta en voz alta <u>de modo que</u> todos (saber / nosotros) lo que nos dice este señor.
17. Se fue la luz, <u>de tal forma que</u> la ciudad (quedar) paralizada.
18. Programa el horno, <u>de manera que</u> (encenderse) a las seis y media.

13.15 Subjunctive and indicative with *como* (B&B 16.12.4, 16.12.5, 25.8.2, 33.5.2, 35.11, Level 2/3)

Give the correct form of the verb in the infinitive.

1. Ya te dije que lo (guisar) como te (dar) la gana.
2. Me extrañó bastante la manera como la (tratar) la policía.
3. Como no (querer / tú) que te ayude, no hace falta que vaya a tu casa.
4. Háganlo como (querer).
5. Como no (tener / nosotros) dinero, no podemos ir de vacaciones.
6. Les dijeron que como no (llegar) antes de las ocho al hotel, perderían la reserva de la habitación.
7. Siempre actuaban como mejor les (parecer).
8. Ya te tengo dicho que como no (hacer) los deberes, esta tarde no sales a jugar.
9. Como (tener / ella) la gripe hoy tiene que guardar cama.
10. No será haciendo el vago de esa manera como (conseguir / tú) triunfar en la vida.

13.16 *Como si* (B&B 16.12.5, 16.16, Level 1/2)

Give the correct form of the verb in the infinitive.

1. Nos trataron como si nos (conocer) de toda la vida.
2. Sonreía como si no (ocurrir) nada.
3. Parecía como si no le (interesar) nada de lo que se le estaba diciendo.
4. Estamos despilfarrando los recursos naturales como si (ser) inagotables.
5. Los pasajeros de primera clase siguieron bailando como si no (poderse) hundir el Titanic.

6. Se ruborizó como si no (decir) la verdad.
7. Usted habla como si nunca (haber) estado en Latinoamérica.
8. Era como si no (saber / ellos) qué contestar.

13.17 Time (B&B 16.12.7, Level 2)

Make sentences relating to the past and the future, as in the example.

Example: Miguel esperar aquí – hasta que – venir su amiga
    →

    Miguel esperó aquí hasta que vino su amiga.
    Miguel esperará aquí hasta que venga su amiga.

Keyword

escabullirse   to slip away

1. Los niños jugar al fútbol – hasta que – tú llamarles.
2. Yo preparar el té – en cuanto – nosotros llegar a casa.
3. Marta apagar la tele – en cuanto – el timbre sonar.
4. Yo decírtelo – antes de que – la película empezar.
5. Nosotros recoger las sillas – apenas – empezar a llover.
6. Nosotros no poder sacar el coche del aparcamiento – después de que – (ellos) cerrarlo.
7. Sarita soltar una carcajada – siempre que – darle la gana.
8. Yo no decirte nada – hasta que – irse tu madre.
9. No aburrirme – mientras – estar tú conmigo.
10. Yo escabullirme – antes de que – él darse cuenta.

13.18 Concession (B&B 16.12.9, 16.13.2, Level 2)

(See also exercise 26.9)

Give all the possible forms of the verb in brackets and translate into English numbers 1, 6, 8, 9, 11 and 12.

1. Es un terco, no da el brazo a torcer <u>así</u> le (matar / ellos).
2. No se dejó convencer <u>aunque</u> (tratar / ellos) de persuadirle por todos los medios.
3. Trataré de hablar con ella <u>siquiera</u> (ser) un momento para darle la noticia.
4. <u>A pesar de que</u> la evidencia (parecer) estar a favor del convicto, lo declararon culpable.
5. <u>Aunque</u> (haber) cantidad de italianos y de españoles, no se oía demasiado jaleo por los pasillos.
6. <u>Por más que</u> os lo (decir / yo), no os lo vais a creer.
7. <u>Por más que</u> (empeñarte) no les vas a convencer.
8. <u>Por más/muchas</u> reclamaciones <u>que</u> (hacer), nunca nos devolvieron el dinero.
9. <u>Por muy</u> rico <u>que</u> (ser), la chica no se habría casado con él.
10. <u>Por muy</u> felices <u>que</u> (parecer / ellos), no hay que fiarse de las apariencias.
11. <u>Por más que</u> (entrenarse) no conseguía llegar a la final.
12. <u>Por más/muchas</u> vueltas <u>que</u> le (dar) no vas a lograr entenderlo.

Condition and exception

13.19 Subordinators other than *si* (B&B 16.12.8, Level 2)

(See also exercise 26.10)

Give the correct form of the verb in brackets, and translate into English sentences 1, 3, 5, 6, 9 and 11.

Keyword

dar la lata   to annoy, pester

1. Mientras no (dar) la lata, te puedes estar ahí todo el tiempo que quieras.
2. Cómprense lo que quieran, siempre que no me (pedir) dinero prestado.
3. Con que vosotros les (dar) una buena acogida, ya me conformo.
4. Con que (sacar / tú) las entradas con dos días de antelación, ya es suficiente.
5. Como no me (entregar / ustedes) los ejercicios a tiempo, no se los corrijo.
6. Siempre que (tener / ustedes) dinero abundante, no tendrán que preocuparse.
7. Con tal de que (rebajar / él) un poco el precio, yo me daría por satisfecho.
8. Caso de que no (haber) dicho nada para el lunes, tendremos que darles otra llamada.
9. A poco que (hacer), lo terminarás para la fecha indicada.
10. A menos que (enviar) usted la carta por correo urgente, tardará cinco días en llegar a su destino.
11. Como no sea que (olvidarse), tarde o temprano llegarán.
12. No teníamos donde dormir, salvo que (estar) dispuestos a compartir la habitación con extraños.

13.20 *Si* clauses (1) (B&B 25, Level 2)

(See also exercise 11.11)

Replace the phrase in italics by a phrase beginning with *si*.

1. *Siempre que no molestes*, puedes quedarte un rato.
2. *De haber tenido las gafas* lo habría leído.
3. *Telefoneando por la noche* se ahorra mucho dinero.
4. *De haberlo sabido antes*, no vengo.
5. *Como no termines pronto*, hoy no sales.
6. *A menos que te urja mucho*, no le molestes ahora.
7. *Yo, en su lugar*, no lo volvía a repetir.
8. *Caso de que venga*, se lo diré.
9. *Con que se lo digas para las diez*, es suficiente.
10. Puedes ir a la fiesta *con tal que vuelvas antes de medianoche*.

13.21 *Si* clauses (2) (B&B 25.3, 25.4, Level 2)

(See also exercise 11.11)

Rewrite these sentences using *si* and an imperfect or pluperfect subjunctive to express a remote or unfulfilled condition.

Example: No jugamos al ajedrez porque no nos gusta.
→
Jugaríamos al ajedrez *si nos gustara.*

1. Eso nos ocurrió porque no estuviste con nosotros.
2. No te esperamos porque no llegaste a tiempo.
3. Como no tenemos dinero, no vamos de vacaciones.
4. Tengo tanto miedo a mi jefa que no quiero hablar con ella.
5. Cometen muchos errores porque no leen las instrucciones.
6. No ha nevado así que no podemos ir a esquiar.
7. Los chicos se aburren porque no se interesan por nada.
8. No puedo llevarte a casa porque no me han arreglado el coche.
9. Es que ha llovido y por eso no juegan al fútbol.
10. No estás en forma porque no haces ejercicio.

13.22 *Si* clauses (3) (B&B 25.8.2–25.8.4, Level 3)

Replace *si* by *de* + infinitive, *como* and other conditional expressions.

1. Si hubiera sabido ayer lo que sé ahora, no me habría pasado esto.
2. Si llaman ¿qué les digo?
3. Si no te portas mejor, este fin de semana no sales.
4. Si lo piensas bien, no me parece que sea tan grave el asunto.
5. Te cuido al niño esta noche, si me prestas el coche para volver a casa.
6. Si trabajas un poco todos los días, aprobarás el examen sin dificultad.
7. Si ésa fuera la única dificultad, no habría por qué preocuparse.
8. Si yo fuera ustedes, no le daba más vueltas.
9. Si no es por el perro, se les ahoga el niño.
10. El paraguas estará en su sitio, si no te lo has dejado olvidado en alguna parte.

13.23 *Si* clauses (4) (B&B 25.1–25.4, Level 2/3)

Correct the mistakes you find. Not all the sentences are incorrect.

Keyword

poner verde a alguien   to disparage, slag off someone

1. Si decíamos siempre lo que pensábamos se producirían cantidad de conflictos.
2. Yo no cuento algo si no me lo crea yo mismo, si no, ¿quién se lo va a creer?
3. Él sabía perfectamente que si nevaba más aquella noche, se quedaría aislado.
4. Esta planta apenas si crece nada, la voy a trasplantar.
5. Pensaron que si tenían dinero se irían a un hotel, y si no, dormirían al raso.
6. Nosotros podríamos continuar esto, si alguien nos lo empiece.
7. Nos dijeron que si teníamos prisa, procurarían servirnos cuanto antes.
8. Si habrías llamado como quedamos, no estaría de tan mal humor ahora mismo.
9. Si no hagas lo que te digan, creo que no les va a gustar.
10. Mis padres siempre creyeron que si me iba al extranjero, no regresaría a mi país.
11. Si yo diga lo que tú acabas de decir, seguro que me pones verde.
12. Si no se comporten como deben, que les castiguen.

Relative clauses

13.24 The subjunctive in relative clauses (1) (B&B 16.14, Level 3)

Give the correct form of the verb in brackets.

1. Ya he encontrado el libro que (necesitar) para escribir el ensayo.
2. No hay libro que te (poder) resolver esta duda.
3. Lo que (suceder o dejar de suceder) en aquella ocasión sigue siendo un misterio.
4. Busco a alguien que (andar preguntando) por mí.
5. No hay persona más feliz que la que (contentarse) con lo que tiene.
6. ¿Hay alguien que (necesitar) alojamiento?
7. Para ser alguien que (tener) tantos millones, no es muy generoso que digamos.
8. Cualquiera que (tener) menos millones que él, sería más generoso.
9. Todavía no se ha descubierto ningún medicamento que (curar) el SIDA.
10. A mí me gusta la gente que (hacer) su vida y no (meterse) con nadie.

13.25 The subjunctive in relative clauses (2) (B&B 16.14, Level 3)

The following sentences have been reduced to key elements. Return them to full sentences, adding words where necessary.

1. Conocer (yo) – nadie – admirar – los políticos.
2. Nunca – haber encontrado (yo) – nadie – estar de acuerdo con – el actual sistema fiscal.
3. ¿Haber – alguien – interesarle – un PC de sobremesa barato?
4. Había – casi nadie – en la clase – haber visto – la película.
5. Casi imposible – encontrar – un español – haber visto – nunca – una corrida de toros.
6. Un tema – haber levantado – una gran polémica.
7. No haber – un solo extranjero – haberse quejado de – nunca – la comida inglesa.
8. ¿Haber – algo – apetecerte?
9. Los estudiantes – haber terminado – poder – marcharse.
10. Si – haber algo – gustarte – llevar.
11. Acabar de leer (yo) – el mejor libro – haberse escrito – jamás.
12. Esta – la peor situación – haberme encontrado – jamás.

13.26 Translating 'however', 'whatever', 'whoever', 'whichever', etc. (B&B 16.13, Level 3)

Translate into Spanish, using the *tú* form of the verb for 'you' where relevant.

1. Whoever said that was totally mistaken.
2. I shall go and find her, wherever she is.
3. However you look at it, the answer is no.
4. I'll pay, however much it costs.
5. Wherever they went they were welcomed with open arms.
6. Don't ever part with it, whoever it is who asks for it.

7. They come whenever they fancy.
8. They'll come whenever it suits them.
9. Do whichever exercise you like best.
10. Whichever way you look at it, there is no way out.
11. Whatever you find, whatever you like, you may take with you.
12. Whatever they do, the terrorists will never achieve their objectives.

13.27 **The subjunctive to express wishes (B&B 16.15.2, Level 2/3)**

Express a wish relating to the following statements, using *¡ojalá . . .!* or *¡que . . .!*

1. Queremos ir de excursión este fin de semana. ¿Qué tiempo hará?
2. Nos gustaría estar en España.
3. Nunca nos toca la lotería.
4. Dentro de una semana Inés va de vacaciones.
5. Marta no se encuentra nada bien y está de baja.
6. Julio y Margarita acaban de casarse.
7. Carlos no vino y lo echamos de menos.
8. No tenemos tiempo para ir al concierto.
9. Mañana Ignacio tiene su examen de conducir.
10. Por fin no fuimos y nos lo perdimos todo.

13.28 **General exercise on the subjunctive (1) (B&B 16.2, 16.12, Level 1/2)**

Make appropriate sentences by combining elements from the different columns, replacing the infinitive with an appropriate present subjunctive form.

	Vamos a la discoteca	a menos que	(yo)		darse cuenta de lo difícil que es
	Te digo la verdad	para que	(tú)		
					volver a casa
	Pulse el botón rojo	en cuanto	(usted)		ir también
(No)	Mamá tendrá la cena preparada	mientras	Pedro	(no)	haber apagado la luz
		en caso de que	(ella)		
	Vais a tener ningún problema	hasta que	(nosotros)		tener tiempo
	Leeré todo el *Quijote*	cuando	(vosotros)		hacer los deberes
		de modo que	(ellos)		decírselo
	Te llevo al cine				
			mis padres		llegar más pronto
	Viajará en avión				
			(ustedes)		sentirse enfermo

					despertarse
					llover
					llamar a la policía

13.29 **General exercise on the subjunctive (2)**
(B&B 16, Level 3)

Give the correct form of the verbs in brackets. They are all in the present or present perfect indicative or subjunctive. Find the words, i.e. subordinators, verbs, expressions, etc. that dictate the subjunctive forms.

Keywords

un achaque	weakness, slight malady
un desasosiego	an uneasiness
la neura	obsession
asumir	to accept, take on

Relaciones personales

Acabo de terminar la primera versión de un libro sobre los hombres, una especie de manual ligero para la reconversión masculina. Se lo comunico a un amigo. "No (pensar) leerlo", se apresura a decirme. Y añade: "No sea que me (dar) ideas". Me veo obligado a contraatacar: "No hace falta que lo (leer), basta que lo (comprar) cuando (salir) y lo (recomendar)". Me pregunto qué razón (inducir) a mi interlocutor a ponerse inmediatamente a la defensiva. Yo no estoy seguro de que el libro (contener) amonestaciones para él. En realidad, lo conozco poco y es posible que (tener) superados los achaques y manías masculinas de las que hablo en el libro. ¿Qué le hace suponer, por el contrario, que la lectura del libro le va a crear problemas, o simplemente algún desasosiego? ¿Qué le hace suponer que el libro (ir) por él o va a por él? No es infrecuente esta doble reacción masculina ante las críticas al colectivo o simplemente a algunos hombres. El varón, por una parte, (tender) a darse por aludido siempre como si (ser) una vergüenza no estar incluido en cualquier comentario sobre los varones, aunque (ser) adverso. De otra parte, tiende a rehuir la confrontación y aun la simple reflexión. El primer fenómeno delata la persistencia de la neura patriarcal: ser varón es prestigioso. La segunda revela una crisis que no (querer) ser asumida.

Source: J.V. Marqués, *El País* (Spain)

14 Reported speech

14.1 Sequence of tenses (B&B 14 and 16, Level 2)

Write out (or read aloud) the following text, beginning: *Pepita le comentó a su marido que . . .*

Tengo el frigo averiado desde el martes —dijo Pepita— y no consigo hablar con el electricista antes de que salga de casa para todo el día. Y es inútil decirle a su mujer que le dé el recado, porque él es un vago y no quiere molestarse. Trataré de engatusarle, sé que una vez que lo prometa no se echará atrás. Yo le comprendo perfectamente: ¿por qué ha de trabajar pudiendo permitirse el lujo de no hacerlo? Dinero no le falta, ya hace su agosto con los veraneantes . . .

14.2 Indirect questions (B&B 24, Level 1/2)

Change the following questions into indirect form, beginning with the phrase in brackets.

Example: ¿Cuándo piensas volver? (Mi novio me preguntó ____)
→
Mi novio me preguntó **cuándo pensaba volver**.

1. ¿Qué hora es? (Me preguntó ____)
2. ¿Cómo funciona este aparato? (Pregunté ____)
3. ¿Por qué no quieres que lo sepa tu madre? (Pregunté a mi amiga ____)
4. Los venezolanos ¿hablan español? (¿Sabes ____?)
5. ¿Cuántos pasajeros hay en el avión siniestrado? (No se sabía ____)
6. ¿Qué opinas sobre la nueva estrategia del gobierno? (Todavía no me has dicho ____)
7. ¿En qué ciudad nació Cervantes? (No hay nadie que desconozca ____)
8. ¿Dónde se habrán metido los críos? (Ignoraba ____)
9. ¿Cuántos años lleva aquí esta familia? (El oficial quería saber ____)
10. ¿Cuál es más importante: el bienestar social o la prosperidad económica? (Los políticos siempre están discutiendo ____)

14.3 Indirect commands (B&B 16.2.4, 16.5, Level 2)

Change the following imperatives into indirect commands, beginning with the words in brackets.

Example: ¡Salga de la habitación! (Le pedimos ____)
→
Le pedimos **que saliera de la habitación**.

1. ¡Lea más alto! (Le aconsejé ____)
2. ¡Ten cuidado con las tijeras! (Te dijo ____)
3. ¡Pague la habitación mañana! (Le sugirieron ____)

4. ¡Terminad este trabajo cuanto antes! (Os ordenan ____)
5. ¡No pongas excusas! (Te dirán ____)
6. ¡Haga caso a los peatones! (Le insististe ____)
7. ¡No actuéis de esa manera! (Nos suplicaron ____)
8. ¡Dime la verdad! (Te pidió ____)
9. ¡Cómprate otro coche! (Me animasteis ____)
10. ¡No vuelva a decirnos tales mentiras! (Le dijimos ____)

15 The syntax of verbal constructions

General

15.1 Infinitive constructions with verbs (B&B 18.2.3, Level 2)

Fill in the gap with an appropriate preposition if necessary.

1. No estamos acostumbrados _____ recibir tales noticias.
2. ¿Qué pretendes _____ demostrar con tantos ejemplos?
3. Todo el mundo bajó _____ ver al recién llegado.
4. ¡No se te olvide _____ hacerlo!
5. Quedamos _____ vernos al día siguiente.
6. Te debes guardar _____ decir cosas así.
7. Todo induce _____ pensar que no cambiarán de opinión.
8. ¿Adónde piensas _____ ir mañana?
9. Si te puedo ayudar, no dudes _____ llamarme.
10. Juan siempre procura _____ comportarse cortésmente.
11. Su madre le ha prohibido _____ salir de noche.
12. El lesionado no recordó _____ haber chocado contra el árbol.
13. ¿No preferirías _____ tomar una infusión de menta?
14. Me negué terminantemente _____ hacer un discurso en público.
15. Por favor, enséñeme _____ tocar la flauta.
16. Se resistió _____ estrecharme la mano.
17. Prometimos _____ enviar una tarjeta a mi tía.
18. No quiero dejar _____ mencionar otros dos factores importantes.
19. Decidieron _____ luchar _____ librar a los presos políticos de la cárcel.
20. El tren tardó dos horas y media _____ llegar a Zaragoza.
21. El presidente ni siquiera se dignó _____ responder.
22. Me mandaron _____ salir cuanto antes.
23. Mi abuela sueña _____ ganar la lotería de Navidad.
24. Trata de convencerle _____ dejar de beber.
25. Opté _____ no hacer todos los exámenes necesarios.

15.2 Infinitive and full clause (B&B 18.2.1, Level 2/3)

(See also exercise 16.1)

Change the subject of the second verb in the following sentences as indicated. This will generally need a change of construction type from infinitive to full clause, or *vice versa*.

Example: Quiero salir con Jaime esta noche (tú).
→
Quiero que **salgas** con Jaime esta noche.

1. Temo equivocarme (usted).
2. Afirman hacer varias videollamadas al día (los estudiantes).

3. Es mejor no buscarse en Google (tú).
4. Antonio quiso echarnos una mano (su hermano).
5. Marta no recordó que el cliente había dejado un mensaje en el buzón de voz (Marta misma).
6. Esperaban recibir noticias lo antes posible (nosotros).
7. La universidad virtual ha conseguido ofrecer un atractivo plan de formación continua a los empleados (los empresarios).
8. La asesoría pretende atraer y retener personal con talento (la compañía).
9. Hace falta planearlo todo detalladamente (Álvaro).
10. Preferían gastarse el dinero en un móvil de última generación antes que en una cámara digital (yo).

Particular constructions

15.3 Verbs of permitting and forbidding (B&B 16.5.2, 18.2.4, Level 2)

(See also exercise 16.1)

Following the example, construct one sentence from the two sentences given. (Sometimes there will be two constructions possible, one with the infinitive and one with the subjunctive.)

Example: Compré la prensa dominical. Mi padre lo mandó.
→

Mi padre me mandó comprar la prensa dominical.
Mi padre mandó que comprase la prensa dominical.

1. Elena salió a la discoteca. Su madre lo permitió.
2. Los niños comerán las alubias. Les animaré.
3. No se trata de un accidente. Todo lo indica.
4. Todos colaboran para mantener limpia la ciudad. El Ayuntamiento les ha invitado.
5. Usted abre una cuenta corriente. Lo recomiendo.
6. Entraste en el museo de cera. Lo querías.
7. Tomasico me lo devolvió. Su padre le obligó.
8. Cenamos juntos. El director lo propuso.
9. El agua salía del tubo. El niño lo impedía.
10. No salga usted con este tiempo tan malo. Le aconsejó.

15.4 Verbs of perception (B&B 18.2.5, Level 2)

Express what is being seen or heard in the following sentences.

Example: Sonaba el teléfono (oí).
→

Oí sonar el teléfono.

1. Mi corazón latía (sentía).
2. Se cantó una canción muy hermosa (oímos).
3. Casi todos los reclutas desfilaron delante de mí (he visto).
4. Se cerró de repente la puerta trasera (oyeron).

5. Marcaste un gol ayer (vimos).
6. Se dice que es un libro buenísimo (hemos oído).
7. La anciana cruzaba la calle (vieron).
8. Tocarán la Novena Sinfonía de Beethoven (vamos a ir a oír).
9. La preparaba ella (no vimos).
10. Subió la temperatura considerablemente (se notó).

15.5 **Verbs with the gerund (B&B 20.8, Level 2/3)**

(See also exercise 16.16)

Study the constructions with the gerund in the following sentences, and consider how they can best be translated into English.

1. Bilbao ha ido creciendo constantemente a lo largo de su historia.
2. Desde entonces he venido asociando los viernes con el olor a pescado.
3. Llevamos veinte años investigando las propiedades de este gas.
4. ¡Vamos yendo!
5. Siempre acabamos riñendo.
6. Si quieres andar criticando a los demás, por lo menos no dejes que te oigan.
7. Nos quedamos contemplando la puesta del sol.
8. Acabó consiguiendo la cátedra de historia.
9. Vamos colocando todas estas piedrecitas para hacer un mosaico.
10. Venimos diciendo que Bernardo es un auténtico sabio.

15.6 **Pronoun shifting (B&B 11.14.4, 18.2.3, Level 2/3)**

(See also exercise 9.12)

Change the underlined material in the following sentences into a pronoun and move the pronoun to stand with the finite verb if the verb admits such movement.

Examples: Aprendimos a leer el alemán en muy poco tiempo.
→
Aprendimos a leer**lo** en muy poco tiempo.
Lo aprendimos a leer en muy poco tiempo.
Le ayudaré a preparar la cena.
→
Le ayudaré a preparar**la**.
(**Se la ayudaré a preparar* is impossible.)

1. ¿Te atreves a subir la escala?
2. Conseguí encontrar la solución perfecta.
3. Le invité a tomar una cerveza conmigo.
4. Montse intentó traducir la carta.
5. Tengo que ver enseguida a mi secretaria.
6. Los revolucionarios lucharon por restaurar la democracia.
7. Empezamos a recorrer la ciudad.
8. ¡Deje de soltar injurias!
9. ¿Me permite abrir la ventana?
10. Juré entonces no revelar el secreto.
11. ¿Podemos ver los fuegos artificiales?

12. Preferirían dar <u>las flores</u> a <u>la profesora</u>.
13. El médico se limitó a recetar <u>aspirinas</u>.
14. Espero cobrar <u>el sueldo</u> mañana.
15. Se esforzó por comer <u>los garbanzos</u>.
16. Me invitó a contar <u>la historia completa</u>.
17. No quiero oir <u>la verdad</u>.
18. Temen no poder ver a <u>la reina</u>.
19. ¿Qué te ha impulsado a recortar <u>la foto</u>?
20. ¡Trata de recordar <u>su nombre</u>!

16 Non-finite forms of the verb

Infinitive

16.1 Infinitive governed by a verb (B&B 18.2, Level 2)

(See also exercises 15.2, 15.3)

Infinitive construction or *que* construction? Complete the sentences by using the words given in brackets, and remember that with some verbs the subordinate verb must be in the subjunctive.

Examples: María propuso (todos ir) al mismo bar.
    →
    María propuso **que fuéramos todos** al mismo bar.
    María creía (ella misma estar) en aquel restaurante antes.
    →
    María creía **haber estado** en aquel restaurante antes.

1. A mis hermanos no les gusta (yo salir) con ellos.
2. A mis hermanos no les gusta (ellos mismos salir) conmigo.
3. Mi padre prometió (él mismo regalarme) un coche para mi cumpleaños.
4. Mi padre me prometió (yo tener) el coche para mi cumpleaños.
5. ¿Estás seguro de (yo decir) eso alguna vez? Yo no recuerdo haberlo dicho nunca.
6. ¿Estás seguro de (tú decir) eso alguna vez? Yo no recuerdo habértelo oído nunca.
7. Creo (yo ver) esa exposición el año pasado contigo.
8. Yo creo (tú ver) esa exposición de pintura el año pasado conmigo.
9. Mi hermana quería (todo el mundo pasarlo bien) en su fiesta.
10. Mi hermana quería (ella misma pasarlo bien) en su fiesta.
11. Prefiero (tú quedarse) haciéndome compañía.
12. Prefiero (yo quedarse) haciéndote compañía.
13. Siento (tú comprarlo) en esta tienda, porque has pagado más de lo debido.
14. Siento (yo comprarlo) en esa tienda, porque he pagado más de lo debido.
15. A él le interesa (él mismo vender) la propiedad cuanto antes.
16. A él le interesa (el agente vender) la propiedad cuanto antes.
17. Hace mucho que no veo a mis padres, espero (yo poder ir) pronto a visitarles.
18. Hace mucho que no veo a mis padres, espero (ellos poder venir) pronto a visitarme.
19. Temo (yo llegar) tarde a clase y que no me dejen entrar.
20. Temo (ellos llegar) tarde a clase y que no les dejen entrar.

16.2 Infinitive after prepositions (B&B 18.3.1, 18.3.3, Level 2)

Fill in the gaps with either *con, sin, por, al,* or *de* and give the meaning of the preposition + infinitive expression in English.

1. _____ salir de la clase no se olviden de apagar las luces.
2. _____ trabajar no se puede vivir.
3. _____ haberse mudado de casa, ya nos lo habría dicho.

4. No te vayas de casa ____ despedirte.
5. ____ echarse a llorar no se solucionan las cosas.
6. ____ haberme hecho caso, no te hubiera pasado eso.
7. Eso te pasa ____ ser tan testarudo.
8. Me caí ____ bajar del autobús.
9. Lo hizo ____ ayudarnos.
10. Este se cree que ____ trabajar dos horitas ya le basta.

16.3 Choice between infinitive and *que* + finite verb (B&B 18.3.2, Level 2)

Infinitive construction or *que* construction? Complete the sentences, following the examples shown.

Examples: He venido para (tú decirme) qué debo hacer.
→

He venido **para que me digas** qué debo hacer.
He venido para (yo decirte) qué debes hacer.
→

He venido **para decirte** qué debes hacer.

1. Después de (el presidente terminar) su discurso, la gente empezó a marcharse.
2. El presidente tomó asiento después de (él terminar) su discurso.
3. La librería nos mandó la factura antes de (nosotros recibir) los libros.
4. La librería nos mandó la factura antes de (ellos enviarnos) los libros.
5. Es un niño muy trabajador, sin (nadie decirle) nada, se pone a hacer los deberes.
6. Niño, no estés ahí sentado sin (tú decir) nada, parece que te aburres.
7. Con (tú tocarlo) otra vez al piano, me conformo.
8. Con (tú tocarlo) otra vez no te basta, tienes que practicar más.
9. Dijo que no salía de casa hasta (él terminar) la tarea.
10. Dijo que no salía de casa hasta (alguien llamarlo) por teléfono.

16.4 Infinitive as a noun (B&B 18.6, Level 1)

Complete the sentences with an appropriate infinitive.

1. _____ en el AVE es una experiencia maravillosa, estupenda.
2. Me gusta ir de viaje pero odio ____ las maletas.
3. ¿Qué tiene de malo ____ toda la mañana en la cama?
4. Mi actividad favorita es ____, pero en mi ciudad no hay piscina.
5. Aunque no me gusta nada ____, mis padres pretenden que vaya a la universidad.
6. ____ nuestra música favorita en cualquier rincón de la casa es posible gracias a la tecnología inalámbrica.
7. ____ por Internet es una manera cómoda y fácil de buscar información.
8. Según los científicos, es muy conveniente ____ un poco de vino todos los días.
9. ____ pesos y ____ troncos son los deportes tradicionales vascos.
10. ____ un poco de ejercicio todos los días es lo que nos aconsejan los médicos.

16.5 Adjective + *de* + infinitive (B&B 18.10, Level 2)

In the following sentences, make the underlined material the subject of a new sentence, as in the example.

Example: Es fácil entender <u>el plano del metro de Londres</u>.

→

El plano del metro de Londres es fácil **de** entender.

1. Para los occidentales, es muy difícil aprender <u>el chino</u>.
2. Es imposible memorizar <u>la guía telefónica</u>.
3. Es imposible hacer <u>todos esos deberes</u> en un día.
4. Es relativamente fácil diagnosticar <u>la enfermedad</u>, pero es difícil tratar<u>la</u>.
5. Es imposible vender <u>este coche tan viejo</u>, ¿quién lo va a comprar?
6. Es muy difícil distinguir a <u>los hermanos gemelos</u>.
7. Es imposible localizar <u>al gerente de la empresa</u>, se ha dado a la fuga.
8. Es casi imposible entender <u>al jefe</u>, cada día dice una cosa distinta.

Past participles

16.6 Forms (1) (B&B 19.1, 19.2, Level 2)

Put the verb in brackets into the correct form of the past participle.

1. Llevo (escribir) veinte invitaciones y ya tengo (enviar) otras veinticinco.
2. Había (poner) las flores en un jarrón de cristal y al ir a colocarlo sobre la cómoda, se le ha (caer) y se ha (romper).
3. Dice que ya ha (ver) casi todas las películas que se han (estrenar) este año.
4. Os tengo (decir) que lo que se ha (hacer) dos veces no se vuelve a repetir.
5. Han (abrir) el armario y se lo han (encontrar) todo (cubrir) de serrín.
6. Tus problemas están (resolver) pero los míos han (aumentar) desde que te vi.
7. Desde que se descubrió la penicilina, muy pocos toreros han (morir) de sus heridas.
8. Se ha (disolver) la compañía porque han (descubrir) irregularidades fiscales.

16.7 Forms (2) (B&B 19.2.1, Level 2/3)

Complete the table with the missing forms.

Infinitive	Verbal participle	Adjectival participle
	soltado	
despertar		
		atento
freír		
	presumido	
		extinto
	nacido	
sujetar		
	proveído	
suspender		
		maldito

16.8 Verbal and adjectival past participles (B&B 19.2.1, Level 3)

Choose the correct alternative in each of the sentences below.

1. Para el siglo XV había en España cantidad de judíos *convertidos / conversos.*
2. Con aquellas instrucciones tan *confundidas / confusas* no sabía a qué atenerse.
3. Como no he tomado el café, todavía no me he *despierto / despertado.*
4. ¿Te han *atendido / atento* bien en ese restaurante?
5. Yo quiero el filete bien *freído / frito,* no me gusta la carne poco hecha.
6. Es un señor muy *atendido / atento* y muy educado.
7. La letra *impresa / imprimida* resulta muy cómoda para el lector.
8. Me he *soltado / suelto* la trenza porque prefiero llevar el pelo *soltado / suelto.*
9. Lleva el bolso bien *sujeto / sujetado* para que no te lo roben.
10. Es un deportista *nato / nacido,* todos los deportes se le dan bien.

16.9 Participle clauses (B&B 19.3, Level 2/3)

Match the clauses in the left-hand column to those in the right-hand column, and think of a possible translation into English.

1. Empezada la representación,
2. Terminado el plazo de suscripción,
3. Una vez rellenado el impreso,
4. Cumplidos los 60,
5. Una vez solucionado el problema,
6. Los libros, una vez leídos,
7. Acabada la manifestación,
8. Llegados a la cumbre,
9. Dicho esto,
10. Visto que no llegan los invitados,

a. la gente se dispersó y la policía se retiró.
b. nos pondremos a comer.
c. los montañeros plantaron la bandera.
d. llévelo a la ventanilla número dos.
e. se levantó y salió de la habitación.
f. no dejan entrar en la sala.
g. hacen su aparición los achaques.
h. pudimos dormir tranquilos.
i. no pude matricularme.
j. se devuelven a la biblioteca.

Forms in *-nte*

16.10 Forms (B&B 19.4, Level 1/2)

Complete the table with the missing forms.

Infinitive	Gerund	*-nte* form
	agobiando	
		imponente
asfixiar		
	preocupando	
crecer		
poder		

Infinitive	Gerund	-*nte* form
	influyendo	
		alarmante
interesar		
	pendiendo	
frustrar		
		poniente
entrar		
nacer		
	aplastando	
		acomplejante
desesperar		
estresar		

16.11 Use (B&B 19.4, Level 3)

Complete the gaps with one of the -*nte* forms from the table in exercise 16.10.

1. El dinero da poder, por eso el que es _____ es también _____ .
2. El calor _____ y humedad que padecimos en agosto era _____, no se podía trabajar.
3. Se dice que los que trabajan en la City llevan una vida agobiante, o por darle un calificativo moderno, _____ .
4. No hay manera de que contesten al teléfono, es _____, comunican sin parar.
5. Es un tipo con un físico _____ y una conversación muy _____, pero sabe tanto que resulta un poco _____ .
6. El _____ aumento del consumo de drogas va siendo no ya _____ sino _____ .
7. Es _____ tener que dejar tantos asuntos _____ para solucionar la próxima vez.
8. El sol _____ y el sol _____ son otros términos para referirnos a la salida del sol y a la puesta del sol.
9. La _____ derrota sufrida por el gobierno en las elecciones generales ha llenado de euforia al partido _____ .

16.12 Spanish -*nte* forms as the equivalent of English '-ing' forms (B&B 19.4, Level 2)

Translate the following phrases into Spanish. Note that a Spanish form in -*nte* is not always available.

1. an interesting book
2. a thinking mind
3. a smiling face
4. a reassuring answer
5. a barking dog
6. a sitting target
7. a retreating army
8. an entertaining business
9. the remaining four
10. a retiring person
11. a building looking south
12. an amusing reply
13. the defending counsel
14. a rising star
15. a charging bull
16. writing paper

The gerund

16.13 Forms (B&B 20.2, Level 1)

Put the verb given in brackets into the gerund form.

(Venir) a casa, junto a ese edificio nuevo que están (construir), he visto a uno de esos señores que anda (pedir) limosna y que se suele ir (caerse) del alcohol que lleva encima. Por el aspecto no se sabía si estaba (dormir) o (morirse). Unos que pasaban por allí estaban (decir) que le habían visto (reñir) con un compañero suyo que había salido (huir), dejándole a éste no (poderse) levantar del suelo.

16.14 Adverbial use of the gerund (B&B 20.4.1–5, Level 3)

A Describe the role of the underlined gerunds (condition, manner, concession, cause, purpose, time) in the following sentences by turning them into finite verb constructions, as in the example.

Example: Habiendo terminado la ceremonia, los huéspedes se dirigieron al hotel.
→

   Time: Cuando terminó la ceremonia, los huéspedes se dirigieron al hotel.

1. Nos llamó diciendo que estaba en un apuro.
2. Paseando por la plaza, he visto que han abierto una tienda nueva.
3. Estando tan bien cualificado, no encuentra trabajo.
4. Siendo tan antipático, no me extraña que no tenga amigos.
5. Conduciendo a esa velocidad, va a tener un accidente.
6. Se hizo millonario vendiendo pólizas de seguros.

B Now do the exercise the other way round, saying what type of clause the underlined words are and changing them into a gerund with a similar function.

7. Si tienes tanto dinero, ¿cómo no te jubilas ya?
8. Aunque es tan blanca de piel, no se quema cuando toma el sol.
9. Cuando salía de casa, me retorcí un tobillo.
10. Como vive tan cerca, puedes ir andando.
11. Les voy a escribir para anunciarles la buena nueva.
12. Tras repetirlo una y otra vez, consiguió memorizar el discurso.

16.15 The gerund as a substitute for a relative clause verb (B&B 20.3, Level 3)

Whenever possible, replace the relative clause with a gerund.

Keyword

increpar   to rebuke

1. Vi a una niña gitana que vendía *La Farola*(1), el periódico de los 'sin techo'.
2. Increparon a los policías que cargaban contra los manifestantes.
3. Se oía el reloj de la iglesia que daba las doce.
4. Encontré a unos nudistas que se bañaban en pleno invierno.
5. Sacamos una foto a un edificio que se caía de viejo.

6. Dejé a la niña, que lloraba como una Magdalena, con la vecina.
7. Nadie de la clase conoce a ese chico que se sienta en la primera fila.
8. Todos los días hago una lista que me ayuda a recordar lo que tengo que hacer.
9. He comprado un libro que describe la vida de la princesa con todo detalle.
10. Buscamos gente que quiera triunfar en la vida.

(1)The Spanish equivalent of *The Big Issue* in Britain.

16.16 The gerund after a finite verb (B&B 20.8, Level 3)

(See also exercise 15.5)

Change the infinitive given in brackets into a gerund preceded by *acabar, quedarse, andar, ir, venir, seguir, llevar* or *salir.*

Example: Mi hermano (hablar) por teléfono más de media hora.
→
Mi hermano **lleva hablando** por teléfono más de media hora.

1. Hace tiempo que yo (pensar) que deberíamos mudarnos de casa.
2. Al oír llorar al niño, la madre (correr) hacia la habitación.
3. Los Pérez (vivir) en esta ciudad unos diez o doce años, los que tiene su hija.
4. Mi padre (trabajar) en la misma empresa de siempre y ya no creo que cambie nunca.
5. Por fin, el presunto asesino (confesar) la verdad, como era de esperar.
6. Anoche me (estudiar) hasta muy tarde.
7. Mientras yo frío la carne, tú (poner) la mesa.
8. No le creas nada de lo que te dice, siempre (contar) mentiras por ahí.

Translating English '-ing'

16.17 Translating English '-ing' (1) (B&B 20.9, Level 2)

These sentences are taken from Isabel Allende, *El Zorro, comienza la leyenda* (Barcelona: Plaza Janés, 2005). Put them into English, noting where '-ing' is an appropriate translation.

1. Lechuza Blanca echó a andar a largos trancos de caminante.
2. Los chiquillos, llevando por único equipaje unas mantas de lana, la siguieron sin hacer preguntas.
3. Se le ocurrió que podía pasar los cuatro días siguientes sentado bajo el mismo árbol.
4. Empuñó el cuchillo creyendo que era un lobo atrevido.
5. Al tercer día, aburrido y desfalleciente de hambre, trató de hallar el camino de regreso.
6. En vez de obedecer al instinto de darle caza, se detuvo a observarlo. El zorro no huyó.
7. Sin vacilar, empezó a seguirlo por donde el zorro quiso llevarlo.
8. Diego acompañó a su hermano y llegaron a tiempo para ver a los capataces quemar las chozas.
9. Nada de esto era novedad, ocurrió cada vez con más frecuencia sin que nadie se atreviera a intervenir.

10. Lo último que vieron Diego y Bernardo antes de subir al barco fue la figura altiva de Lechuza Blanca . . . diciéndoles adiós con la mano.

16.18 Translating English '-ing' (2)
(B&B 20.3, 20.4.2, 20.6, 20.7, 20.9.4, Level 3)

Translate these sentences into Spanish.

1. I saw Mary waiting for a bus.
2. As we passed his house we heard him practising the violin.
3. Can you imagine our parents drinking tequila in Mexico? (tú)
4. I could feel something crawling up my leg.
5. Dad took a picture of Granny skiing with us.
6. It was a mixture consisting of oil, vinegar and herbs.
7. Here you see a man carrying water from the fountain. (ustedes)
8. This is a long-standing tradition dating back to the Middle Ages.
9. The cats used to sleep in the room overlooking the garden.
10. The airport accommodates flights carrying up to one million passengers.
11. Does your fear of flying prevent you from travelling? (tú)
12. By making a list you won't forget anything. (tú)
13. I'm bad at playing tennis.
14. She's very good at playing the piano.
15. I apologize for being so rude.

17 Modal auxiliaries

Poder and saber

17.1 Expression of ability (B&B 21.2, Level 1)

Complete the dialogues with the appropriate form of *poder* or *saber*.

A

—¿(1) _____ venirte conmigo a la piscina después de comer?
—No, no (2) _____.
—¿Cómo que no (3) _____? ¿Tienes algo que hacer?
—Pero ¿cómo (4)_____ preguntarme eso? ¿Tú no sabes que yo no (5) _____ nadar?
—¡Ah, claro que no (6) _____ nadar! (7) _____ hacer otra cosa si quieres.

B

—Me encantan los roscos de aceite, (1) _____ comerme medio kilo sin darme cuenta. ¿(2) _____ hacerlos?
—Pues no, no (3) _____ hacerlos. Ni siquiera tengo la receta pero no hace falta porque mi madre los hace en cuanto (4) _____. (5) _____ pasarnos por casa a ver si queda alguno.
—¡Uy, qué maravilla! No sabes lo feliz que me haces. No (6) _____ cómo agradecértelo.
—Muy fácil, (7) _____ invitarme a comer cualquier día.

17.2 *Pudo, no pudo/podía, no podía*? (B&B 21.2.2, Level 2)

El verano pasado, Luis se cayó de la bici, se rompió la pierna y tuvo que estar enyesado y con la pierna en alto durante veinticinco días. Por lo tanto, había muchas actividades que *podía* o que *no podía* hacer y otras que *pudo* o *no pudo* realizar. Elige de la lista de posibilidades cuáles eran unas y otras.

bañarse

participar en un campeonato de tenis al que se había apuntado

leerse las obras completas de Arturo Pérez-Reverte

hacer deporte

andar sin muletas

terminar de escribir un cuento que había empezado hacía tiempo

adelantar trabajo para el curso siguiente

ver todos los programas de televisión que quiso

hacer vela

correr la maratón que se celebró en el pueblo

bailar

escuchar música

estar sentado

hablar por teléfono

aprender a jugar al ajedrez

escribir cartas que debía hacía tiempo

ir a un baile al que le habían invitado

pasarse horas oyendo sus discos favoritos.

Podía . . .	No podía . . .	Pudo . . .	No pudo . . .

17.3 The imperfect of *poder* used for reproaching (B&B 21.2.3, Level 2)

Answer the questions as in the example. Use object pronouns where appropriate.

Example: ¿Cómo no me has traído un regalito de tu viaje?
→
   Ya podías habérmelo traído or **Ya me lo podías haber traído.**

1. ¿Cómo no fuiste a visitar a tu madre cuando pasaste por Valencia?
2. ¿Cómo no me dijiste que esta noche tenías cena de trabajo?
3. ¿Cómo no le ayudaste a tu hermano con la mudanza?
4. ¿Cómo no les advirtieron a los empleados que la empresa iba mal?
5. ¿Cómo no llevaste a los niños al cine el sábado?
6. ¿Cómo es que no te acordaste que hoy tenías gimnasia?
7. ¿Cómo no me telefoneaste para avisarme que venías tarde?
8. ¿Cómo tardaron tanto en llegar las ambulancias?
9. ¿Cómo no te informaron enseguida?
10. ¿Cómo no pensaste en mí al hacer el reparto?

17.4 *Poder* used in speculations and suggestions (B&B 21.2.3, Level 3)

Answer the following questions with suitable suggestions, using *puede que* followed by the appropriate tense of the verb in the subjunctive.

Example: ¿Por qué no vendrían al cine ayer como habíamos quedado?
   (estar cansados)
→
   Puede que estuvieran cansados.

1. ¿Por qué estará el profe de tan mal humor hoy?
   (dormir mal anoche)
2. ¿Por qué llevará gafas de sol si está lloviendo?
   (tener algún problema con los ojos)
3. ¿Por qué no vendrían ayer Pepi y Juan a la fiesta?
   (pelearse)

4. ¿Por qué estaría aquel policía mirando debajo del coche?
   (estar buscando un paquete bomba)
5. ¿Dónde he podido dejar mi bolso?
   (robártelo alguien)
6. ¿Por qué no habrán llamado para felicitarme?
   (estar preparándote una sorpresa)
7. ¿Por qué no iría ayer el jefe a la oficina?
   (estar de viaje)
8. ¿Por qué tiene ese señor un aspecto tan demacrado?
   (tener alguna enfermedad grave)
9. ¿Qué hemos hecho con el cuchillo del pan?
   (haberlo tirado a la basura alguien)
10. ¿Por qué estará enfadado conmigo?
    (haberle ofendido tú)

Deber, *deber de* and *tener que*

17.5 **Expression of obligation (B&B 21.3, Level 3)**

Insert *deber, deber de* or *tener que* in the gaps in the following sentences. In some cases there is more than one possibility.

1. Agustín está tan endeudado que _____ pedir dinero prestado a todo el mundo.
2. —¿Tú sabes dónde está Fermín?
   —No estoy seguro pero _____ estar en la biblioteca.
3. Aunque no querían, los concejales _____ aprobar el proyecto.
4. ¡Qué tos tienes, mujer! _____ ir al médico.
5. Señor, aquí no se permite fumar. _____ apagar el cigarrillo.
6. _____ ser tarde cuando llegaron porque ya nos habíamos acostado.
7. Como nuestro vuelo sale a las tres, _____ estar en el aeropuerto a la una.
8. A estas horas los chicos _____ estar de vuelta. ¿Les habrá pasado algo?
9. ¡Tantos consejos nos dan hoy día! No _____ hacer esto, no _____ hacer el otro.
   ¿Hay algo que podemos hacer sin _____ preocuparnos?
10. Según las instrucciones que nos han dado, _____ girar aquí a la izquierda y luego a la derecha.

Haber que

17.6 *Haber que* and *tener que* (B&B 21.3–4, Level 2)

Fill in the gaps with *haber que* or *tener que* (in some cases there is more than one answer).

1. No se _____ comer todo lo que apetece.
2. No _____ fiarse de todo lo que dice la prensa.
3. Yo sé muy bien lo que _____ hacer, no hace falta que me lo diga nadie.
4. Usted lleva dos días a dieta y hoy _____ comer algo.
5. La abuela está mal, yo creo que tú _____ llamar al médico.
6. No salimos anoche porque _____ ver la telenovela.
7. _____ terminar aquello como fuera y no nos quedó más remedio que trasnochar.
8. Se puso a llover de tal forma que _____ refugiarnos en los soportales de la plaza.

Querer

17.7 'To want to' (B&B 21.5, Level 2)

Complete the sentences in these dialogues with the appropriate form of *querer* and justify your choice for (3), (5), (6), (10) and (11).

A

—Ah, pero eres ingeniero. ¿No decías que (1) _____ ser médico?
—Mis padres eran los que (2) _____ que fuera médico pero yo no (3) _____, me negué en redondo.

B

—Si (4) _____ vernos ¿cómo no llamaste ayer al pasar por delante de casa?
—Es que era muy tarde y no (5) _____ molestar.

C

—Buenos días, (6) _____ hablar con el encargado.
—Lo siento, pero en este momento está en una reunión. ¿Si (7) _____ esperar?
—Es que (8) _____ enterarme de lo del trabajo ése que han anunciado.
—¡Ah! pues si sólo es eso lo que (9) _____, ya se lo han dado a alguien.

D

—¿Cómo es que no (10) _____ ni siquiera entrevistarte para el empleo?
—Me dijeron que no daba el perfil, que (11) _____ a alguien con lenguas y más experiencia.

Soler

17.8 'Usually' (B&B 21.6, Level 3)

Translate the following sentences, using *soler* for all of them.

1. Are you in the habit of drinking herbal tea with your meals? (tú)
2. They are usually right.
3. We used to book our summer holidays in February.
4. I can usually manage to persuade them.
5. They were in the habit of contradicting me as a matter of course.
6. Mary won't usually work overtime.
7. John is hardly ever ill.
8. My intuition sometimes fails me.

18 Negative constructions

General

18.1 The syntax of negative sentences (B&B 23.3, Level 1)

Put *no* before the verb in the following sentences, as needed.

1. ____ conozco a nadie tan atrevido.
2. Ningún miembro de la delegación ____ estaba dispuesto a abordar el tema del SIDA.
3. Raras veces ____ he visto una cosa semejante.
4. ____ sería imposible que ____ acudiera nadie.
5. Apenas ____ conozco a nadie del pueblo.
6. ____ encuentro la bolsa en ningún sitio.
7. ____ sabe escribir el español mejor que ningún otro autor castellano.
8. Nada ____ sabemos de este asunto.
9. En mi vida ____ oí noticias tan catastróficas.
10. Mi tío lo hizo todo, sin que mi tía ____ tuviese que preocuparse por nada.
11. Tampoco ____ vendrán a visitarnos mis primos canadienses.
12. Este diamante ____ vale más que ningún otro del mundo.
13. ____ se dignaron saludarle ni el presidente ni su esposa.
14. ¡Jamás ____ lo había creído!
15. Nadie ____ dijo nada a nadie.

18.2 General exercise (B&B 23.4, 23.5, Level 2)

Fill in the gaps with an appropriate negative form.

1. ____ lo dijo, estallaron los aplausos.
2. —¿Te importa si cierro la ventana? —____ .
3. ____ he visto a tanta gente reunida en este edificio.
4. Santi no quería ir a dar un paseo, ____ Asun ____ .
5. Hacía tanto calor que ____ los perros estaban por las calles.
6. El director salió de su despacho sin decir ____ .
7. Me sorprendería bastante que ____ admitiese el error.
8. Ése es el mejor salto que ____ hiciste.
9. Antes de ____ vamos a mirar el mapa.
10. Después de esta experiencia ____ si se acordaba de su nombre.
11. —A mí no me gustan los mejillones. —____ a mí.
12. En el colegio no me gustaban ____ la historia ____ la filosofía.
13. Ella sabe bordar como ____ .
14. ¡Váyase y no se atreva a volver ____ !
15. —¿Sabes hablar guaraní? —____ palabra.

18.3 **Translating English 'no'** (B&B 23.2.2, Level 2/3)

Translate the following sentences into Spanish.

1. No company which collects personal data can use them without our consent.
2. He wanted me to give him my password but I said 'no way!'
3. There is no better way of keeping in touch with friends and family abroad than with *Skype*.
4. There's no denying that he is one of the best players in the world, but he is no angel.
5. I see no reason for shopping on-line if you live in a city as the shops are no distance from your home.
6. I can do that, no problem.
7. I have said 'no' and that's it. No arguments.
8. Can't you see the 'no entry' sign? There's no way out that way. (tú)
9. We have no choice but to improve our broadband access to the Internet.
10. Paco has no job, he has no money left and no place to live.

Individual negative elements

18.4 *Ninguno, nada* and *nadie* (B&B 23.5.1–23.5.3, 23.5.5, Level 1/2)

Put the appropriate negative element in the gaps of the following sentences.

1. _____ de los concursantes esperaba ganar.
2. No sabemos _____ bueno de él.
3. No vas a sacar _____ provecho de lo que tienes proyectado.
4. Por mucho que gritó, no vino _____ en su ayuda.
5. No hay _____ experto capaz de desactivar la bomba.
6. No se ha casado todavía _____ de las hijas.
7. No es _____ fácil cruzar el Canal de la Mancha a nado.
8. _____ de allá quería participar en la fiesta local.
9. _____ de los dos sabía cómo funcionaba la máquina.
10. Es un secreto: ¡no se lo digas a _____!
11. No me gusta _____ lo que acabas de contar.
12. Ya no queda _____ águila en las montañas del este.
13. Hay que dar un regalo o a todos los niños o a _____ .
14. No hay _____ razón que yo sepa para no encender la luz.
15. Los refugiados llegaron a este país sin _____ .

18.5 **'Redundant'** *no* (B&B 23.2.4, Level 3)

In which of the following sentences is the 'redundant' *no* possible? Cross out any which are impossible.

1. Quédate aquí hasta que no te diga que puedes salir.
2. ¡Cuántas horas no había pasado estudiando en aquella biblioteca polvorienta y sombría!
3. Es mejor que se haga abiertamente que no en la clandestinidad.
4. Temo que el barquito no se haya hundido.
5. Más vale que vayas tú que no yo.

6. Te llamamos pasado mañana a menos que no nos llaméis vosotros antes.
7. No empiecen hasta que yo no se lo diga.
8. Mucho tememos no hayan perecido en la selva los miembros de la expedición.
9. Preferiría que me dijeras la verdad que no que ocultaras lo que hicieron.
10. No lo comas a menos que tu padre no lo pruebe antes.

18.6 *Nomás* (B&B 23.2.5, Level 3)

Study the following sentences, which are taken from Adolfo Bioy Casares, *El lado de la sombra* (Buenos Aires: Tusquets, 1991), and translate them into English. If you are familiar with *nomás*, rewrite the sentences replacing it with a Peninsular Spanish alternative.

1. Voy a buscar la carta, ahora nomás, y te la muestro.
2. Ayer nomás vi al chico en el triciclo.
3. Como le dije, últimamente fui muy feliz. La otra noche, nomás, yo pensaba que no estaba.
4. ¿Pueden alquilarme un cuarto? Por la noche, nomás.
5. Por un minuto nomás te dejo.

19 Interrogation and exclamations

19.1 General exercise (B&B 24, Level 1)

Give the questions to the following answers (the information sought is underlined).

Example: Mi padre toca <u>el oboe</u>.
> →
> **¿Qué toca tu padre?**

1. El tren tarda <u>dos</u> horas en llegar a la capital.
2. Me llamo <u>Silvia</u>.
3. El concierto empieza <u>a las diez de la noche</u>.
4. Vamos esta tarde <u>al faro</u>.
5. Me ayudaron a construir la barca <u>los vecinos</u>.
6. <u>No</u> nos queda <u>mucho</u> dinero ahora.
7. Cervantes nació <u>en Alcalá de Henares</u>.
8. Estoy <u>bien</u>, gracias.
9. Su novia es <u>maestra de un colegio rural</u>.
10. Son <u>las nueve de la mañana</u>.
11. Estoy pensando <u>que ya se nos hace tarde para empezar</u>.
12. Voy a comprar <u>esta</u> falda.
13. El problema es <u>que no tengo un destornillador</u>.
14. Se hace la tortilla <u>de esta manera</u>.
15. Mi cuñado es de <u>Bogotá</u>.
16. Quiero un lápiz <u>para dibujar</u>.
17. Fue <u>García Márquez</u> quien escribió *Cien años de soledad*.
18. Tuve que volver a casa <u>por no tener dinero</u>.
19. Vimos <u>leones y tigres</u> en el zoo.
20. Este artículo versa sobre <u>la deuda nacional</u>.

19.2 *Que* and *qué* (B&B 24.1, 24.4, Level 1/2)

(See also exercise 32.5)

Write an accent on *que* in the following sentences if it is needed.

1. ¡Que bien huelen las rosas!
2. Haz lo que quieras: no me importa que vuelvas tarde.
3. Por ahora no digo nada, pero, luego, que no me vengan con excusas.
4. Contesté que sí.
5. Todos sabíamos que quería hacer.
6. Ignoramos que hicieron los niños en el parque.
7. La policía sabía bien que fue la causa del accidente.
8. Pregúntale que hora es.
9. Voy a pedirle que deje un recado.
10. Sé que cantaste.

19.3 *Cuál* and *qué* (B&B 24.3, 24.4, Level 1/2)

Fill in the blanks with the appropriate form.

1. ¿____ de los dos te gusta más?
2. No sabemos ____ hacer hoy.
3. ¿____ es la diferencia entre un panecillo y un bollo?
4. ¿A ____ hora se suelen acostar?
5. ¿____ son los derechos humanos básicos?
6. ¿____ inconveniente hay en irse de vacaciones en octubre?
7. ¿De ____ libro se trata, por favor?
8. Cabe preguntarse en ____ empresa no hay condiciones de trabajo difíciles.
9. ¿____ es la fecha de hoy?
10. Dos hombres están hablando en la esquina de la calle: ¿____ es tu padre?
11. ¿____ fueron las causas de la Guerra Civil?
12. ¿____ es su opinión?
13. ¿En ____ país vives?
14. ¿____ es un diodo?
15. Tengo tres hermanas: ¿a ____ te refieres?

19.4 *¡Qué – más / tan – !* (B&B 24.4.4, Level 1)

Make exclamations from the following sentences.

Example: El paisaje es muy hermoso.
　　　　　→
　　　　　¡Qué paisaje más / tan hermoso!

1. La idea es muy interesante.
2. Este árbol es muy viejo.
3. El río es muy ancho.
4. Ese corredor es muy veloz.
5. Tus pendientes son muy monos.
6. La lección es muy difícil.
7. La película es muy vanguardista.
8. Esta expresión es muy anticuada.
9. Este vino es muy agrio.
10. Tienes el pelo muy moreno.

19.5 Translating 'how' (B&B 24, 7.2.2, Level 2/3)

(See also exercise 6.2)

Translate into Spanish.

1. Who can tell me how I can get to Ciudad Real and how far it is from here?
2. How much does it cost to travel on the high-speed train?
3. How fast does it go and how long does it take to get there?
4. I can't tell you how happy I was to see Olivia after so long.
5. She explained to me how she had set up her videoblog and how many followers she had.
6. I didn't realize how easy it was and asked her how long she had been doing it.
7. How soon can you be ready? I'm dying to know how Carlos's trip to Buenos Aires went and how he found the night life. (tú)

8. How big is this room? How wide is it and how long?
9. How sorry we were; we never knew how ill she really was.
10. How high was the mountain was our question. You can't imagine how difficult it was to find out. (vosotros)

20 Pronominal verbs

The literal reflexive

20.1 Making reciprocal meaning clear (B&B 26.2, 26.3, Level 2)

The following passage, from an article in *El País* by Rosa Montero, contains a number of examples of the reflexive used reciprocally. Find them, and identify what strategies if any are used to make it clear that a reciprocal usage is involved.

Keywords

besuquearse	to kiss a lot, repeatedly
el moflete	the cheek
el carrillo	the cheek
para bien y para mal	for better or for worse
abalanzarse	to rush at
apurado	embarrassed

Besos y otras cosas

Es curioso lo mucho que nos besamos en España. Me refiero al beso social en las mejillas, y no a esos otros besos más lentos y sabrosos también más conflictivos, que pertenecen al reino de lo privado. Eso, besuquearse con el prójimo a modo de saludo, no se estilaba antes, en mi infancia. Es decir, antes sólo se besaban las señoras, y no siempre. El lanzarse a las mejillas de los chicos sólo se empezó a poner de moda en los años setenta, y en poco tiempo se convirtió en algo habitual.

Y así, ahora, al saludarnos, si es entre mujeres siempre nos besamos, y si es entre hombres y mujeres, casi siempre, con la sola excepción de aquellas ocasiones extremadamente formales u oficiales, tratos de negocios, personas muy mayores. Tampoco estos besos suelen ser unos besos auténticos, esto es, un restallar de labios en el moflete, sino que más bien son un leve refrote de carrillos, un soplar de tópicas palabras de saludo sobre las orejas del contrario. Pero, de todas formas, nos rozamos, nos aproximamos, nos tocamos mucho más los unos a los otros que casi todos los pueblos que conozco.

Los españoles siempre hemos sido muy tocones, para bien y para mal. Casi siempre para bien, diría yo, aunque a veces resultamos demasiado invasores: esas manos que te empujan por la calle, sin siquiera pedir disculpas por el empellón, son muy molestas. Debió de ser nuestra inveterada afición a palpar carne lo que hizo que la costumbre del beso cuajara tan pronto y felizmente. Los franceses también se besan al despedirse o encontrarse, pero me parece que es un gesto que reservan sólo para los más amigos. En cuanto a los anglosajones, los alemanes o los nórdicos, se limitan a darse la mano, y si te abalanzas hacia el cuello de un hombre al saludarle, le dejas estupefacto y apuradísimo.

20.2 **Translation of '-self' (B&B 9.11, 11.5.3, 26.2, Level 3)**

(See also exercise 9.7)

Translate into Spanish.

Keyword

Confucio   Confucius

1. What we say to others is a reflection of what we say to ourselves.
2. When Pablo looked at himself in the mirror he always looked himself in the eye.
3. Did you hurt yourself when you fell? (usted)
4. I can't afford to buy myself a new computer; I'll have to find myself a better job.
5. Listen to yourself; you never stop criticizing yourself.
6. Was it Confucius who said 'if you don't love yourself, who's going to love you'? (tú)
7. The important thing in life is to know oneself and to be able to laugh at oneself.
8. If one is at ease with oneself, then one can be happy.
9. Miguel came by himself but left with Juan's sister.
10. They made themselves some sandwiches and then set off to enjoy themselves.
11. Some people don't know how to behave themselves in public.
12. If I can do this myself, I'll feel quite pleased with myself.
13. If necessary, I'll ask the boss himself for advice.
14. He gave us a false description of himself, but the only person he deceived was himself.
15. We went to see their new home. The house itself is small but the garden is beautiful.

20.3 **Errors in the use of the reflexive (B&B 9.11, 11.5.3, Level 1)**

The following sentences contain some common errors made by English speakers. Correct them.

1. Hay que estar en paz con sigo mismo.
2. Los franceses ellos mismos no están muy convencidos de las ventajas del euro.
3. Lo hice mí misma.
4. La vida sí misma es lo más importante.
5. Sírvanse sí mismos.
6. Esto se lo inventó la autora sí misma.
7. Lo hará sí mismo, porque no se fía de los demás.
8. El jefe él mismo fue a pedirle disculpas.
9. Llevaron las maletas consigos.
10. ¡Conócete tí mismo!

Spanish pronominal verb corresponding to an English intransitive verb

20.4 **Pronominal and non-pronominal forms of the same verb (B&B 26.4, Level 3)**

Study the following three sentences in Spanish, and their translations into English.

a. **He** acostado al niño ahora mismo.
I've just this minute put the child to bed.
b. **Se ha** acostado el niño ahora mismo.
The child has just this minute gone to bed.
c. **Se me ha** acostado el niño ahora mismo.
My child has just this minute gone to bed.

Following this pattern, create a similar sequence in the sentences below and translate numbers 4, 5, 9 and 11 into English.

1. a. He quemado la paella.
    b. _____
    c. _____
2. a. He estropeado la máquina.
    b. _____
    c. _____
3. a. He pinchado dos ruedas del coche.
    b. _____
    c. _____
4. a. He cerrado la puerta de un golpe.
    b. _____
    c. _____
5. a. Paramos el coche a mitad de camino.
    b. _____
    c. _____
6. a. He perdido las llaves.
    b. _____
    c. _____
7. a. He despertado al niño.
    b. _____
    c. _____
8. a. He terminado el vino.
    b. _____
    c. _____
9. a. Manchó la camisa de pintura.
    b. _____
    c. _____
10. a. Olvidé echarle sal al guiso.
    b. _____
    c. _____
11. a. He metido el coche en la cuneta.
    b. _____
    c. _____
12. a. He roto dos vasos.
    b. _____
    c. _____

Nuances of pronominal verbs

20.5 Optional and obligatory reflexive pronouns (B&B 26.5, 26.6, 26.9, Level 3)

Study the following passage. Which of the pronouns in bold are incorrect and should not be there? Which ones add some nuance but could be removed without rendering the text ungrammatical?

El año pasado, mi marido, el niño y yo **nos** (1) fuimos de vacaciones a un complejo turístico de montaña. En cuanto **nos** (2) llegamos, **nos** (3) bajamos a la piscina. De repente, sin dar**nos** (4) cuenta, **se** (5) nos escapó el niño, **se** (6) subió al trampolín y **se** (7) tiró —o **se** (8) cayó, no lo sé —a lo más hondo de la piscina. De inmediato, uno de los bañistas **se** (9) saltó al agua para rescatarlo. Al ver que **se** (10) arremolinaba la gente yo **me** (11) acerqué a ver qué pasaba. Mi marido **se** (12) había entrado al bar a comprar algún refresco. Para cuando **se** (13) regresó a la piscina, el niño **se** (14) había salido ya del agua, le habían hecho la respiración artificial y **se** (15) contaba entre los vivos. A mí me saltaban las lágrimas sin poder**me** (16) contener, en medio de un ataque de histeria. **Me** (17) volví hacia él y lo increpé diciendo:
　　—Más te valía dejar**te** (18) de bebidas y preocupar**te** (19) de tu hijo.
　　—Tómate (20) esta copa —me dijo.
　　Yo **me** (21) la bebí de un golpe, al tiempo que **me** (22) fumaba el último cigarrillo de la cajetilla. Allí **se** (23) acabaron nuestras vacaciones. Aquella misma tarde **nos** (24) pasamos por una agencia de viajes y al día siguiente **nos** (25) volvimos para Madrid.

20.6 Rendering pronominal nuances in English (B&B 26.6, 26.7, Level 3)

Translate into Spanish the following pairs of sentences, which involve a pronominal and non-pronominal use of the verb given.

Example:　*creer*
　　　　　　Do you think I didn't realize you were cheating?
　　　　　　I believe everything I'm told.
　　　　　　→
　　　　　　¿Crees que no me he dado cuenta de que estabas haciendo trampa?
　　　　　　Me creo todo lo que me dicen.

1. *negar*
　I don't deny it was interesting.
　I refuse to obey the rules.
2. *pasar*
　You could easily be taken for a Spaniard.
　You have overstepped the mark.
3. *salir*
　Things turned out better than we expected.
　The lorry went off the road.
4. *saltar*
　You've skipped at least two pages.
　I had to jump over the boxes.

5. *dar*
   They gave me the car keys and left.
   She is very good at languages.
6. *ocurrir*
   Something unheard of has happened.
   It occurred to Newton that the Earth attracted objects.
7. *dirigir*
   The person who directed his thesis is one of the best in the field.
   He was heading for work when he got mugged.
8. *volver*
   He returned home late.
   She turned round and looked.
9. *caer*
   The thief fell into the trap laid by the police.
   My grandmother fell downstairs.
10. *parar*
    He was stopped by the police to be breathalyzed.
    We stopped to look in the shop-windows.

20.7 *Quedar* and *quedarse* (B&B 26.7.32, Level 3)

Fill in the gaps with the corresponding forms of the verb *quedar / quedarse*, and translate the sentences into English. Where the reflexive is optional, put it in brackets.

Keywords

timar	to swindle
zanjar	to settle, resolve

1. Le gusta _____ bien con la gente, siempre manda regalos.
2. A pesar del buen tiempo (nosotras) _____ en casa, sin pisar la calle en todo el día.
3. El taxista nos timó, _____ con parte del cambio.
4. A raíz del accidente (yo) _____ paralítico.
5. (Ellas) _____ estupefactas al oír la noticia.
6. El asunto _____ zanjado por decisión del juez.
7. ¿Dónde _____ el hotel que acaban de construir?
8. ¿A qué hora y dónde _____? Por mí que sea más bien tarde y a cubierto.
9. ¿Con cuál de los dos _____, niños? ¿Con el rojo o con el azul?
10. Nos _____ muy poco café, acuérdate de comprar lo (acuérdate de comprarlo) cuando vayas al supermercado.

'Passive' and 'impersonal' uses of the third person reflexive

(See also chapter 22)

20.8 Expression of an indefinite subject (B&B 26.10, 26.11 and 28, Level 3)

In all the following sentences, the verbs in brackets have an indefinite subject (English 'one', people, etc.). Express this notion using either (a) a 'passive' reflexive (*se venden libros*), (b) an 'impersonal' reflexive (*se mató a los inocentes*) or (c) the pronoun *uno/a* (*uno se pone un abrigo en invierno*).

Example: En este bar (necesitar) camareros.

→

En este bar **se necesitan** camareros.

1. Ahora mismo (estar construyendo) cantidad de viviendas en este país.
2. Ahora mismo (estar construyendo) sin orden ni control.
3. (Asustarse) de la cantidad de edificios que están levantando por todas partes.
4. (Detener) a dos sospechosos de traficar cocaína.
5. (Detener) las obras por falta de licencia.
6. (No pararse a pensar) en todo lo que hace, la vida es muy corta para eso.
7. Hoy en día (no sorprenderse) ya de casi nada.
8. Está claro que los problemas nunca (solucionar) del todo.
9. (Decir) que los auténticos problemas no tienen solución.
10. Los optimistas creen que los problemas (poder y deber solucionar).
11. Con la edad (avergonzarse) de las gamberradas de la juventud.
12. (Poner) en libertad a los presos por falta de pruebas.

20.9 Definite or indefinite subject? (B&B 12, 26, 28, Level 3)

All these sentences were written by English speakers commenting on a Spanish text that discussed reading and the use of computers. All of them contain an error related to the use of the pronouns, including the passive and/or impersonal *se*. Correct them.

1. Antes no se enseñaban a todos los niños a leer.
2. En realidad no se les querían enseñar a leer.
3. A aquella generación les enseñaba a leer mal.
4. Los utensilios que se utiliza hoy en día son más avanzados.
5. Se hizo muchos progresos a partir de entonces.
6. A la generación mayor se desanimó a leer con ojo crítico.
7. Pero a la generación actual se ha inculcado el odio a la lectura.
8. Hoy se puede ver dos actitudes distintas.
9. Las ideas que se encuentra en el texto son contradictorias.
10. Esto refiere a lo que decía antes.
11. ¿No se siente usted que eso es degradante?
12. Se puede hacerlo mientras los niños están en el cole.

Miscellaneous

20.10 Use of *se* (B&B 26, 28, Level 2/3)

In the following passage, *se* has been inserted where it is sometimes inappropriate or ungrammatical. Cross out the *se* in such cases. Then look at the 'correct' uses of *se* in the passage and describe their functions.

Desde un punto de vista continental, la Reconquista debe enmarcarse dentro del proceso de crecimiento y expansión ofensiva que se caracteriza la historia del Occidente europeo entre los siglos X y XIII, frente a húngaros, eslavos y musulmanes. El resultado de esta dinámica será la creación del área que actualmente conocemos como Europa occidental.

El planteamiento estratégico de la expansión cristiana, que se careció por lo general del carácter de "cruzada" que comúnmente se le atribuye, tuvo cuatro fases principales. En la primera de ellas, correspondiente al siglo XI, se consolida la línea del Duero, el curso medio-alto del Ebro, y el sur de la actual provincia de Barcelona.

La segunda y más decisiva se comprende parte de los siglos XI y XII y se consiste en el control del valle del Tajo y del curso medio-bajo del Ebro. Esta ofensiva se disloca el dispositivo estratégico de la España musulmana, apoyado en la comunicación entre los valles del Guadalquivir y del Ebro, que se queda partida en dos. La tercera fase, en el siglo XIII, se completará con la ocupación del valle del Guadalquivir y, en el Mediterráneo, con el control de los valles del Turia y del Júcar.

El reino nazarí de Granada se mantuvo hasta el 2 de enero de 1492. El fin de la Reconquista se produjo honda emoción en la Europa cristiana, porque se consideró que equilibraba la caída de Constantinopla a manos de los turcos.

Los monarcas cristianos conquistaban colonizándose, es decir, ofreciendo tierras a quien se comprometiese a ocuparlas, cultivarlas y defenderlas, lo que se dio lugar a trasvases y migraciones del norte peninsular y de Europa nada frecuentes en otras latitudes por aquellas épocas. Aquellos colonizadores, a quienes se dibuja con una azada en una mano y la espada en la otra, se fueron formando una sociedad de campesinos relativamente más libre que las existentes en la Europa coetánea.

Source: *España 1995* (Madrid: Secretaría General del
Portavoz del Gobierno), p. 59 (adapted)

21 The expression of 'becoming'

21.1 Verbs expressing the notion of 'becoming' (B&B 27.2, Level 2)

Give the verb that expresses the notion of 'becoming' associated with each of the following adjectives.

Example: aburrido → **aburrirse**

1. puro
2. duro
3. delgado
4. triste
5. alegre
6. vacío
7. agudo
8. gordo
9. blanco
10. rojo
11. enfermo
12. peor
13. mejor
14. pálido
15. viejo
16. oscuro
17. loco
18. cansado
19. sordo
20. tranquilo

21.2 Special verbs meaning 'becoming' (B&B 27.3, Level 2/3)

Fill in the blanks with *hacerse, llegar a ser, pasar a ser, ponerse, volverse, convertirse en* or *quedarse* as appropriate.

1. En la época de Felipe Segundo Madrid _____ la capital de España.
2. Cuando oyó las noticias _____ muy triste.
3. Lincoln _____ Presidente en 1861.
4. Su madre _____ viuda a los treinta años.
5. Don Quijote _____ loco con sus lecturas.
6. Fue entonces cuando la misión espacial _____ pesadilla.
7. Deja de preocuparte, si no, vas a _____ enferma.
8. Este sofá es de los que _____ cama.
9. El rey se cansó de gobernar y _____ monje.
10. _____ tarde: tenemos que marcharnos.
11. De repente me di cuenta de que la niña de antes _____ mujer.
12. Después de varios años, el mecánico _____ dueño del taller.
13. No mires directamente al sol, o _____ ciego.
14. Observamos que al añadir azúcar el líquido _____ más espeso.
15. Los pobres prisioneros _____ muy débiles después de pasar tantas calamidades.

21.3 Translation of English 'become' (B&B 27, Level 3)

Think of possible translations into Spanish of the following sentences, which are all taken from John Le Carré's *The Little Drummer Girl* (London: Hodder & Stoughton, 1983). There may be more than one way of translating the idea of 'becoming'. The key gives the published translation in *La chica del tambor* (Barcelona: Planeta/Seix Barral, 1983), with comments on some of the possible alternatives.

Keywords

los escombros	debris
grupos de colonos	settlements
el cuadro	tableau
el chismorreo	gossip
el picacho	the mountain crag

1. Their sad white petals afterwards became a feature of the debris.
2. Then suddenly, with Schulmann's arrival, everything became clear in a different way.
3. The second time they hit a school, then some settlements, then another shop, till it became monotonous.
4. A tall, unhurried man who at once became his guide.
5. The day grew hotter, the dull hills turned red and yellow.
6. Yanuka became the fatal victim of his own plush lifestyle.
7. So it was not until the final tableau that she first became aware of him sitting among the schoolchildren.
8. He detested gossip so much he could become red-faced and almost rude.
9. She's become much more moderate latterly, you know.
10. The mountain crag had become the black rectangular outline of a building.
11. Her voice, with its forced jauntiness, was becoming unfamiliar to her.

22 Passive

General

22.1 Passive with *ser* (B&B 28.2.1, Level 1)

Rewrite these sentences using the construction *ser* + past participle.

1. Lo eliminaron del equipo porque no rendía.
2. No se arregló la caldera como era debido.
3. TVE emitió el partido de fútbol a las diez.
4. Se inauguró la fábrica el 11 de marzo.
5. Instalaron los micrófonos por toda la sala.
6. Los científicos analizaron los resultados.
7. Han construido el hospital con capital extranjero.
8. Modificaron el programa sin previo aviso.
9. Todavía no se ha investigado ninguna de las denuncias.
10. La empresa ha comunicado que va a despedir a más de cien empleados.

22.2 Translation of the passive and impersonal *se* (B&B 28.4–6, Level 1)

Translate the following sentences into English.

1. Nunca se resolverán los problemas económicos de los países latinoamericanos.
2. Cuando se supo la verdad, era demasiado tarde.
3. Por este camino no se llega a ningún sitio.
4. Se debe guardar la fruta en el frigorífico.
5. El 9 de julio se celebra el Día de la Independencia en Argentina.
6. Todavía no se ha encontrado a los incendiarios.
7. Se aplazó la carrera a causa del mal tiempo.
8. Se dice que en el próximo parlamento se debatirá la eutanasia.
9. En este local no se permite entrar a menores de 16 años.
10. Por falta de tiempo sigue sin evaluarse el informe que se presentó el mes pasado.

22.3 Translation of the English passive (B&B 28.2.1–28.2.3, Level 2/3)

Consider the problems in translating the following sentences into Spanish. Which *cannot* be translated by the Spanish passive?

1. He was given an iPhone by his mother.
2. Was she seen by anybody? Yes, she was seen by me!
3. The web page was designed by Promag.
4. The rooms are cleaned twice a day.
5. At five o'clock I was woken by my father.

6. Who were you taught Spanish by?
7. Children should be read to by their parents.
8. The school was founded in the sixteenth century.
9. The speaker was given a warm welcome.
10. The house is reached by an underground tunnel.
11. The vase was broken by the cat.
12. Your aunt would be shocked if she knew.
13. Over 150,000 copies of this book have been sold in two weeks.
14. I don't need to be told by you how photos are downloaded.
15. When the demonstration turned violent, several arrests were made.

22.4 The passive in formal registers (B&B 28.2.3, Level 2/3)

Rewrite the following sentences as far as possible avoiding the use of the *ser* + past participle construction.

1. Los sospechosos fueron puestos en libertad tras prestar declaración.
2. Las organizaciones de los derechos humanos aseguran que ninguna de las denuncias ha sido investigada todavía.
3. De las personas que se encontraban a bordo del avión, al menos 50 fueron rescatadas con vida.
4. El oficial dimitió la semana pasada después de que le fuera abierta una nueva investigación por presuntos delitos.
5. El presidente francés acaba de ser recibido por el Papa.
6. El Ministro de Exteriores portugués ha sido muy criticado por su homólogo argelino.
7. La posibilidad de que la víctima fuese confundida con otra persona fue sugerida por las fuerzas del orden.
8. El director de la empresa fue considerado como el principal sospechoso.
9. A continuación el malhechor fue llevado a la cárcel.
10. Los infractores serán expulsados del lugar y castigados con fuertes multas.

Choice of auxiliary

22.5 *Ser / estar* + past participle (B&B 28.2.5, Level 2/3)

Fill in the gaps with the appropriate form of *ser* or *estar*.

1. Vieron la barca, que _____ atada al muelle.
2. El SIDA está muy lejos de _____ controlado.
3. El banco _____ atracado por dos jóvenes delincuentes.
4. La provincia _____ poblada de gente indígena.
5. Ahora (yo) _____ persuadido de su inocencia.
6. (Nosotros) _____ muy interesados en la filatelia.
7. El asesino _____ denunciado por su propia madre.
8. El último aparato _____ vendido hace media hora.
9. Tu jarrón chino _____ hecho añicos.
10. Los argumentos _____ bien estructurados.
11. Poco a poco el antiguo sistema _____ desmantelado.
12. Hay muchas palabras modernas que no _____ incluidas en este diccionario.

13. (Yo) ____ tentado a ir a vivir a otra ciudad.
14. Los auténticos genios suelen ____ criticados muy duramente durante su vida.
15. Los tres últimos años han ____ marcados por un creciente afán de hacer las paces.

Project: Can you construct other sentences with these past participles, using *ser* in place of *estar*, and vice versa?

Constructions with *se*

22.6 Project (B&B 28, Level 3)

Look at different pieces of Spanish prose, narrative, descriptive, dialogue, journalistic, and count up the number of times the following constructions are used:

(a) the passive with *ser* + past participle
(b) *estar* + past participle
(c) passive *se*.

Which construction is most frequent? Is this what you would have expected? Do the figures vary for different kinds of Spanish?

22.7 Other impersonal constructions (B&B 28.6, 28.7, Level 2/3)

The following sentences are all expressed using an indefinite third person plural subject. If possible, convert them into a construction using *se* or *uno/una*. Are there any which cannot be converted?

1. En Suecia se quejan del coste de la vida.
2. Pueden comer en una de las fondas que hay en la ciudad.
3. Tienen que apretar el botón rojo para parar el tapiz metálico.
4. Se suelen poner la falda más corta que encuentran.
5. Está claro que sufrían mucho a causa de la peste bubónica.
6. Si leen, nunca se aburren.
7. Vieron a los niños jugando en la calle.
8. No van a asustarse de lo violenta que es la película.
9. Hoy en día viajan por toda Europa sin el menor problema.
10. Temo que se precipiten a vender los tesoros nacionales.

22.8 The 'passive' meaning of the infinitive (B&B 28.2.4, Level 2)

Translate the following into Spanish (in each case an infinitive with a 'passive' meaning can be used).

1. An unpainted wall.
2. It was to be expected.
3. The article is half written.
4. That remains to be seen.
5. He was unshaven.
6. This is the sum to be paid.

7. The table was unpolished.
8. The programme is still to be discussed.
9. I'm only half dressed!
10. There is a lot still to be done.

23 *Ser, estar* and *haber*

Basic uses

23.1 *Ser* and *estar*: general exercise (B&B 29, Level 1/2)

Fill in the gaps with a form of *ser* or *estar* as appropriate.

1. Mi marido _____ anestesista.
2. Dos y dos _____ cuatro.
3. Ver _____ creer.
4. _____ tu hermana quien me lo dijo.
5. La clase de lengua _____ en el aula número 5.
6. Todas las cosas _____ en su sitio.
7. Mamá _____ muy triste hoy, no sé qué le pasa.
8. Esa película _____ muy triste, no quiero verla.
9. La nieve _____ blanca.
10. Ahora ya _____ todos informados de lo ocurrido.
11. Yo _____ una persona feliz, siempre _____ contento.
12. _____ en México donde me perdieron las maletas.
13. ¡Niño, _____te quieto! No puedes parar ni un momento.
14. ¡_____ buenos, niños! Si no, me voy a enfadar.
15. Esta paella _____ riquísima, me voy a servir un poco más.
16. ¡Qué guapa _____ Consuelo hoy!
17. No tenéis motivos para _____ tan enfadados.
18. No quiero que me molesten; no _____ para nadie.
19. No sabían lo importante que _____ esa reunión para nosotros.
20. La comida todavía _____ por hacer cuando llegaron los invitados.

23.2 *Haber* and *estar* in contrast (B&B 30.3, Level 1)

Fill in the gaps in the following dialogues with a form of *haber* or *estar*, as appropriate.

1. Perdone, ¿_____ un estanco por aquí cerca?
   Sí, creo que _____ uno, pero no sé exactamente dónde _____.
2. ¿Dónde _____ el Banco de Bilbao en esta ciudad?
   No sé si _____ sucursal del Banco de Bilbao aquí; si la _____, _____ en la plaza.
3. ¿Dónde _____ los ceniceros en esta casa?
   Lo siento, no _____ ninguno, no fumamos.
4. Oiga, ¿dónde _____ unos servicios por aquí?
   Por aquí cerca no _____. Los más próximos _____ en la estación.
5. Por favor, ¿dónde _____ la estación?
   En este pueblo no _____ tren. ¿Se refiere a la estación de autobuses?

23.3 Direct object pronouns with *haber, ser* and *estar* (B&B 7.4, 30.2.2, Level 2)

(See also exercise 6.4)

Replace the underlined forms with an object pronoun.

Example: ¿Había <u>mucha gente</u> en la fiesta?
→
Sí que **la** había.

1. ¿Hay <u>catedrales</u> en Londres?
   Sí que ____ hay. Hay tres por lo menos.
2. ¿<u>Están abiertas</u> al público?
   Sí que ____ están; de 10 a 5 todos los días.
3. ¿Hay <u>inmigrantes</u> en tu país?
   Sí que ____ hay, y muchos.
4. ¿Hay <u>tensiones</u> raciales?
   Claro que ____ hay, como en todas partes.
5. ¿Sabes si hay <u>vuelo</u> directo de Londres a Santiago?
   No sé si ____ hay, pero supongo que sí.
6. ¿Hay <u>farmacias</u> de guardia aquí?
   No, no ____ hay. A partir de las 5.30 hay que ir a urgencias.
7. Pero eso <u>es muy raro</u>, ¿no?
   Sí que ____ es; ellos sabrán por qué lo hacen.
8. ¿De verdad <u>estás harto</u> de hacer tantos ejercicios?
   Sí que ____ estoy.

23.4 Sentences involving both *ser* and *estar* (B&B 29.2.2, 29.3.1, 29.3.6, Level 2)

Looking for a flat? Make sentences describing the type of flat you are looking for or have seen.

Example: He visto un piso que **es barato** pero **está alejado**.

Busco un piso que sea / esté ____ .	caro / barato
He encontrado / visto un piso que es / está ____ .	bien / mal comunicado
	céntrico / alejado
Me han enseñado un piso que es / está ____ .	claro / oscuro
	soleado / sombrío
He visto un piso que me gusta porque es / está ____ .	orientado al sur / al norte
	alegre / triste
He visto un piso que no me gusta porque es / está ____ pero es / está ____ .	grande, enorme / pequeño
	poco estropeado / poco usado / muy estropeado / muy poco usado
He visto un piso que me gusta bastante porque es / está ____ pero es / está ____ .	nuevo / viejo
	cerca del metro / lejos del metro
	amueblado / sin amueblar
He encontrado el piso ideal: es / está ____ .	en una zona peatonal / en una calle de mucho tráfico

recién pintado / sin pintar
muy cuidado / poco cuidado
mugriento / reluciente
renovado / sin renovar
espacioso, amplio / angustioso,
claustrofóbico
cómodo / incómodo
bien / mal distribuido, diseñado
antiguo / moderno, de nueva
construcción
de protección oficial / de lujo
frío / caliente

More advanced uses of *ser* and *estar*

23.5 General exercise (1) (B&B 29.4.2, Level 2)

Complete the dialogue with the appropriate forms of *ser* or *estar*.

En la frutería

Cliente: ¿A cuánto (1) _____ los tomates?
Frutero: A 1,30 euros el kilo, señora, no pueden (2) _____ más baratos. Además
(3) _____ de una calidad inmejorable. Ésta (4) _____ la época, ahora (5) _____
cuando mejor (6) _____ el tomate.
Cliente: Bueno, pero (7) _____ demasiado maduros, yo creo que algunos (8) _____
podridos.
Frutero: Señora, es que éstos (9) _____ para freír o para embotar. ¿No embota usted
tomate, señora?
Cliente: Huy no, ni hablar. (10) _____ una lata y (11) _____ muy pocos de familia. No
merece la pena. Y la piña ¿a cómo (12) _____?
Frutero: A 3 euros la unidad. Pero éstas sí que (13) _____ verdes, no se las recomiendo,
(14) _____ fruta importada y ya se sabe, (15) _____ difícil dar con el punto.
Cliente: ¿Y estos higos tan baratos?
Frutero: ¡Ah sí! (16) _____ de oferta. Hay una cosecha tremenda este año. El mercado
(17) _____ saturado y (18) _____ a precio de ganga.
Cliente: Póngame 10 kilos, que voy a hacer mermelada, y me dice cuánto (19) _____
todo.
Frutero: (20) _____ 10 euros, señora.

23.6 General exercise (2) (B&B 29, Level 2/3)

In the following text, there are eight errors in the use of *ser* and *estar*. Identify and
correct them.

Hace años, pero lo recuerdo como si fuera ayer, asistí a una conferencia sobre el
descubrimiento del Nuevo Mundo. El conferenciante era un catedrático de bastante
renombre y su discurso estuvo impactante y sorprendente. Hasta entonces nadie
había estado tan atrevido como para expresar opiniones como las suyas en voz alta.
Lo que recuerdo, sobre todo, está la serie de preguntas que hizo, empezando con si

Cristóbal Colón estaba español o genovés, si fue a Las Indias adonde llegó, si fue para evangelizar a los indios, si fue en 1492 cuando llegó a Las Indias. Pues, es claro que no fue a Las Indias adonde llegó sino a un mundo nuevo y que los motivos eran más bien materialistas. Puede que la fecha esté lo único cierto. Y así sucesivamente para decirnos que lo único de lo que era seguro era de que la Historia es manipulada.

23.7 General exercise (3) (B&B 29, Level 2/3)

Fill in the gaps in the following letter with the correct form of *ser* or *estar*. In some cases either verb is possible.

Keywords

no tener dónde caerse muerto	to be broke
un quejica	a moaner
un pesado	a bore
pachucho	unwell
dar la paliza	to be a pain

Madrid, 15 de agosto

Querido Antonio:

¿Cómo (1) _____ ? ¡Tanto tiempo sin tener noticias tuyas! Ya sé que esto de escribir cartas (2) _____ pasado de moda, pero bien podías llamar por teléfono, aunque (3) _____ un poquito más caro.

Aquí (4) _____ yo en casa, tratando de protegerme del calor. (5) _____ domingo y hace un calor sofocante. (6) _____ uno de esos días calurosos del verano madrileño en los que sólo apetece (7) _____ metido en una piscina o quedarse en casa, a poder (8) _____ con aire acondicionado. Seguro que (9) _____ a más de 40. Se comprende que este (10) _____ el mes de las vacaciones. Madrid (11) _____ vacío, todo el mundo (12) _____ de veraneo. Todos, claro (13) _____ , menos los que como yo (14) _____ en paro y no tenemos ni dónde caernos muertos. ¡Cómo se puede (15) _____ tan desgraciado! Me consuelo pensando que la mayor parte de mis amigos (16) _____ tan pobres como yo; ya sabes eso de 'mal de muchos consuelo de tontos', triste, pero así (17) _____ .

Pero ya (18) _____ bien de lamentaciones. (19) _____ un quejica y un pesado. Seguro que hay muchos que (20) _____ peor que yo y no se lamentan tanto. También tengo motivos para (21) _____ contento: Tita, la chica con la que salgo, que ya (22) _____ colocada, (23) _____ dispuesta a mantenerme y además, (24) _____ convencida de que pronto me saldrá trabajo. (25) _____ una optimista. Mi madre, por otro lado, que (26) _____ tan pachucha y tan deprimida, ha mejorado mucho. Siempre (27) _____ una mujer delicada pero, por lo menos, hace su vida normal.

Antonio, (28) _____ consciente de que te he dado la paliza; lo siento mucho, pero para eso (29) _____ los amigos. ¿O no? A ver si escribes o llamas de una vez. Quiero saber qué (30) _____ de tu vida y cómo te van las cosas.

Un abrazo y hasta cuando quieras.

Paco

Ser and estar in specific contexts

23.8 Ser de and estar de (B&B 29.2.4, 29.3.2, Level 2)

Fill in the gaps with *ser* or *estar* as appropriate.

1. No han contestado el teléfono porque _____ de vacaciones hasta finales de mes.
2. Nunca supimos qué _____ de aquel chico tan inteligente.
3. Los suelos de los baños _____ de cerámica y los de las habitaciones _____ de madera.
4. Yo que tú no aceptaría, esa persona no _____ de fiar.
5. Esta chica _____ de una ingenuidad enternecedora.
6. (Ellos) _____ de juerga toda la noche.
7. _____ usted de suerte, han aparecido los documentos que le habían robado.
8. Como _____ de piel morena, no se queman aunque pasen horas al sol.
9. ¿Ese bolso _____ de piel? Hacen unas imitaciones tan buenas que resulta difícil distinguirlos.
10. Mis hijos _____ abogados los dos pero _____ de camareros en un hotel.
11. —¿De quién _____ ese cuadro?
    —_____ de Picasso.
    —_____ de broma.
    —No, te lo digo en serio. _____ de herencia. _____ de mis padres, que en paz descansen.
12. _____ de pena, como tratan a esta gente que _____ de fuera; _____ de malísima educación, por no decir otra cosa.

23.9 Ser and estar with adverbs like bien, mejor, mal (B&B 29.3.4, Level 2)

Fill in the gaps with *ser* or *estar*, as appropriate.

1. _____ más cómodo no ir pero _____ mal que no aceptes la invitación.
2. Mi padre _____ muy bien ahora, ya se ha recuperado del todo.
3. El que mejor te _____ es el traje rojo, yo me pondría ese para la ceremonia.
4. Perdió el trabajo y le _____ bien, porque es un irresponsable.
5. Este calor _____ demasiado para mí.
6. ¡Vaya casita! No _____ nada mal.
7. _____ mejor que lo vuelvas a hacer.
8. Este mueble _____ mejor en el salón que en el dormitorio.

23.10 Ser and estar with expressions of location (B&B 29.2.8, 29.3.6, Level 2)

Fill in the gaps with the appropriate form of *ser* or *estar*.

1. El concierto _____ el próximo fin de semana en el parque de atracciones.
2. —Hemos _____ por ahí.
   —¿Y dónde _____ "por ahí"?
3. Mi hermano se casa en una ermita que _____ a las afueras de Soria y la comida va a _____ en el Parador nacional.
4. Aquel despacho que _____ junto al ascensor _____ donde yo trabajo.
5. ¿Cuándo y dónde _____ las últimas olimpiadas? Se me ha olvidado por completo.
6. Me han dicho que la conferencia _____ en el aula magna, pero no _____ seguro.

23.11 *Ser* and *estar* with adjectives (1)
(B&B 29.2.2, 29.2.3, 29.4, Level 3)

Explain the difference in meaning between the following pairs of sentences.

1. La vida es difícil.
   La vida está difícil.
2. Las cosas son así.
   Las cosas están así.
3. Ya es otoño.
   Ya estamos en otoño.
4. Es muy confuso.
   Está muy confuso.
5. ¡Qué alto está!
   ¡Qué alto es!
6. ¡Qué aburrido eres!
   ¡Qué aburrido estás!
7. Éramos cinco en casa.
   Estábamos cinco en casa.
8. Este ejercicio es perfecto.
   Este ejercicio está perfecto.
9. Está en Cartagena de Indias.
   Es en Cartagena de Indias.
10. ¡Qué limpio es!
    ¡Qué limpio está!

23.12 *Ser* and *estar* with adjectives (2): change of condition
(B&B 29.4.3, Level 2)

Express the observable change of condition in answer to the cue by using *estar*.

Example: Con lo delgada que era esta niña . . .
   →
   Hay que ver lo gorda que está.

1. Con lo simpático que era este chico . . .
2. Con lo mayor que es esa señora . . .
3. Con la cantidad de pelo que tenía mi padre . . .
4. Con lo rica que suele ser la tortilla . . .
5. Con lo claro que estaba el día . . .
6. Con lo que has usado ese traje . . .
7. Con lo caro que era antes el salmón . . .
8. Con lo difícil que era antes entrar en la universidad . . .
9. Con lo ágil que era yo antes . . .
10. Con lo divertidas que eran antes las fiestas . . .

24 Adverbs

General

24.1 Formation of adverbs in -*mente* from adjectives (B&B 31.2, Level 1)

Make adverbs from the following adjectives.

1. riguroso
2. rápido
3. terminante
4. cuidadoso
5. práctico

6. fácil
7. económico
8. inconsciente
9. nuevo
10. cortés

24.2 Combining adverbs in -*mente* (B&B 31.2.3, Level 2)

Match the pairs of adverbs in the following lists and link them with an appropriate conjunction, dropping -*mente* from the first one. Try some of the following conjunctions: *y, pero, ni . . . ni . . ., tanto . . . como . . . .*

1. honestamente
2. rápidamente
3. literalmente
4. firmemente
5. mentalmente
6. dulcemente
7. lentamente
8. felizmente
9. culturalmente
10. lógicamente

a. armoniosamente
b. cortésmente
c. económicamente
d. cuidadosamente
e. socialmente
f. abiertamente
g. físicamente
h. estéticamente
i. figuradamente
j. tranquilamente

24.3 Avoiding adverbs in -*mente* (B&B 31.2, 31.3.2, Level 2)

Rephrase the following sentences in a way which does not involve the use of an adverb in -*mente*.

Keyword

ataviarse   to dress up

1. El soldado disparaba ciegamente en la creciente oscuridad.
2. Estas sillas han sido hechas manualmente.
3. Los novios se amaban locamente.
4. Lograron evacuar muy rápidamente el avión siniestrado.
5. Contestó muy malhumoradamente que no quedaba ningún asiento libre.
6. Levantó muy cuidadosamente el jarrón.
7. Desgraciadamente no hay sitio para tanta gente.

8. La jovencita se había ataviado espectacularmente.
9. La deuda externa se ha visto muy reducida recientemente.
10. Constituye actualmente la más grave amenaza a la seguridad europea.

Discrimination of adverbs

24.4 *Aquí, ahí, allí, acá, allá* (B&B 31.6.1, 31.6.2, Level 2/3)

Fill the gaps with the appropriate adverb.

1. Vamos a empezar por visitar el Museo del Prado, que está ____ cerca.
2. ____ en Australia hace buen tiempo por Navidades.
3. Mauricio, ¡ven ____!
4. ¿Ves ese colegio? Pues ____ estuve yo cuatro años.
5. Sería peligrosísimo ir más ____ de esta sierra.
6. ____ en Japón comen casi todos los días cosas que ____ serían un lujo.
7. De ____ se deduce que no nos había dicho toda la verdad.
8. Una bocacalle más, y ____ mismo está.
9. ¿Cuál es en la actualidad su profesión ____ en este país?
10. Si no quieren estudiar, pues ____ ellos.
11. ¡____ va una comadreja!
12. ¿Quiere telefonear? Pues justo ____ está el teléfono, en esa pared.
13. Desde la guerra ____ ha habido muchos cambios en este país.
14. Por fin vendí la casa, porque no podía seguir viviendo ____ .
15. —¿Dónde están los niños? —Por ____.

24.5 *Aun* and *aún* (B&B 31.7.3, 31.8, Level 2)

Fill the gaps in the following sentences with either *aun* or *aún*.

Keyword

el apagón   power cut

1. ____ hoy en día hay quienes creen que la Tierra es llana.
2. ____ si tuviera mil pesos, no le daría nada.
3. Pedro es un chico alto, pero Mario es más alto ____ .
4. ____ no se han descubierto las causas del apagón.
5. La ropa está ____ sin planchar.
6. ____ no había salido del hotel cuando se dio cuenta de que había olvidado su agenda.
7. Todos escucharon las noticias, ____ los niños.
8. Este mes ha llovido ____ más de lo que se pronosticaba.
9. ¿Está ____ de vacaciones el jefe?
10. ____ sin maquillaje no la habría reconocido.

24.6 *Bajo, abajo* and *debajo de* (B&B 31.6.6, 34.3, Level 2/3)

Fill in the gaps with the appropriate form.

1. La vieja tenía todo su dinero ____ la cama.
2. ¿Quiere usted algo de ____?
3. Los exploradores fueron río ____ en su piragua.

4. Más ____ veremos que hay varios argumentos en contra.
5. ____ los Borbones la administración española se organizó de manera más eficaz.
6. ____, en la calle, se veía un desfile de penitentes.
7. En la etiqueta se leía "Oxígeno ____ presión".
8. Todo el paisaje resplandecía ____ un sol abrasador.
9. El gato se escondió ____ el cobertizo.
10. ¡____ los fascistas!

24.7 *Luego* and *entonces* (B&B 31.7.4, Level 2/3)

Complete the following short texts with either *luego* or *entonces*.

1.
La compañía Vitifruta SA creó su primera página web en 2001. Hasta _____ no se le había ocurrido utilizar las nuevas tecnologías para promocionar sus productos. En mayo de ese año contrató a un diseñador y ____ le incorporaron a la plantilla. Desde ____ ha ampliado el contacto con los clientes a través de redes sociales, primero en *Facebook,* ____ en *YouTube* y *Twitter*.

2.
Puede que la disciplina la asociemos con deberes, fechas de entrega y listas de tareas pendientes. Es ____ una carga que nos pone en tensión. _____ vemos que la necesitamos para lograr lo que queremos y ____ estamos dispuestos a incorporar en nuestras vidas prácticas que empiezan siendo una disciplina y que _____ se convierten en hábitos naturales.

3.
Un seis de enero, los Reyes le trajeron a Gabriel una caja de pinturas. ____ su tío le llevó a una exposición de Miró. Fue ____ cuando empezó a apreciar el regalo, hasta ____ un poco desdeñado. ¿Y qué pasó _____? Pues claro, que con el tiempo hizo la carrera de Bellas Artes y ahora es artista.

24.8 *Tras, detrás, detrás de, atrás* (B&B 31.6.7, 34.18, Level 2)

Fill in the gaps in the following sentences with *tras, detrás, detrás de* or *atrás*.

1. ____ del altar pueden contemplar un magnífico retablo churrigueresco.
2. ____ muchos años de sequía, por fin están llenos los embalses.
3. Los invitados suelen dormir en la habitación de ____ .
4. Los golpes vinieron uno ____ otro.
5. Los de ____ no podían oír el discurso del Presidente.
6. Más ____ vislumbramos a dos jinetes cabalgando muy de prisa.
7. Varios años ____, la familia se había instalado en Belchite.
8. ____ haber sido condenado a cadena perpetua, el pobre rompió a llorar.
9. No te pongas ____ de la puerta: alguien puede entrar.
10. Sin pensar, dio marcha ____ al coche.

Ya

24.9 *Ya* (B&B 31.7.1, Level 2/3)

Study the use of *ya* in the following sentences, which are taken from Vicente Soto, *La zancada* (Barcelona: Destino, 1967) and translate them into English.

1. —No —me dijo ya con cierta irritación el párroco de Mira—, a su tatarabuelo no llegué a conocerlo.
2. —A don Armando, como ya le he dicho —prosiguió con su grave susurro—, sí que lo conocí.
3. El relato tenía ya vida propia y yo no contaba para nada.
4. —Es sólo un momento, créanme; tenemos que liquidar algo.
   —Ya. Usted siempre tiene algo que liquidar.
5. Papá decía que el viejo se había salido del ataúd; en sentido figurado, ya comprendéis.
6. Me volví a la abuela y ya no estaba allí.
7. Por mí ya se podían ir aquellos dos idiotas adonde quisieran.
8. ¡Ay, ábreme ya, corre!
9. Bueno, ya lo he insultado bastante.
10. Habéis de saber que Marina ya es mujer.

Adverbial phrases

24.10 Adverbial phrases of manner (B&B 31.3.2, 31.3.8, Level 2/3)

Match up the sentences in the left-hand column with the adverbial phrases in the right-hand column (take care to insert the adverbial phrase appropriately into the sentence).

1. Puedo recitar las coplas de Jorge Manrique
2. A pesar de que todo el mundo la miraba, la chica siguió caminando
3. No sé si habrá sitio para los tres clientes que llegaron
4. ¡Deje de bromear: hable usted . . .!
5. Se entregan las fotos
6. Los dos rivales aceptaron hacer las paces
7. Si no se da prisa, no llegaremos al aeropuerto
8. El tren bajó la pendiente
9. Llegamos a la cumbre
10. Me acuesto a las once y media

a. en el acto
b. de ordinario
c. a regañadientes
d. a tiempo
e. a duras penas
f. a toda velocidad
g. de improviso
h. de memoria
i. en serio
j. sin empacho

25 Expressions of time

25.1 Time phrases expressing duration (1) (B&B 32.3.1, Level 1)

Make sentences using *llevar* as in the example.

Example: Marta – seis meses – trabajar en ESADE.
→
Marta lleva seis meses trabajando en ESADE.

1. Los estudiantes – dos meses – aprender árabe.
2. Rosa y Adán – tres años – buscar su casa ideal.
3. Los vecinos – no mucho tiempo – aquí.
4. El niño – dos horas – navegar por Internet.
5. Julián – año y medio – al frente de este restaurante.
6. El viejo – varios años – sin tener noticias de su hija.
7. Yo – años – decírtelo.
8. Pilar – seis semanas – sin fumar.
9. ¿Tú – mucho tiempo – esperarme?
10. Nosotros – toda la vida – vivir en este pueblo.

(In Latin America *viejo/a* can be used to refer to one's parents, or between spouses and friends as a term of endearment.)

25.2 Time phrases expressing duration (2) (B&B 32.3.1–32.3.3, Level 2)

Rewrite the following sentences using the different ways of expressing duration of time.

1. Te estoy esperando desde hace diez minutos.
2. Lleva media hora hablando por teléfono.
3. Hace tres años que Luisa es videobloguera de belleza.
4. El niño estaba gritando desde hacía un cuarto de hora.
5. Llevan más de un año sin aplicar leyes ya aprobadas.
6. Llevo tiempo sin ver a mi hermana.
7. Estaban reformando el edificio desde hacía dos años.
8. Hacía mucho tiempo que Manolo estaba enfermo.
9. La Junta Militar llevaba siete años gobernando el país.
10. Hace solamente seis semanas que este portátil está en el mercado.

25.3 'Since' expressions (B&B 32.3.1–32.3.3, Level 3)

Using expressions involving *desde*, *(desde) hace/hacía* or *llevar*, make as many sentences as you can which correspond to the information given.

Example: Dejó de fumar hace siete años.
→

No fuma desde hace siete años.
or
Lleva (tiene *in much of Latin America*) **siete años sin fumar.**
or
Lleva (tiene *in much of Latin America*) **siete años que no fuma.**
or
Hace siete años que no fuma.

1. Empecé a estudiar hebreo hace siete meses.
2. Dos años después de que llegamos a Lima se marchó mi mujer.
3. Nuestra amistad empezó en 1978.
4. La guerra terminó hace cinco años.
5. La nueva comisión para refugiados se estableció el año pasado.
6. Me di cuenta de que le había visitado por última vez tres años antes.
7. Mañana celebramos nuestras bodas de plata.
8. No te he visto en dos años.
9. Después de estar un año en la empresa fue nombrado vicepresidente.
10. Me dijo que empezó a pintar en marzo pasado.

25.4 *Desde, desde que* and *desde hace* (B&B 32.3.7, Level 1)

Complete the following sentences using *desde, desde que* (since) or *desde hace* (for).

1. No lo he visto _____ se licenció.
2. El jefe está de viaje _____ el lunes.
3. Está buscando trabajo _____ se cerró la fábrica.
4. Está lloviendo _____ las nueve.
5. Estudia quechua _____ dos años.
6. _____ se conocieron, no vienen a visitarnos.
7. ¿Cuántos años hace _____ nuestro último viaje a Perú?
8. Me encuentro mucho mejor _____ tomo estas pastillas.
9. _____ el niño vio esa película de terror, no puede dormir.
10. Mi familia elabora conservas de frutas silvestres _____ muchos años.

25.5 General exercise (1) (B&B 32.3–32.4, Level 2)

Complete the sentences using one of the time expressions below. In which of them could the time expression be suppressed?

desde, desde hace, desde que, durante, hace, llevar, para, por.

1. Miguel estuvo en Argentina _____ dos años.
2. Se conocen _____ eran niños e iban a la misma escuela.
3. Alquilamos el apartamento _____ un mes.
4. _____ más de diez años que este escritor no visita su país.
5. ¿Vas a tenerlo hecho _____ mañana?
6. Estamos en el aeropuerto _____ las seis de la mañana; el avión _____ más de seis horas de retraso.
7. Miguel compró su coche _____ un mes.
8. El perro estuvo ladrando _____ toda la noche.

9. ¡No os preocupéis! Estaremos ____ el día cinco y nos quedaremos con vosotros ____ quince días.
10. Mario y Félix ____ tres meses compartiendo piso y todavía no se han peleado.
11. ____ todo el tiempo que estuvimos en Miami no hablamos ni una palabra de inglés, solamente español.
12. No encontramos taxi para ir a la estación y perdimos el tren ____ unos minutos.

25.6 General exercise (2) (B&B 32.2–32.4, Level 2/3)

Translate the following sentences into English.

1. Hacía siete años que vivían allí.
2. Había una dictadura en ese país desde mediados del siglo pasado.
3. Es así desde que lo conozco.
4. Estas tierras pertenecen a la familia Castro desde el siglo XVI.
5. Llevan siglos sin verse.
6. Paco lleva sin ponerse en contacto conmigo dos años.
7. Llevo intentando localizarte no sé cuánto tiempo, y nada.
8. No hace mucho que decías lo contrario.
9. Este coche funciona mal desde que lo compraste.
10. Paloma llevaba viviendo con ese hombre varios años y aún le parecía un desconocido.

25.7 *En* or *dentro de*? (B&B 32.5, Level 1)

Fill in the gaps with either *en* or *dentro de*.

1. El tren sale ____ unos minutos.
2. No he visto una tormenta así ____ más de veinte años.
3. ____ un rato todo se explicará.
4. ____ mi vida he oído nada tan absurdo.
5. ____ un momento estoy con usted.
6. Los niños prometieron limpiar la casa ____ media hora.
7. De hoy ____ quince días tengo mi dieciocho cumpleaños.
8. ____ diez minutos llegamos a Badajoz.
9. Lee muy rápido: leyó todo el *Quijote* ____ menos de una semana.
10. Las fiestas de San Antón empiezan ____ dos semanas.

25.8 Verbal constructions expressing notions of time (B&B 32.6–32.8, Level 2)

Make appropriate sentences from the following.

El tren	acaba de	explicar el teorema
El profesor	acabó	parar
María	acabó por	muriendo
Mi amigo	continuó	llegar
Tía Elena	sigue	enferma
	suele	charlando
	tardó dos horas en	contar chistes
	termina por	maquillándose
	volvió a	triste

26 Conjunctions

Pero, sino, si no

26.1 General (B&B 33.1, Level 2)

Fill in the gaps with *pero, sino* or *si no*.

1. Mi tío no es electricista, _____ fontanero.
2. Tengo prisa, _____ me quedaba contigo un ratito más.
3. Es muy inteligente, _____ no trabaja nada.
4. No fue un amigo quien me lo dijo, _____ el vecino de enfrente.
5. No me molesta que vengan, _____ que se pasen toda la tarde.
6. Repíteme el nombre otra vez, _____ se me olvidará.
7. Hoy no se habla _____ de política y de economía.
8. No me apetece, _____ iré por educación.
9. Estamos en pleno verano, _____ hace un frío que pela.
10. Abrígate bien, _____ cogerás un resfriado.
11. No me apetece comer, _____ sí que quiero beber un poco.
12. No he visto la película, _____ no me arrepiento.
13. _____ riegas las plantas, se te van a secar.
14. Me enfadaré de verdad, _____ vienes.
15. Con tanto darle vueltas al asunto, no vas a hacer _____ marearte.

26.2 *Sino* and *sino que* (B&B 33.1, Level 3)

Make one sentence by linking the two given with *sino* or *sino que*, as in the examples.

Examples: No fue Juan. Fue su hermano.
→

No fue Juan, **sino** su hermano.
Juan no me regaló su coche. Juan me prestó su coche.
→

Juan no me regaló su coche, **sino que** me lo prestó.

1. No es a ti a quien quiero ver. Es a tu hermano a quien quiero ver.
2. No quiero que me hagas el trabajo. Quiero que me ayudes.
3. No vengo de visita. Estoy aquí para pedirte un favor.
4. No nos dijo que fuéramos el lunes. Nos dijo que fuéramos el jueves.
5. No dijo que fuéramos el lunes. Quería que llamáramos el lunes.
6. No compraron una casa. Compraron un piso.
7. No compraron una casa. Vendieron la que tenían.
8. No fue Pepe quien me avisó. Fue Toni quien me avisó.
9. Pepe no me llamó. Pepe me envió un recado con Toni.
10. No han sido dos las veces que te has equivocado. Han sido cinco.

Y (e), o (u), ni

26.3 General (B&B 33.2, 33.3, Level 1)

Fill in the gaps with the appropriate conjunction.

1. Me he propuesto andar siete ____ ocho kilómetros diarios ____ intentar comer menos, a ver si adelgazo.
2. Es guapa ____ inteligente, pero no tiene modales ____ educación.
3. ____vamos a pie ____ vamos en coche, pero de uno ____ otro modo, tenemos que ir saliendo ya.
4. Arregló la casa ____ hizo la comida, ____ se puso a esperar pacientemente a que llegaran su marido ____ hijos.
5. Una de dos: ____ te cambias ____ sales con nosotros, ____ te quedas en casa.
6. ____ trabaja ____ deja trabajar a los demás, siempre está molestando a todo el mundo.
7. Habla español ____ inglés perfectamente, ____ además es un excelente abogado.
8. Julia se echó a reír con una risa franca ____ histérica ____ colgó el teléfono.

Que

26.4 Que, qué or de que? (B&B 33.4, Level 2)

Keywords

olerse	to suspect
aquí hay gato encerrado	something fishy is going on here
sulfurarse	to get really angry, to blow up

Fill in the gaps with *que, qué* or *de que* as appropriate.

1. Estábamos convencidos ____ había ratones en la bodega.
2. Se alegraron ____ nos hubiéramos acordado de ellos.
3. Siempre me olvido ____ en este país se circula por la izquierda.
4. Opino ____ debiéramos largarnos cuanto antes, ¿tú ____ crees?
5. Está tan seguro ____ él siempre tiene razón que nunca da el brazo a torcer.
6. Está tan claro ____ no tienes razón que no merece la pena seguir discutiendo.
7. Me huelo ____ aquí hay gato encerrado.
8. ¿Se imaginaba usted ____ le iban a hacer semejante faena?
9. Creyeron ____ les daba algo cuando se enteraron ____ su hijo estaba en la cárcel.
10. Vi ____ venían hacia nosotros, pero no me di cuenta ____ pedían ayuda.
11. La teoría esa ____ un meteorito acabó con los dinosaurios es un tanto extraña.
12. Vivían con la obsesión ____ les iban a robar, por eso procuraban ____ no quedara la casa desocupada.
13. Estaban tan hartos ____ el vecino aparcara el coche delante de su casa que casi se alegran ____ se lo hayan robado.
14. Partiendo de la base ____ ya se ha casado tres veces, no es de extrañar ____ lo haga una vez más.
15. He llegado a la conclusión ____ no merece la pena sulfurarse por nada.
16. El motivo ____ se enemistaran los hermanos fue ____ los padres dejaron todo al más pequeño.

26.5 *Dequeísmo* (B&B 33.4.3, Level 2/3)

Which of these sentences make incorrect use of *de que*?

1. Pensé de que te habías vuelto loco de repente.
2. Se trata de que no se vuelva a repetir esto nunca.
3. Nadie sospechaba de que este señor pudiera ser el asesino.
4. Hablaban de que quizás se cambiaran de casa.
5. Dudo de que te hagan caso.
6. El director ordenó de que estuvieran allí todos a las nueve en punto.

Conjunctions of cause and consequence

26.6 *Por qué, porque* or *porqué?* (B&B 33.5.1, Level 1)

Complete the sentences with *por qué, porque* or *porqué*.

1. Consiguió entrada _____ conocía a uno de los actores.
2. No sé _____ me preguntas eso.
3. No sale _____ tiene cosas que hacer.
4. Desconozco el _____ de la cuestión.
5. ¿_____ no nos vamos de vacaciones esta misma semana?
6. Lo hago _____ quiero y _____ puedo.
7. Ignoro _____ se habrán ofendido.
8. No vamos a preocuparnos _____ no hayan aparecido todavía.

26.7 *Como, porque, así que* (B&B 33.5.1–2, Level 1)

Put the sentences together, using *como, porque* and *así que*.

Example: No come nada. Se va a quedar en los huesos.
→
   Como no come nada, se va a quedar en los huesos.
   Se va a quedar en los huesos **porque** no come nada.
   No come nada, **así que** se va a quedar en los huesos.

1. Es muy simpática. Tiene cantidad de amigos.
2. Hace mucho frío. No vamos a salir hoy.
3. No ponemos la tele. No nos enteramos de las noticias.
4. Se me ha acabado el detergente. No puedo poner la lavadora.
5. Se nos ha roto la calefacción. Nos vamos a congelar en casa.
6. No tenía vehículo propio. Siempre iba a pie.
7. Solo hablan su propio idioma. No les apetece viajar al extranjero.
8. Conducía como un loco. Le retiraron el carnet de conducir.
9. Tiene úlcera de estómago. El doctor le ha puesto a dieta.
10. Las máquinas hacen el trabajo. Sobra la mano de obra.

26.8 Conjunctions of consequence and result (B&B 33.9, Level 2)

Complete these sentences in any way you like with a conjunction of consequence or result, i.e. *por lo tanto, por consiguiente, así pues, así que, de modo / manera / forma que, de ahí que* (+ subjunctive), *de tal modo / manera / forma que*. Try and use a different one for each sentence.

1. Le dolían muchísimo las muelas ____ .
2. Su padre es diplomático ____ .
3. Está en paro ____ .
4. La campaña publicitaria ha sido un fracaso ____ .
5. No nos convencía ninguno de los programas electorales ____ .
6. Nosotros no tenemos dinero, no podemos pagarte los estudios ____ .
7. Es muy tarde ____ .
8. Salieron a escondidas ____ .
9. Ninguno de los dos tenía pasaporte ____ .
10. Se quedaron sin gasolina nada más salir de casa ____ .

Concession

26.9 *Aunque, a pesar de que, por . . . que* (B&B 33.6, Level 3)

(See also exercise 13.18)

Keyword

meter ruido   to cause a stir

A Rewrite the following sentences to start with either *aunque, a pesar de que* or *por . . . que*.

Example: Lo he leído en un periódico serio, pero yo no me lo creo.
→
             Aunque lo haya leído en un periódico serio, yo no me lo creo.

1. Nos matamos a trabajar, pero aquí nadie nos lo agradece.
2. Javier no ve muy claro lo del nuevo trabajo, sin embargo va a firmar el contrato.
3. Llevan años luchando por sus derechos, pero no hay manera de conseguirlos.
4. Me resulta muy duro hacerlo, sin embargo sé que es muy importante para mí.
5. El médico se niega a darle el alta, pero él piensa ir a trabajar mañana mismo.
6. Según cuenta el periódico, la economía está boyante, pero eso no hay quien se lo crea.
7. Les hemos advertido varias veces que no metan ruido, pero ellos no hacen caso.
8. Mi hermano no tiene la más mínima posibilidad de conseguir ese puesto, sin embargo lo va a solicitar.
9. No nos apetece nada ir a trabajar, pero no nos queda más remedio.
10. Le estoy dando muchísimas vueltas al tema, pero no le veo la solución.

B Rewrite sentences 2, 5, and 7 incorporating *y eso que*. Remember that *y eso que* takes the indicative and that you will have to change the order of the sentence.

Condition and exception

26.10 Substitutes for *si* (B&B 33.7, Level 3)

(See also exercise 13.19)

Replace *si* in these sentences with other conditional conjunctions or structures. Do you observe any pattern in the consequent changes in the verb forms used?

Example: <u>Si</u> sigue aumentando la contaminación de este modo, vamos a morir todos asfixiados.

→

Como siga aumentando la contaminación . . .

1. Firmaremos la carta <u>si</u> la firman todos los vecinos.
2. <u>Si</u> siguen mimando al niño de este modo, se va a volver insoportable.
3. Te presto el dinero <u>si</u> me lo devuelves para el mes que viene.
4. <u>Si</u> sigue así de malo el tiempo, se van a ir todos los turistas.
5. Me caso <u>si</u> hacemos separación de bienes.
6. <u>Si</u> no molesta mucho, puedes tener un bicho en casa, pero te encargas tú de cuidarlo.
7. <u>Si</u> hay un poco de pan y queso para comer, a mí ya me basta.
8. <u>Si</u> se pierde la carta en el correo, no sé qué hago.
9. <u>Si</u> se lo recuerdas al salir de casa, ya no se le olvidará.
10. <u>Si</u> es verdad lo que se rumorea, el presidente se divorcia.

Purpose and aim

26.11 *Para que* (B&B 33.8, Level 2/3)

Rewrite the sentences using *para que*.

Example: Hay que regar las plantas, si no, se mueren.

→

Hay que regar las plantas **para que no se mueran**.

1. Dame la mano que me voy a caer.
2. Pon otra manta en la cama porque, si no, te vas a resfriar.
3. Haced publicidad de la conferencia o no irá nadie.
4. Vamos a pedir un taxi, de lo contrario tendrá que llevarnos mi hermano a la estación.
5. Si la empresa ha de sobrevivir, hay que echar gente a la calle.
6. Bajad el volumen de la música, que se van a quejar los vecinos.
7. Van a mejorar el transporte público porque se quejan mucho los usuarios.
8. Me pasé la tarde con mi abuela porque se sentía muy sola.
9. Como sigue subiendo la fiebre, hay que ponerle antibióticos.
10. Voy a hacer de canguro para mis hermanos esta noche porque van a ir al cine.

Conjunctions of time

26.12 General (B&B 33.10, Level 3)

Fill in the gaps in the sentences on page 138, choosing a different conjunction of time from the box on page 138 for each sentence.

a la vez que	a medida que	antes de que	al mismo tiempo que	cada vez que
conforme	cuando	después de que	en cuanto	hasta que
mientras	siempre que	tan pronto como	una vez que	

1. _____ llegáramos a casa teníamos siempre la calefacción encendida.
2. _____ hayas terminado de pagar la hipoteca ya podrás permitirte algún capricho.
3. _____ sepáis algo llamadme, que estoy muy preocupado.
4. No me llames _____ no tengas todos los resultados.
5. Adiós, que te vaya bien, _____ nos veamos de nuevo.
6. _____ iban entrando los niños, les iban dando un lápiz y un papel.
7. _____ viajo en autobús me mareo.
8. _____ cenemos podríamos ver la tele un rato.
9. _____ me hicieron esa pregunta me puse nervioso.
10. ¡Qué casualidad que hayamos llegado _____ los demás!

27 Prepositions

Personal *a*

27.1 Before nouns denoting human beings or animals (B&B 22.2, Level 1)

Insert *a* where necessary.

1. Se buscan secretarias bilingües con experiencia.
2. Busco mi secretaria, ¿dónde se habrá metido?
3. Con tanta construcción, necesitan albañiles y fontaneros por todas partes.
4. Yo conozco un albañil estupendo, que lleva trabajando para nosotros muchos años.
5. Odio los perros, tú lo sabes; sin embargo, tengo que aguantar este monstruo de perro por ser tuyo.
6. Admiro las enfermeras mucho más que los médicos.
7. El club busca jugadores extranjeros para salir de la crisis.
8. La policía busca un preso que se ha fugado de la cárcel.
9. Cría sus hijos entre algodones, los va a echar a perder.
10. Antes la gente criaba varios hijos con toda naturalidad.

27.2 General: basic usage (B&B 22.2–3, 22.6, Level 2)

In some of the following sentences, *a* is missing where it should be present or is used where it should not be. Make the necessary corrections.

1. Quiero huevos para desayunar.
2. Quiero mi madre más que nadie en este mundo.
3. Al llegar a casa encontré a mi madre hecha un mar de lágrimas.
4. No encuentro a las tijeras, ¿sabes dónde pueden estar?
5. Tengo a los dos niños con gripe, y al perro tristísimo; espero que se les pase pronto.
6. Tengo dos niños y un perro, que es peor que si tuviera familia numerosa.
7. Mis vecinos necesitan alguien que les haga unos arreglillos en casa.
8. Según ciertos psicólogos, los adolescentes necesitan más sus amigos que sus propios padres.
9. Los niños esperan a la llegada de los Reyes Magos con más ilusión que nunca este año.
10. Los niños están esperando los Reyes Magos con una ilusión tremenda este año.
11. Yo la habría despreciado como una pobre mujer.
12. Para visitar la abuela hay que armarse de paciencia.
13. Con carnet de estudiante se puede visitar al museo gratis.
14. Con la introducción de la biometría los bancos pretenden proteger a sus clientes.
15. A veces la tecnología biométrica falla, no reconoce la persona y deja pasar una por otra.

27.3 **Personal *a* before pronouns (B&B 22.4.1, Level 1)**

Is *a* necessary in all the following gaps?

1. ¿____ quiénes viste en la fiesta?
2. Yo no he visto nunca ____ ningún pigmeo.
3. El nuevo jefe nos dijo que nos iba a hacer trabajar el doble ____ todos.
4. ____ esa no la deberían dejar conducir, es un peligro público.
5. Registraron todo el barco y no encontraron ____ ningún polizón.
6. Señalaban ____ algunos de los cabecillas como posibles incitadores a la huelga.
7. Invita ____ cualquiera, no tiene prejuicios.
8. Eliminaba ____ unos y promocionaba ____ otros, el caso era mantener el control.

27.4 **Before relative pronouns (B&B 22.4.2, Level 2)**

Supply the missing relative pronoun and *a* where necessary.

Example: Eso molestó mucho a la niña, ____ nadie había tenido en cuenta
→

Eso molestó mucho a la niña, **a la que/a quien** nadie había tenido en cuenta.

1. Vi que había en la lista una gran cantidad de gente ____ tenía que haber invitado.
2. Hay otro tipo de amigos ____ no se echa en falta casi nunca.
3. Tras morir su marido, ____ cuidó hasta la muerte, se dedicó a la caridad.
4. Estaba con una serie de compañeros ____ conozco desde hace años.
5. ¿Sabes quién es esa chica ____ tú consideras una fresca?
6. Está al teléfono un tal Jorge Méndez, ____ no conozco de nada.

A and *en*

27.5 **Miscellaneous uses (B&B 34.1, 34.9, Level 2)**

Fill in the gaps with *a* or *en*, making any adjustments necessary.

Ayer cuando iba (1) ____ Madrid, (2) ____ la estación de Guadalajara me encontré con un viejo amigo (3) ____ quien no veía desde hacía tiempo. (4) ____ llegar (5) ____ Madrid me dijo:

—¿(6)____dónde vas? Tengo el coche (7) ____ un aparcamiento junto (8) ____ la estación y no tengo prisa; he quedado (9) ____ las dos. Te llevo (10) ____ el coche (11) ____ donde quieras. Aquí tienes el plano de la ciudad para que me guíes.

Nos metimos (12) ____ el coche y empezamos (13) ____ charlar. De vez en cuando yo le daba instrucciones: (14) ____ el primer semáforo tuerces (15) ____ la derecha. ¿Ves aquella iglesia allá, (16) ____ unos 500 metros? Bueno, pues (17) ____ aquella esquina tuerces (18) ____ la izquierda y sigues todo recto por la misma calle. (19) ____ llegar (20) ____ tercer semáforo verás una glorieta, das la vuelta (21) ____ la glorieta. Y así íbamos (22) ____ animada conversación hasta que, de repente, aparecimos (23) ____ una calle, (24) ____ dirección prohibida. (25) ____ final de la calle se divisaba un paso elevado. Perfecto, estamos (26) ____ mi barrio, dije. Aparca aquí mismo, (27) ____ cualquier sitio, (28) ____ la sombra (29) ____ poder ser, que yo me voy (30) ____ mi casa (31) ____ pie. Un millón de gracias, ha sido un placer. Espero que llegues (32) ____ tiempo (33) ____ la cita.

27.6 **Idiomatic expressions with *a* and *en*** (B&B 34.1, 34.9, Level 3)

Complete the sentences with the expressions contained in the box.

a dieta	en contra
a favor	en efecto
a golpes	en exclusiva
a la plancha	en proyecto
a mano	enseguida
a plazos	en serio
a punto	en su punto
al hombro	en voz baja

1. En mi casa se hace la carne _____ y ha de estar siempre _____.
2. ¿Tú estás _____ o _____ del aborto?
3. Tengo _____ hacerme una casa. Cuando esté _____ ya te invitaré para que la veas.
4. El reportero gráfico la emprendió _____ diciendo que su revista tenía la boda _____ y ningún otro reportero tenía derecho a sacar fotos.
5. Todos los lunes dice que no come, que está _____, pero _____ se le olvida.
6. Iba con una mochila _____ y hablando _____ con su compañero.
7. ¿No dirás _____ que te vas a poner a escribir una novela _____?
8. _____, la gente hoy en día se compra de todo, aunque sea _____ .

De and *desde*

27.7 **Discriminating *de* and *desde*** (B&B 34.7.5, Level 2)

Fill in the gaps with either *de* or *desde*.

1. _____ la terraza se divisa una magnífica puesta _____ sol.
2. _____ ayer por la noche no he comido nada, tengo dolor _____ estómago.
3. El avión que llega ahora _____ Bruselas, había salido _____ Nueva York.
4. Volar _____ Nueva York hasta Bruselas cuesta _____ ocho a diez horas.
5. Nos conocemos _____ toda la vida, _____ cuando éramos niños.
6. La calefacción suele estar encendida _____ octubre, pero depende _____ tiempo que haga.
7. Su madre le gritó _____ la ventana y le echó las llaves _____ allí.
8. Todos tenemos que acatar las leyes, _____ el rey hasta el último ciudadano.
9. _____ un tiempo a esta parte se nota un olor espantoso por aquí, ¿_____ dónde viene?
10. _____ el punto de vista educativo este gobierno ha sido un fracaso.

Por and *para*

27.8 **Discrimination of *por* and *para*: general** (B&B 34.14, Level 2)

Each of the following sentences should contain *por* and/or *para*; fill in the gaps.

Keyword

la chatarra   scrap (metal)

1. ____ limpiar el garaje habría que empezar ____ sacar todo lo que hay dentro.
2. He ido al supermercado ____ una docena de huevos ____ mi madre.
3. Se ha prohibido la manifestación del viernes ____ precaución, ____ evitar peleas y destrozos en la vía pública.
4. Mi marido ya no escribe ____ *El Diario*, decidió dejarlo ____ una discusión que tuvo con el director.
5. ¿____ qué te has enfadado de ese modo? No veo que haya motivos ____ ello.
6. Este presidente no está capacitado ____ tomar decisiones, y sin embargo las toma ____ todos nosotros.
7. Este coche ya no sirve ____ nada, está ____ la chatarra; seguro que es ____ el mal trato que le das.
8. ____ todo ello, se ha fundado esta asociación de vecinos, que sin duda será beneficiosa ____ todos nosotros.
9. Estoy furioso con el ayuntamiento ____ las dificultades que me están poniendo ____ construirme un triste garaje.
10. ____ si no te acuerdas, te debo dinero y te lo voy a dar ahora mismo ____ quedar en paz.
11. Voy a sacar el champán ____ brindar ____ el éxito de la campaña.
12. ¡Oiga! A usted no se le paga simplemente ____ venir a la oficina sino ____ que haga algo de provecho y rinda al máximo.
13. ¡Qué alegría! Estoy ____ llamar a todo el mundo ____ contárselo.
14. Ya no sabe lo que hacer ____ quedar bien con el jefe, y se está creando muchas enemistades.
15. ____ quedar bien con los invitados ya sabes lo que tienes que hacer: una buena comida y el vino que no falte.

27.9 Place and time (B&B 34.14.2–34.14.4, Level 2/3)

Fill the gaps with *por* or *para*.

1. Si puedes, pásate ____ casa esta tarde. Estaré allí ____ las 8.
2. Iba yo caminando ____ la orilla del río y vi pasar a un ciclista ____ el puente.
3. Vete un ratito ____ ahí, a ver qué hay ____ la calle.
4. ____ ahora no tengo intención de ir a casa ____ Navidad.
5. Espero que este trabajo esté terminado ____ la noche.
6. ____ la mañana todo resulta más fácil.
7. Me he dado una vuelta ____ el centro y he pasado ____ el cine a sacar las entradas.
8. El año pasado ____ estas fechas recuerdo que jugaba al tenis dos veces ____ semana.
9. ¿____ dónde empezamos, ____ el principio o ____ el final?
10. ¡Qué cantidad de gente ____ todas partes! No se puede andar ____ las aceras.
11. ¿Cómo vais a meter ese mueble en casa? No cabe ni ____ la puerta ni ____ las escaleras y dudo mucho que entre ____ la ventana.
12. Todavía voy ____ la página 10, a este paso no acabaré nunca el libro.
13. Salgo ____ París mañana, ¿quieres algo?
14. El niño iba ____ médico, igual que su padre.
15. El asunto de los sueldos, yo creo que va ____ largo.

16. Con esta sequía, dicen que sólo queda agua ____ dos meses.
17. Va ____ un mes que pedí el catálogo y todavía no me lo han enviado.
18. Tiene un pelo larguísimo, le llega ____ la cintura.
19. ____ las seis de la tarde iban ya ____ la segunda botella de brandy.
20. Lo mires ____ donde lo mires esto no se soluciona ni ____ dentro de un año.

27.10 Idiomatic expressions with *por* and *para* (B&B 34.14.2, 34.14.4, Level 3)

Complete the sentences with the expressions from the box.

para colmo	por poco
por cierto	por si acaso
por fin	por si las moscas
por lo menos	

1. Fueron unas vacaciones terribles, ____ nos perdieron el equipaje a la vuelta.
2. ____ reservaré mesa. Es un restaurante muy concurrido, la última vez que fuimos ____ nos quedamos sin mesa.
3. ____, ¿dónde estuviste anoche que volviste tan tarde a casa? ____ podías haber-nos avisado.
4. ____ parece que han entrado las lluvias. Me llevaré el paraguas, ____ .

27.11 Verbs followed by *por* or *para* (B&B 34.14.4, Level 3)

Fill in the gaps with either *por* or *para* and then make up sentences using these expressions.

1. votar ____ alguien
2. interesarse / mostrar interés ____
3. tener motivos ____
4. admirar a alguien ____
5. pagar ____ los errores
6. prepararse ____ algo
7. asustarse ____
8. preocuparse ____ algo / alguien
9. preguntar ____ alguien
10. estar nervioso ____
11. estar impaciente ____
12. estar preparado ____
13. discutir ____ tonterías
14. ____ razones desconocidas
15. sentir / tener fascinación ____
16. castigar a alguien ____
17. criticar a alguien ____
18. actuar / hacer algo ____ el bien de
19. molestarse ____
20. decidirse ____

27.12 **General (B&B 34.14, Level 3)**

Fill in the gaps with *por* or *para*.

Keyword

ser un cero a la izquierda   to be useless

1. Oye, tú habla _____ ti, porque no todos opinamos de la misma manera.
2. ¿Tú te crees que _____ ti van a cambiar sus planes? ¡Qué ingenuo eres!
3. ¡Vaya novio que tienes! Él haría _____ ti lo que le pidieras.
4. Perdona, siento que te ofendas, yo no lo he dicho _____ ti.
5. Tengo una sorpresa _____ ti, a ver si adivinas lo que es.
6. Toma esto, _____ ti, _____ que no digas que nunca te doy nada.
7. Oye, eso te lo guardas _____ ti, que yo no quiero enterarme de asuntos ajenos.
8. ¡Hay que ver lo que tus padres hacen _____ ti y lo poco que se lo agradeces!
9. Por favor, lee _____ ti, que molestas a los demás.
10. Me preguntaron _____ ti y _____ tu familia.
11. _____ mí como si se muere; de hecho _____ mí es como si se hubiera muerto.
12. _____ mí puedes abrir la ventana, pero si te resfrías no digas que fue _____ mi culpa.
13. _____ nosotros podéis fumar, no hay inconveniente.
14. Esto lo hago _____ mí mismo, para demostrarme que soy capaz de ello.
15. La modista está haciendo un traje _____ mí y otro _____ María.
16. _____ mí, ésta es la mejor película del año.
17. _____ la mayoría de la gente lo más importante es el dinero.
18. Después de oírle hablar yo me dije _____ mí, qué tío más arrogante.
19. No me gusta que decidan _____ mí, soy muy capaz de hacerlo yo mismo.
20. Si fuera _____ mí, ahora mismo cambiaba toda la decoración de la casa.
21. _____ ellos, tú eres un cero a la izquierda.
22. Si fuera _____ vosotros no haríamos nada.
23. Pepe haría _____ María lo que fuera. _____ ella todo le parece poco.
24. Han nacido el uno _____ el otro.
25. ¿Tú _____ quién me tomas? ¿Te crees que soy imbécil o qué?

Other prepositions

27.13 *Ante* and *delante de* (B&B 34.2, Level 1)

Fill in the gaps with *ante* or *delante* (*de*).

1. _____ una situación de este tipo, no se sabe cómo reaccionar.
2. Compareció _____ el juez en compañía de su abogado.
3. _____ la posibilidad de quedarse sin nada decidió cambiar de táctica.
4. Hay un jardín _____ la casa y otro detrás.
5. El señor que iba _____ mí en la cola tenía aire cansado.
6. Quítate de _____, que no me dejas ver.
7. La mala alimentación disminuye las defensas del hombre _____ nuevos virus.
8. No pienso ponerme _____ espejo porque no quiero verme.
9. _____ la duda, decidieron poner abundante comida por si llegaban todos.
10. No vuelvas a decir eso _____ los niños.

27.14 *Bajo* and *debajo de* (B&B 34.3, Level 1)

Fill in the gaps with *bajo* or *debajo de*.

1. *Cantando* _____ *la lluvia* es el título de una famosa película.
2. _____ el continente de la Antártica se oculta una gran riqueza mineral.
3. El gato corrió a esconderse _____ la cama.
4. El índice de natalidad en Europa está muy por _____ la media mundial.
5. A pesar de todas las campañas internacionales, este defensor de los derechos humanos sigue _____ arresto domiciliario.
6. La sortija que había perdido mi madre apareció _____ el frigorífico.
7. Vivimos _____ un régimen democrático.
8. En octubre se detectó una erupción volcánica _____ un glaciar en Islandia.
9. Espero que no se vuelva a repetir _____ ningún concepto.
10. En la jerarquía militar, el sargento está muy por _____ el coronel.

27.15 *Tras* (B&B 34.18, Level 2)

Where possible, replace *tras* by *después de* or *detrás de* in the following sentences without changing the meaning.

1. Tras saberse la noticia, la gente se echó a la calle en solidaridad.
2. La policía va tras el asesino, siguiendo las pistas dadas por los vecinos.
3. No se puede fiar de los políticos, dicen una mentira tras otra.
4. Se pasa hora tras hora delante del ordenador.
5. Tras la derrota sufrida por el equipo, ha dimitido la directiva del club.
6. Tras el féretro iban los familiares seguidos de amigos y público en general.

28 Relative pronouns

28.1 Relative pronouns in Spanish and English (B&B 35.1.3, Level 2)

Translate the following sentences into Spanish.

1. The screensaver I like best is the one of the sunset.
2. Have you printed out the photos we took on holiday? (tú)
3. One of the photos is of the tree trunk you carved our initials on. (tú)
4. The hotel we stayed in was very comfortable.
5. A German woman we met in Prague recommended it.
6. The couple we went to Prague with have now separated.
7. The text message César sent to Rosario was 'tq' meaning 'te quiero'.
8. However, Rosario was no longer sure César was the man she wanted to go out with.
9. Indeed, she thought she had finally found the man she had been dreaming of.
10. This man, who was a friend of her sister's, had a sense of humour which Rosario loved.

28.2 Relative pronouns (B&B 35.2–35.4, Level 1)

Fill in the gaps with the appropriate relative form.

Tan sólo a 30 kilómetros de Madrid está la ciudad de Alcalá de Henares, uno de los asentamientos más antiguos de la meseta peninsular (1) ____ destacó como núcleo importante con la antigua ciudad romana de Complutum y por (2) ____ han ido dejando sus huellas las diversas culturas, visigoda y musulmana, (3) ____ han poblado esta tierra a lo largo de los siglos.

Alcalá posee uno de los más atractivos cascos históricos (4) ____ podemos ver en España, de (5) ____ destacan su Calle Mayor soportalada, los Palacios Arzobispales, la Universidad, la casa de conventos y monasterios de los siglos XVI y XVII (6) ____ harán pasar un buen día a todos (7) ____ vengan a conocerlos.

(Source: Excmo. Ayuntamiento de Alcalá de Henares, Concejalía de Turismo)

28.3 Relative clauses (B&B 35, in particular 35.1.2, 35.3, Level 1/2)

Make sentences containing relative clauses from the following pairs of sentences (many can be constructed in two different ways by taking first one sentence, and then the other, as the main clause). Which are restrictive and which are non-restrictive relative structures?

Keyword

el aldabón	large door knocker

1. Finalmente encontré el anillo. Había estado buscando el anillo.
2. Esta novela me ha gustado muchísimo. La novela se llama *Hombres de maíz*.
3. El Escorial fue construido por Felipe II. Los reyes de España están enterrados en El Escorial.
4. La casa tiene un aldabón en forma de pelícano. ¿Cuál es la casa?
5. Balbuceó unas palabras en aymará. No entendí las palabras.
6. Se detuvo ante el escaparate. Había juguetes en el escaparate.
7. Manuel de Falla nació en Cádiz. Me encanta la música de Manuel de Falla.
8. Vi muchos carteles. Los carteles anunciaban un circo ruso.
9. Hojeaba las páginas de una revista femenina. Entre las páginas encontró un billete de cincuenta pesos.
10. Conocimos anoche al joven actor. ¿Cuántos años tendrá el joven actor?

28.4 Use after a preposition (B&B 35.4, Level 2)

Fill in the blanks with the appropriate relative form.

1. El debate televisivo en ____ intervino el decano fue transmitido en directo.
2. ¿Dónde está el rotulador con ____ firmó su nombre?
3. Busca un oficial a ____ pueda dirigir sus quejas.
4. Ésta fue la razón por ____ dimitió.
5. Aún se ven los árboles entre ____ pusimos la tienda.
6. No encontró a nadie a ____ pudiera pedir ayuda.
7. La llave, sin ____ no se podía abrir la puerta, estaba en la mesa de la cocina.
8. La noticia de ____ acabo de enterarme es que ha habido un accidente en la carretera de Alhama.
9. La sartén en ____ se pone la carne tiene que ser de hierro.
10. El libro de ____ tomé el ejemplo fue de Alas.

28.5 Discrimination of *lo que / cual, el que / cual*, etc. (B&B 35.6, Level 2)

Fill in the blanks with the appropriate form.

1. Ha empezado a llover, por ____ será imposible seguir leyendo en el jardín.
2. Después de la cena hablaron de automóviles, ____ me aburrió sobre manera.
3. Mi hermano es ____ lleva la corbata rayada.
4. ____ pienso yo es que tendrán que imponer sanciones más graves.
5. Ustedes pueden hacer ____ quieran; yo me voy a la cama.
6. Juan empezó luego a desnudarse, ____ escandalizó a mis primas.
7. Todo ____ se pretende se puede lograr con paciencia.
8. Hay varios premios: escoja ____ quiera.
9. Este paisaje no es exactamente ____ se llama pintoresco.
10. Por fin llegaron los periódicos británicos, por ____ se supo que había una huelga de funcionarios.

28.6 *Cuyo* (B&B 35.7, Level 1)

Fill in the blanks with the appropriate form of *cuyo*.

1. Los niños ____ padres están separados van al psicólogo.
2. Se trata de un organismo ____ poderes han crecido últimamente.

3. El estudiante _____ novia está enferma no ha venido a clase.
4. El galardonado rindió homenaje a su familia sin _____ apoyo no hubiera logrado el premio.
5. Se llama viuda a la mujer _____ marido ha muerto.
6. Hay que tener paciencia hasta encontrar a alguien _____ amistad sea auténtica.
7. Leer *El Quijote* _____ influencia está presente en casi todos los escritores es algo que todos debemos hacer.
8. El Ayuntamiento _____ decoración es un buen ejemplo del plateresco está abierto al público.
9. Todas las casas _____ puertas son del roble datan del siglo XVI.
10. Este año se celebra el centenario del poeta _____ poemas acabamos de leer.

28.7 *Donde, adonde, como* and *cuando* as relatives (B&B 35.10–35.12, Level 1/2)

Fill in the blanks with the appropriate form.

1. No hay muchos sitios _____ me encuentro a mis anchas.
2. No me gustó nada la manera _____ se abrazaron.
3. Mi bisabuela nació en el siglo XIX, _____ no había electricidad en casa.
4. Miró hacia la mesa _____ estaban sentados los chavales.
5. Burgos es la ciudad _____ nos dirigimos ahora.
6. La cárcel _____ los presos políticos pasaron tantos años es ahora un museo.
7. Ven a visitarnos en mayo, _____ haga mejor tiempo.
8. La puerta no ha sido forzada, _____ se concluye que el asesino tenía una llave.
9. Me sorprendió bastante el modo _____ bromeaba con los mayores.
10. Apenas habíamos empezado a cenar, _____ sonó un golpe en la puerta.

29 Nominalizers and cleft sentences

Nominalizers

29.1 Use of *el de, el que,* etc. (B&B 36.1, Level 2)

A Translate the following into Spanish.

Keyword

las prestaciones   features

1. My mobile has many more features than Alfonso's.
2. Carmen is the one giving the talk.
3. The ones who won were given a medal.
4. All salaries were frozen, even nurses' salaries.
5. The world economy still depends on the oil and coal industries.

B Replace the underlined word or phrase with a nominalizer.

1. El barbudo es del mismo pueblo que yo.
2. Esta medida perjudica mucho a las personas trabajadoras.
3. Los inquilinos de abajo acaban de instalar un sistema de videovigilancia en el portal.
4. La persona que no esté de acuerdo, que se vaya.
5. Hay que tener en cuenta que los países productores de petróleo no son los países que más gases emiten a la atmósfera.

29.2 Use of *lo de,* etc. (B&B 36.1, Level 2)

Study the following sentences, which are taken from M. Esgueva and M. Cantarero, *El habla de Madrid* (Madrid: CSIC, 1981), and suggest English versions of the *lo de* phrase.

1. Y es que cuando has dicho lo de clubs creí que estabas refiriéndote a esos clubs que hay ahora especiales para escuchar música nada más ¿no?
2. Lo de los trasplantes es lo de menos ¿no? porque técnicamente no es muy difícil.
3. De todas formas, a mí lo de seguir la moda no me parece demasiado conveniente porque pierdes bastante parte de tu tiempo en preocuparte.
4. Te preocupas demasiado por tu físico cara al exterior, pero en realidad, lo que cuenta es lo de dentro.
5. Y entonces, sí; es lo que siempre estamos diciendo, lo de la jornada intensiva.
6. Lo del programa de ayer de los chicos, es demasiado infantil, demasiado tonto.
7. Sí, bueno, a mí me gustaba muchísimo lo de cantar.
8. Es que hay una, si es lo de siempre, hay una mala planificación desde el principio.
9. Lo de la pobreza es un círculo vicioso, decía, y es verdad, que los países ricos son cada vez más ricos y los pobres cada vez más pobres.
10. Pero ¿es muy complicado lo de la Paleografía?

11. Ellos tienen unos sillones, una taza de café, están aquí toda la tarde charlando, preparando lo del día siguiente.
12. A los mayores de los varones, a los intermedios, pues les divierte lo del fútbol.

Cleft sentences

(These exercises pertain to Peninsular rather than Latin American usage.)

29.3 **The cleft sentence construction (B&B 36.2, Level 2/3)**

Turn the following sentences into cleft constructions, following the example given.

Example: Me enteré del accidente *por tu hijo*.
   →

   Fue por tu hijo por quien me enteré del accidente.
   Por quien me enteré del accidente **fue por tu hijo**.

1. Se lo dio *a su hermano*.
2. Luis piensa ir a visitarles *por la tarde*.
3. Uno se engorda muchísimo *comiendo golosinas*.
4. Me interesa, más que nada, *cancelar la hipoteca*.
5. *Solo* se aprende *a base de cometer errores*.
6. *Carmen y Antonio* se separaron al cabo de cinco años.
7. Habrá que tratar este asunto *con el abogado*.
8. Habría que cambiar *la mentalidad de la gente*.
9. Te quería hablar *precisamente de eso*.
10. Quisiera un frasco de perfume *para mi madre*.

29.4 *Lo que* or *el que*, etc. (B&B 36.2.3, Level 2/3)

Use *lo que* or *el que*, etc. in the following sentences as appropriate. If either can be used, explain the difference in meaning.

1. Fue su agresividad _____ más me sorprendió.
2. Las novelas de Carlos Fuentes son _____ más le gustan.
3. Es la falta de lluvia _____ ha desencadenado la crisis agrícola.
4. Los vasos altos son _____ tienes que usar.
5. La violencia en televisión es _____ molesta más a los padres.
6. La originalidad es _____ se premia en este concurso.
7. Fue por el candidato socialista por _____ por fin votamos.
8. Era la posibilidad de que no hubiera suficiente dinero para cubrir los gastos _____ nos hacía temblar.
9. Fue la sugerencia de Alicia _____ nos pareció mejor.
10. Es con un bolígrafo negro con _____ debes firmar la carta.

29.5 'That's why' (B&B 36.2.4, Level 2)

Rephrase the following sentences.

Example: No fui al teatro porque no tenía dinero.
   →

   Por eso no fui al teatro.

Fue por eso por lo que no fui al teatro.
Ésa fue la razón por la que no fui al teatro.

1. Voy a leer este artículo porque el tema me interesa.
2. Tengo que ir de compras porque no tenemos nada en casa.
3. Fui al Prado porque quería ver 'Las Meninas'.
4. Estábamos muy cansados por haber recorrido toda la ciudad.
5. Quedó muy desilusionada, porque esperaba aprobar en matemáticas.
6. No puedes salir hoy porque tienes muchos deberes que hacer.
7. No me gustaban las clases de inglés porque teníamos una profesora de muy mal genio.
8. Nos ha resultado muy fácil conseguir empleo porque nuestro tío tiene enchufes.
9. Siempre vamos a Galicia a pasar las vacaciones porque tenemos familia en Lugo.
10. No me oyes porque no me haces caso.

29.6 Verb form agreement (B&B 36.2.5, Level 2/3)

Fill in the blanks with the correct form of the verb (there may be more than one possibility).

1. Los ancianos eran los que ____ (saber) más cosas.
2. Sois los únicos que ____ (querer) visitar la catedral.
3. Fuimos nosotros los que ____ (ganar) el campeonato.
4. ¿Serás tú la que ____ (dirigir) la orquesta?
5. Los que sí ____ (cobrar) somos nosotros.
6. El que siempre ____ (estar) acatarrado soy yo.
7. El único que no ____ (ver) ningún inconveniente en lo que proponemos eres tú.
8. El que ____ (tener) la culpa es usted.
9. Los delincuentes son los que ____ (deber) compensar las pérdidas.
10. ¿Seríamos nosotros los que ____ (tener) que pagar más impuestos?

30 Word order

30.1 Word order in sentences containing relative clauses (B&B 37.2, Level 2)

Arrange the elements given into sentences.

1. la ventana – es – esta – por la que – el ladrón – entró.
2. la bicicleta – ha aparecido – que – llevaron – se – ayer.
3. en el bar – un hombre – entró – a quien – una pierna – faltaba – le.
4. este portavoz – es – inútil – que – los sindicatos – tienen.
5. las flores – están marchitas – que – Antonio – regaló – me.
6. el señor – ha llamado – que – los muebles – nos – trajo.
7. el coche – está blindado – en el que – el Rey – viaja.
8. ese futbolista – gusta – me – al que – el árbitro – sancionó.
9. un fax – ha llegado – que – los resultados – confirma.
10. de repente – mi padre – apareció – que – estaba furioso – por lo sucedido.

30.2 Word order in questions (B&B 37.2.2, Level 2)

A Read the text, and then write questions for the answers.

Example: tres hermanos

→

   ¿Cuántos hermanos tiene?

Aitor es un muchacho vasco que vive con sus padres y sus dos hermanos en una urbanización a las afueras de Bilbao. Su hermana mayor está casada y vive en un piso cerca de ellos. Aitor es alto y fuerte, mide 1,95 de altura. Lleva el pelo largo, recogido atrás en una coleta, y siempre va con unos vaqueros marca Loys y una camiseta cualquiera. Sus pasatiempos favoritos son el deporte y la música pop. Lo que más le gusta, con mucho, es el ciclismo; tiene una auténtica pasión desde niño. El día de su cumpleaños sus padres le regalaron una bicicleta de carreras y es el hombre más feliz del mundo.

1. Un muchacho vasco.
2. Con sus padres y hermanos.
3. Cerca de ellos.
4. 1,95.
5. Recogido atrás en una coleta.
6. Marca Loys.
7. El deporte y la música pop.
8. El ciclismo.
9. Desde niño.
10. De carreras.

B Starting from the questions you have formulated, construct sentences beginning with *no sé, no tengo ni idea de, me pregunto.*

Example: ¿Cuántos hermanos tiene?

→

   No sé cuántos hermanos tiene.
   No tengo ni idea de cuántos hermanos tiene.
   Me pregunto cuántos hermanos tiene.

30.3 **Word order in exclamations (B&B 37.2.4, Level 2)**

Make the following statements into exclamations.

Examples: Hace un tiempo malísimo.
  →
  ¡Qué tiempo tan malo hace!
  Me duelen mucho las muelas.
  →
  ¡Cómo me duelen las muelas!

 1. Esa chica es inteligentísima.
 2. Me molesta mucho que me observen.
 3. Había muchísima gente.
 4. Esta soprano canta maravillosamente.
 5. Tengo muchísimos problemas.
 6. Te está mirando mucho aquel señor.
 7. Esta comida está deliciosa.
 8. Mi madre habla sin parar.
 9. La vida está muy cara en este país.
10. Me gusta muchísimo el cine.
11. Me hacen mucho daño los zapatos.
12. Mi hermano toca la flauta divinamente.

30.4 **Word order with adverbs (1) (B&B 37.2.6, 37.4.1, Level 2)**

In which sentences is the adverb in the wrong place?

1. a. Ha siempre sido una persona muy nerviosa.
   b. Ha sido siempre una persona muy nerviosa.
   c. Siempre ha sido una persona muy nerviosa.
2. a. Esos hermanos están casi siempre enfadados.
   b. Casi siempre esos hermanos están enfadados.
   c. Esos hermanos, casi siempre están enfadados.
3. a. Hay que tomarse unas vacaciones de vez en cuando.
   b. De vez en cuando, hay que tomarse unas vacaciones.
   c. Hay que de vez en cuando tomarse unas vacaciones.
4. a. Generalmente, tenemos las vacaciones de verano en agosto.
   b. Tenemos las vacaciones de verano en agosto generalmente.
   c. Las vacaciones de verano generalmente las tenemos en agosto.
5. a. Yo había nunca hecho eso.
   b. Yo no había hecho eso nunca.
   c. Yo nunca había hecho eso.

30.5 **Word order with adverbs (2) (B&B 37.2.6, 37.4.1, Level 2)**

Translate the following sentences into Spanish. What positions are possible for the adverbs?

1. I paid the bill immediately.
2. He speaks Japanese perfectly.
3. It would be better if we open the packet straight away.

4. He knows everybody very well.
5. Beat the eggs carefully.
6. This girl plays tennis beautifully.
7. He sang the song very slowly.
8. I made the decision in January.
9. We went to London yesterday.
10. He was at his sister's last week.

Miscellaneous

30.6 Word order in relative clauses (B&B 37.3.1, Level 2)

Complete the definition as in the examples given.

Examples: Una taza es algo ____ (tomar café).
→
Una taza es algo **con lo que se toma** café.
Un jarrón es un objeto ____ (poner flores).
→
Un jarrón es un objeto **en el que se ponen** flores.

1. Una llave es un utensilio ____ (abrir y cerrar puertas).
2. Un monedero es un objeto ____ (guardar el dinero).
3. El aceite de oliva es un condimento ____ (aderezar la ensalada).
4. Una silla es un mueble ____ (sentarse uno).
5. La cárcel es una institución ____ (encerrar a los delincuentes y criminales).
6. Un balón es algo ____ (jugar al fútbol).
7. El hospital es un centro ____ (llevar a los enfermos).
8. El dinero es algo ____ (la gente volverse loca).

30.7 Set phrases (B&B 37.3.2, Level 3)

Correct the mistakes of word order in the following sentences.

1. Las negociaciones se llevarán sin duda a cabo en breve.
2. La maestra se dio inmediatamente cuenta de que faltaba el niño.
3. Las obras tienen que sin falta estar terminadas para enero.
4. La boda se va seguramente a celebrar en la catedral.
5. El gobierno hará mañana público el nuevo proyecto de ley.

(For word order with unstressed object pronouns see exercise 30.1 above and exercises 9.9–9.12.)

31 Affective suffixes

Diminutive suffixes

31.1 Forms (B&B 38.2.1–5, Level 1)

Give a diminutive form for each word. There is usually more than one possibility!

Nouns ending in a consonant	Nouns ending in a vowel	Adjectives
calor	cabeza	mayor
flor	barco	pequeño
árbol	siesta	grande
farol	piedra	bueno
sol	botella	malo
ratón	calle	blanco
balón	té	marrón
tren	pie	fácil

31.2 Real and apparent diminutives (B&B 38.2, Level 3)

In the following series there are some words which look like diminutives but no longer have a diminutive function, either because their endings are not suffixes or because they have acquired a specialized meaning. Find them, and give their meaning in English.

a.	-ito	bonito	angelito	torito	pedacito	periquito
b.	-illa	carilla	carretilla	mantequilla	mirilla	chavalilla
c.	-ica	casica	cerquica	cerámica	barrica	navarrica
d.	-illo	pececillo	ladrillo	membrillo	barquillo	amarillo
e.	-ete	abuelete	regordete	metete	pobrete	periquete
f.	-ita	figurita	pepita	mesita	rosita	favorita
g.	-ín	delgadín	chiquitín	figurín	bailarín	bombín

Augmentative suffixes

31.3 Forms (B&B 38.3, Level 1)

Give an augmentative form for each of the following words.

Feminine nouns	Masculine nouns	Adjectives
botella	calor	bueno
cabeza	ojo	fuerte
carpeta	problema	grande
garrafa	amigo	pobre
puerta	animal	rico
taza	hombre	tonto

31.4 *-azo* (B&B 38.3, Level 3)

The words listed below have an augmentative form in *-azo* associated with the idea of a blow. Use the words to complete the sentences.

botella, cabeza, carpeta, codo, golpe, guante, mano, puerta, puño, rodilla.

1. Se levantó malhumorado y salió de la habitación dando un sonoro ____.
2. No vio que había una puerta de cristal y se dio un ____ tremendo.
3. En medio de su borrachera le dio uno al otro tal ____ que la sangre corría por todas partes y hubo que llevarlo a urgencias.
4. Se enzarzaron en una acalorada discusión y llegaron a las manos. Se dieron tales ____ y ____ que uno de ellos perdió el conocimiento.
5. ¡Qué ____ se ha dado Ana con el coche! Menos mal que ella salió ilesa, aunque el coche quedó para la chatarra.
6. En medio de la oscuridad, daba ____ al aire buscando el interruptor de la luz.
7. La niña le daba ____ a la madre disimuladamente, para que se callara.
8. El tema es tan comprometido para el gobierno que acabarán dándole el ____ .

31.5 Some recent augmentative forms (B&B 38.3, Level 3)

Find the meaning of the following words, and use them in context.

bocata, carota, cubata, drogota / drogata, litrona, palabrota, pasota.

Project: Collect other similar new words that you see or hear in modern usage. Which suffix or suffixes are most often used nowadays?

31.6 Real and apparent augmentatives (B&B 38.3, Level 3)

Classify these words in three groups:

1. words which have an augmentative meaning
2. words which appear to have an augmentative suffix, but now have their own meaning
3. words that don't fit into either category.

a. camión	balcón	empujón	camisón	corazón
b. estirón	tropezón	emoción	solterón	melón
c. cinturón	cordón	narigón	zapatón	cajón
d. chicote	coyote	machote	pote	papelote
e. golpazo	brazo	plazo	choquetazo	arañazo

31.7 *-azo* and *-udo* (B&B 38.3, Level 3)

Find words ending in *-azo* or *-udo* which correspond to the following definitions.

1. plush-like, velvety; doormat; also used of a person who lets other people treat them badly
2. a stroke of the pen
3. a bore
4. hairy
5. someone who has big ears
6. bearded
7. pot-bellied
8. a real bastard
9. a husband whose wife has been unfaithful, a cuckold
10. a strong smell, stench

31.8 General exercise (B&B 38.1–38.3, Level 1)

In the following list identify the diminutive and augmentative forms of a particular noun and say from which noun they are derived.

manita, cochazo, mujerona, vozarrón, ventarrón, ventanal, hombrecillo, libreta, manaza, piedrecilla, cochecito, almohadilla, portón, mujercilla, librote, ventanilla, almohadón, vocecita, vientecito, nubarrón, hombretón, portezuela, pedrejón, nubecilla.

32 Spelling and punctuation

32.1 Accents (B&B 39.2, Level 1/2)

Insert the missing accents in this extract.

Con solo 18 años se ha erigido en estrella del flamenco. Su primer disco, *Entre dos puertos,* le ha bastado para conseguirlo. Pero Niña Pastori no es una principiante, cuenta con varios premios de cante flamenco. «Empece a cantar con 8 años», descubre. A esta edad conocio a Camaron quien la presento en publico. «El era conocido de mi padre y mi tio — comenta la joven cantante. «Me vio actuar en San Fernando y quiso presentarme al publico en un gran teatro». La oportunidad surgio a los 10 años, en el Teatro Andalucia de Cadiz: «Entonces no me di cuenta de lo que significaba. Ahora se lo que fue aquello. Camaron es el mejor, y yo estuve con el, encima de un escenario».

A esa edad aun se tomaba esto como un juego. Cuatro años mas tarde decidio dedicarse al cante, «era lo que mas me gustaba». Segura de si misma, Niña Pastori tiene muy claro lo que quiere: «Ser la numero uno en el flamenco. Voy a luchar por ello». Sabe que en este mundo resulta dificil entrar pero no se amedranta. «Hoy, las grandes casas de discos se lo piensan mucho antes de contratar a un flamenco, vende mas Alejandro Sanz o El Ultimo de la Fila —afirma—. «Ademas hay mucha gente joven que se dedica a esto, y son unos fenomenos».

Maria Rosa, su verdadero nombre, es la menor y unica chica de cinco hermanos. Se educo en el cante gracias a su madre, la cantante Pastori, y a ella tambien debe su otro nombre, «desde chica todos me conocian como la niña de Pastori».

Y asi se quedo. Su profesionalidad salta a la vista. Desprende frescura y simpatia a raudales, cualidades que facilitan su contacto con el publico. Sabe que tiene que hacer para meterse a la gente en el bolsillo. Pero el publico no es el unico que sucumbe ante su cante y desparpajo, Paco Ortega lo hizo nada mas verla. La conocio a finales de 1993 y enseguida se puso a trabajar en el proyecto del disco, «el me presento a Alejandro Sanz y firmamos el contrato». Ambos producen el disco, bajo la direccion de Ortega.

(Source: Cristina Bisbal, *Cambio-16*, 22.4.1996, p.104)

32.2 Differences between words based on the written accent (B&B 39.2, Level 2)

Explain the differences in meaning between the following pairs of words by translating or by using them in sentences.

1. continuo / continuó
2. aun / aún
3. venia / venía
4. canto / cantó
5. si / sí

6. práctica / practica
7. sabia / sabía
8. cítara / citara
9. mascarón / mascaron
10. amaras / amarás

32.3 Use of upper and lower case letters (B&B 39.3, Level 2)

Change lower to upper case as appropriate in the following.

1. poco después de su fallecimiento en 1993, la dirección provincial de asturias en colaboración con la universidad de oviedo y los centros de profesores preparó material pedagógico sobre la vida y obra del doctor severo ochoa titulado *homenaje escolar a severo ochoa.*
2. severo josé gerardo ochoa de albornoz nació el 24 de septiembre de 1905 en luarca, asturias. comenzó sus estudios en la facultad de medicina de la universidad central de madrid en 1923, el mismo año que se jubiló santiago ramón y cajal (premio nobel de medicina en 1906), y consideró su mayor desgracia no haber recibido las enseñanzas directas de cajal.
3. la obra de santiago ramón y cajal es una de las más transcendentes de toda la historia de la ciencia. en *la acción integradora del sistema nervioso,* el famoso neurofisiólogo inglés sir charles scott sherrington (premio nobel de medicina en 1932) reconoce cuánto le debe a cajal la neurología moderna.
4. al estallar la guerra civil española, ochoa decidió abandonar españa, y juan negrín, ministro de la segunda república y antiguo director del laboratorio de fisiología de la residencia de estudiantes, le consiguió un salvoconducto con el que ochoa pudo llegar a heidelberg, alemania donde se convirtió en bioquímico.
5. tras una estancia en el reino unido, primero en plymouth donde publicó con la colaboración de su mujer carmen un trabajo en *nature,* y después en oxford, severo ochoa se trasladó a estados unidos y en 1959 compartió el nobel de medicina con arthur kornberg, padre de la replicación del adn.

32.4 Punctuation of direct speech (B&B 39.4.4, Level 2/3)

The following passage, taken from Arturo Pérez-Reverte, *La piel del tambor* (Madrid: Alfaguara, 1995), is a conversation. Punctuate it accordingly.

Había algo nuevo en el ambiente. El padre Ferro desvió la mirada molesto cual si estuviese lejos de sentirse a sus anchas en aquel tema. En cuanto a Macarena parecía preocupada. El padre Quart dijo tiene una de las postales de Carlota. Eso es imposible objetó la duquesa. Están dentro del baúl en el palomar. Pues la tiene. Una donde se ve la iglesia. Alguien la puso en su habitación del hotel. Qué tontería. Quién iba a hacer una cosa así. La vieja dama miró a Quart brevemente con recelo. Te la ha devuelto preguntó a su hija. Esta negó despacio con la cabeza. He permitido que la conserve. De momento. La duquesa parecía perpleja. No me lo explico. Al palomar sólo subes tú y el servicio. Sí. Macarena miraba el párroco. Y también don Príamo. El padre Ferro casi estuvo a punto de saltar de la silla. Por el amor de Dios señora. Su tono era agraviado a medio camino entre la indignación y el sobresalto. No estará insinuando que yo. Bromeaba padre dijo Macarena con una expresión tan indefinible que Quart se preguntó si realmente ella había hablado en broma o no. Pero lo cierto es que la postal llegó al hotel Doña María. Y eso es un misterio.

32.5 **Question and exclamation marks (B&B 39.4.5, Level 1/2)**

Place the first question or exclamation mark appropriately in the following sentences.

1. Tu amigo cuándo lo supo?
2. Dónde tienes el abrelatas?
3. Entonces me dije: «Ah, bueno, muy bien! si no me dicen nada, nada puedo hacer».
4. Esas fotos te han salido estupendas, no es así?
5. Ah!, qué te pasó entonces?
6. Bueno, nos vamos o nos quedamos en casa?
7. El vídeo ese que estábamos viendo ayer, lo tenemos que devolver hoy?
8. Usted tiene tres hijos, no?
9. Es bastante extraño, pero qué le vamos a hacer!
10. Ha escrito muchos libros, pero muchos!

33 General exercises

33.1 Cloze test (1) (Level 2)

The following is an extract from *Errar es humano, aprender es divino* by Francesc Miralles (EPS, N° 1.777, p.26, 17.10.10). Fill in the gaps with a single appropriate word.

La historia de la humanidad (1)____ llena de equivocaciones afortunadas. Desde el error de cálculo que condujo (2)____ Colón al continente americano, muchos aciertos humanos (3)____ salido de pequeños y grandes catástrofes. (. . ..)

Un error de índole empresarial que ha (4)____ ampliamente comentado tuvo como protagonista (5)____ Steve Jobs, el fundador de Apple. En 1984, contrató a John Sculley (6)____ que dirigiera la empresa con (7)____ eficacia. La mala relación que (8)____ instaló entre los dos acabó, debido (9)____ apoyo de (10)____ accionistas al recién llegado, con la dimisión de Jobs. Sin (11)____, gracias a (12)____ despido, Steve (13)____ tiempo de crear en 1986 la compañía de películas de animación Pixar, (14)____ firmó acuerdos con Walt Disney (15)____ producir algunas películas de enorme éxito, (16)____ *Toy Story*. Pixar terminó en manos de Disney (17)____ 7.400 millones (18)____ dólares y Jobs se convirtió (19)____ el mayor accionista individual de la misma Disney. Su éxito (20)____ pasó inadvertido a Apple, (21)____ en plena crisis (22)____ devolvió las riendas en 1997 para que reflotara la empresa. Empezaría la (23)____ de oro de la compañía (24)____ éxitos masivos como el iPod, los nuevos iMac o los actuales iPhone.

33.2 Cloze test (2) (Level 2)

Fill in the gaps in the following passage, using one word only in each gap.

(1) ____ el primer momento la obra misionera contó (2) ____ el apoyo más decidido de la Corona. (3) ____ 14 de julio de 1536, las Instrucciones de la Reina, en (4) ____ de Carlos V, al virrey de la Nueva España, don Antonio de Mendoza, insistían (5) ____ el adoctrinamiento como cuidado primordial, y recomendaban que los religiosos y eclesiásticos se (6) ____ a estudiar la lengua de los indios (7) ____ facilitar el aprendizaje y enseñarla a los niños españoles, que podían (8) ____ llamados al sacerdocio o al desempeño de cargos públicos.

En 1596, (9) ____ debatir las Instrucciones para el nuevo Virrey de la Nueva España, el Consejo de Indias redactó una Cédula, que Felipe II devolvió (10) ____ firmar, con una advertencia de su puño y letra: "Esto (11) ____ me consulte con todo lo que hay en ello". La Cédula (12) ____ al virrey que tomara mediadas para que, en todos (13) ____ pueblos de indios, los curas, sacristanes u otras personas, (14) ____ a los niños la lengua castellana y la doctrina cristiana también en castellano, (15) ____ que dejaran y olvidaran su propia lengua.

Entre las razones que movían (16) ____ Consejo, no carecía (17) ____ importancia el temor (18) ____ que el adoctrinamiento (19) ____ en manos de criollos y mestizos —por su mayor facilidad para las lenguas de los indios—, que no eran, según (20) _____, los más apropiados para (21) _____ labor. Pero una imposición tan violenta de la lengua española repugnaba (22) _____ Rey, que había recomendado (23) _____ a los indios "con mucha caridad", sin reprenderles (24) _____ su poligamia ni sus ídolos, "(25) _____ enseñándoles y persuadiéndoles". El tema (26) _____ debatió ampliamente.

Source: Ángel Rósenblat, adapted from *Los conquistadores y su lengua* (Caracas: Universidad Central de Venezuela, 1977), pp.120–2.

33.3 **Spot the mistakes (Level 3)**

The following text has eight grammatical mistakes in it. See if you can find them and correct them.

Para que el coche sigue siendo el medio de transporte predilecto y icono de la libertad individual, a los ingenieros y diseñadores se presentan dos problemas en gran parte provocado por el mismo coche: el impacto medioambiental de la motorización masiva y la seguridad. Prestaciones e innovaciones tecnológicas que hoy se ve solamente en las clásicas berlinas de lujo, mañana serán de serie. Por eso cada nuevo lanzamiento al mercado de un coche de lujo es rodeado de un enorme interés ya que nos indica las características principales del coche del futuro aunque no conocemos al detalle su desarrollo. Y los últimos modelos que han salido al mercado demuestran el empeño de los diseñadores en crear coches no sólo más ecológicos pero también capaces de prevenir accidentes.

Glossary of Grammatical Terms

(SMALL CAPITAL LETTERS indicate that the term is also a separate entry in the glossary.)

adjective – One of the traditional PARTS OF SPEECH, which qualifies a NOUN, e.g *un tema apasionante* 'a fascinating topic'. In Spanish, adjectives are often used as nouns (*la vieja* 'the old woman'), and in colloquial register sometimes as adverbs (*va muy rápido* 'it goes very quickly').

adverb – One of the traditional PARTS OF SPEECH, which qualifies a VERB; some important classes of adverbs are manner (e.g. *caminaban tranquilamente* 'they were walking peacefully'), time (*contestaron pronto* 'they answered soon') and place (*¡ven acá!* 'come here!'). Adjectives and adverbs themselves are often said to be qualified by adverbs too: e.g. *muy típico* 'very typical'; *bastante frío* 'rather cold'; *muy despacio* 'very slowly'. Adverbs can also qualify whole sentences: e.g. *Desafortunadamente, no sobrevivió a la operación* 'Unfortunately, he did not survive the operation'. In Spanish, many adverbs of manner end in the SUFFIX *-mente.*

adverbial – Having the function of an ADVERB: see also PHRASE, CLAUSE.

affective suffix – In Spanish, DIMINUTIVE and AUGMENTATIVE SUFFIXES, which are most often attached to nouns and adjectives, sometimes express an attitude such as affection or disparagement: such meanings are usually referred to as affective. When someone says to a child *¡Dale un besito a papá!* 'Give Daddy a (nice) kiss', the diminutive suffix *-ito* is used to signify affection rather than size; in *Miguel es un tontazo* 'Miguel is a real idiot', the augmentative suffix *-azo* indicates a disparaging attitude on the part of the speaker.

agreement – Compatibility between certain PARTS OF SPEECH. In Spanish, there are two main kinds of agreement: (1) NOUNS, ADJECTIVES and ARTICLES in the same NOUN PHRASE agree in GENDER and NUMBER (e.g. in *los ojos abiertos* 'open eyes' the article, noun and adjective are all masculine and plural); (2) VERBS agree in NUMBER with their SUBJECTS (e.g. in *los niños juegan* 'the children are playing', the verb *juegan* is in the 3rd person plural, agreeing with the plural subject *los niños*).

article – Spanish and English both have a definite and an indefinite article, which are, respectively, *el, la, los, las / the* and *un, una / a(n)*. The Spanish indefinite article also has a plural form *unos/as* 'some'. The definite article often indicates that a noun has been referred to before, or is in some way known to the speaker and hearer (e.g. *Este es el artículo al que me refería* 'This is the article I was referring to'; *El Museo del Prado está en Madrid* 'The Prado Museum is in Madrid'; *Nos preocupa mucho el efecto invernadero* 'We are very worried by the greenhouse effect'), while the indefinite article introduces something previously unidentified or signifies one of a set (e.g. *Un anciano entró en la sala* 'An old man came into the room'; *Había un libro en la mesa* 'There was a book on the table'). However, definiteness and indefiniteness are in fact only a part of the complex range of functions of these forms.

augmentative suffix – A SUFFIX which indicates largeness: *un libro* 'a book' / *un librote* 'a big book'. *-ón*, *-ote*, and *-azo* are some of the augmentative suffixes of Spanish (see also AFFECTIVE SUFFIX).

auxiliary verb – A VERB used with another, NON-FINITE, form of a verb: e.g. *está corriendo* '(s)he is running', *ha salido* '(s)he has left', *será acordado* 'it will be agreed', *quiero entrar* 'I want to come in'. Auxiliaries are further classified according to their functions: *haber* (followed by the past participle) is the perfect auxiliary; *ser* (followed by the past participle) is the passive auxiliary; *estar* (followed by the gerund) is the continuous or progressive auxiliary, and verbs like *querer*, *deber*, etc., which express wishes or obligation, are known generically as modal auxiliaries.

cardinal number – A number expressing quantity or amount (e.g. *uno, dos, tres*).

clause – A sequence of words which are like a SENTENCE in that they contain a verb. Simple sentences consist of one clause, e.g. *Juan lo hará mañana* 'Juan will do it tomorrow', while complex sentences consist of more than one clause. In *Juan lo hará en cuanto tenga dinero* 'Juan will do it as soon as he has money', *en cuanto tenga dinero* is an ADVERBIAL CLAUSE, identifiable as a clause by the presence of the verb *tenga*, and having the same function as an ADVERB of time like *mañana*, qualifying the verb *hará*. *Juan lo hará* [. . .] is the MAIN CLAUSE of the sentence, of which the SUBORDINATE CLAUSE *en cuanto tenga dinero* is a constituent part. *En cuanto* is a SUBORDINATING CONJUNCTION. Clauses dependent on verbs sometimes involve INFINITIVES (e.g. *Quiero **saber** la verdad* 'I want to know the truth') and sometimes what are called FULL CLAUSE complements involving a FINITE VERB (e.g. *Quiero **que sepas la verdad*** 'I want you to know the truth').

cleft sentence – A sentence in which a constituent is introduced by the verb *ser* and the rest of the sentence by a RELATIVE element, e.g. *Conocí a Juan en Madrid* 'I met Juan in Madrid' (simple), *Fue en Madrid donde conocí a Juan* 'It was in Madrid that I met Juan' (cleft, introduced by *fue*, with *donde* linking the rest of the sentence).

collective number – A number which expresses a grouping, often approximate (e.g. *una docena* 'a dozen, about twelve', *una veintena* 'a score, about twenty').

comparative – In making comparisons it is traditional to distinguish three forms of adjectives and adverbs: positive (the base term, e.g. *good*), comparative (one thing compared to another, e.g. *better*) and SUPERLATIVE (one thing compared to more than one other, e.g. *best*). Spanish makes no formal distinction between comparative and superlative: e.g. *bueno* 'good' (positive) / *mejor* 'better/best' (comparative or superlative); *rápidamente* 'quickly' (positive) / *más rápidamente* 'more/most quickly' (comparative or superlative). The term superlative is also often used to refer to adjectival forms in Spanish to which the suffix *-ísimo* has been added: e.g. *rapidísimo*. However, the meaning of this suffix is intensive ('very fast').

compound noun – The term is used in two ways: (1) to denote a combination of noun + noun or verb + noun which forms a noun in its own right: e.g. *aguanieve* 'sleet', *recogepelotas* 'ball-boy/girl'; (2) to denote a noun phrase consisting of noun + *de* + noun, such as *agencia de viajes* 'travel agency'.

compound tense – In Spanish, a verb-form which consists of the AUXILIARY verb *haber* followed by a PAST PARTICIPLE: e.g. *hemos visto* 'we have seen'. See also SIMPLE TENSE.

concession – Expressing the granting or conceding of a point: e.g. *Aunque llueva, vamos a la playa* 'Even if it should rain, we're going to the beach'.

conditional – The Spanish verb form which ends in *-ría*, etc. Note, however, that the conditional never actually expresses a condition (see CONDITIONAL SENTENCE): e.g. *Incluso si lo supiera, no diría nada* 'Even if (s)he knew, (s)he wouldn't say anything' (the condition is *si lo supiera* and *no diría nada* is the consequence). See also TENSE.

conditional sentence – A conditional sentence consists of two CLAUSES: the protasis, or condition (e.g. *Si lo hubiera sabido* 'If (s)he had known') and the apodosis, or consequence (e.g. *no lo habría hecho* '(s)he would not have done it').

conjunction – One of the traditional PARTS OF SPEECH, the function of which is to connect two grammatical elements. When a conjunction links two similar elements, it is said to be COORDINATING; when it introduces a SUBORDINATE CLAUSE it is said to be SUBORDINATING: e.g. *María **y** yo fuimos anoche al cine* 'María and I went to the cinema last night' (coordinating); *Conseguí salir **sin que** nadie me viese* 'I managed to leave without anyone seeing me' (subordinating).

continuous tense – In Spanish, the combination of *estar* + GERUND: e.g. *estamos comiendo* 'we are eating'.

coordinating conjunction – See CONJUNCTION.

demonstrative – A PRONOUN or ADJECTIVE which expresses proximity to or remoteness from the speaker (e.g. Spanish *este, ese, aquel*).

dequeísmo – Use of *de* before *que* which is judged incorrect: e.g. **Pienso **de que** tiene razón* 'I think you are right'; **Me preocupa **de que** todavía no hayan llegado* 'I am worried that they have not arrived yet'. The generalization of *de que* arises because *de que* is correctly used in the formation of some FULL CLAUSES after verbs: e.g. *Estaba seguro **de que** lo sabía* 'I was sure he knew'; *Me alegro **de que** hayan venido* 'I am pleased they have come' (but *Me alegra que hayan venido*).

diminutive suffix – A SUFFIX which indicates smallness: *una estrella* 'a star' / *una estrell**ita*** ' a little star'. *-ito, -ico, -illo, -ín* and *-ete* are some of the diminutive suffixes of Spanish (see also AFFECTIVE SUFFIX).

direct object – See OBJECT.

double verb construction – A combination of a FINITE verb and a NON-FINITE verb, sometimes with an intervening PREPOSITION: e.g. ***Acabamos de leer** el informe* 'We have just read the report'. Constructions with AUXILIARY VERBS also fall into this category.

finite – A verb form which has an ending indicating PERSON, NUMBER, TENSE and MOOD: e.g. *cantásemos*, which indicates 1st person, plural number, past tense and SUBJUNCTIVE mood.

full clause – See CLAUSE.

gender – In Spanish, all NOUNS belong to one of two gender categories, masculine or feminine. While in nouns denoting people and some animals there is a regular relation between masculine/feminine gender and male/female sex (e.g. *la mujer* 'woman', *el profesor* 'male teacher', *la raposa* 'vixen, female fox'), the gender of inanimate nouns has no regular relation to their meaning. See also AGREEMENT, NEUTER.

gerund – In Spanish, the gerund (*gerundio*) is the NON-FINITE verb form which ends in -*ndo*: e.g. **terminando** 'finishing', **comiendo** 'eating'.

idiomatic – Idiomatic usage is a special usage which does not follow the majority rule. The preposition *a* normally indicates direction towards something (e.g. *a la estación* 'to the station'), but in the idiomatic expression *al aire libre* 'in the open air', it denotes a location.

imperative – A modal category (see MOOD) associated with the expressions of commands. The Spanish verb forms *¡canta!*, *¡cantad!* 'sing!' are called imperatives because they are not used with any other function. But the SUBJUNCTIVE is used to form the polite *usted* imperative forms (*¡cante!*, *¡canten!* 'sing!') and all NEGATIVE IMPERATIVES (*¡no cantes!*, *¡no cante!*, *¡no cantéis!*, *¡no canten!* 'don't sing!'). Some other verb forms can express an imperative modality, e.g. the present indicative in *Me **da** un kilo de patatas* 'Give me a kilo of potatoes'.

impersonal *se* – The Spanish 'impersonal *se*' construction is so called because, like IMPERSONAL VERBS, the verb is used only in the 3rd person singular and cannot have a NOUN or PRONOUN SUBJECT without changing the meaning: e.g. *Se dice que va a nevar* 'It is said / People say that it is going to snow'. Such sentences are interpreted as having an indefinite subject.

impersonal verb – Impersonal verbs are verbs which do not have subjects, such as weather verbs; they are used only in the 3rd person singular: e.g. Sp. *Está lloviendo* 'It is raining' (in the corresponding English verb, *it* does not refer to anything but simply occupies the subject slot, which must always be filled in English).

indefinite subject – See SUBJECT, IMPERSONAL *SE*.

indicative – A modal category of verbs (see MOOD), often associated with assertion or statement; in Spanish it is often in contrast with the SUBJUNCTIVE.

indirect command – A command in REPORTED SPEECH: e.g. *Le pedimos **que callara*** 'We asked him/her to be quiet'. This corresponds to the direct command *¡Calla!* or *¡Calle usted!* 'Be quiet!', where the verb is in the IMPERATIVE; the verb in the indirect command is in the SUBJUNCTIVE.

indirect object – See OBJECT.

indirect question – A question in REPORTED SPEECH: e.g. *Le pregunté **qué quería*** 'I asked him/her what (s)he wanted'. This corresponds to the direct question *¿Qué quiere(s)?* 'What do you want?'; the verb in both the direct and the indirect question is in the indicative.

infinitive – One of the NON-FINITE forms of the verb (Spanish forms such as *trabajar*, *comer*, *escribir*, etc.). The infinitive often functions as a verbal noun, and as such can depend on another verb (see also FULL CLAUSE): e.g. *Me gustaría **conocerlo*** 'I would like to meet him'; *Prometió **investigar** el asunto* '(S)he promised to investigate the matter'.

interrogative – Pertaining to a question.

main clause – See CLAUSE.

modal auxiliary – See AUXILIARY.

mood – INDICATIVE, SUBJUNCTIVE and sometimes also IMPERATIVE are the moods which are traditionally distinguished for Spanish.

negative / negated imperative – See IMPERATIVE.

neuter – Although in some languages (e.g. Latin and German), the neuter is another GENDER category of nouns and adjectives, in Spanish the term has traditionally been used to refer to the personal pronoun *ello* and the demonstratives *esto*, *eso* and *aquello*, which refer to whole propositions or general ideas (never to individual nouns): e.g. —*Juan se ha marchado.* —*Eso lo sabía.* '"Juan has left." "I knew that."' (*eso* refers to the whole proposition *Juan se ha marchado*). The article *lo* as used in the construction *lo* + adjective is also usually referred to as neuter: e.g. *Lo gracioso del caso era que nunca descubrió la verdad* 'The amusing thing about it was that he never found out the truth'; *Nunca me di cuenta de lo importante que era* 'I never realized how important it was'.

nominalizer – The DEFINITE ARTICLE forms (*el*, *la*, *los*, *las* and *lo*) used before *de*, corresponding to Eng. 'the one(s)', 'the matter' (e.g. *la diferencia entre este libro y el de Juan* 'the difference between this book and John's').

non-finite – A verb form which has no PERSON/NUMBER ending. The non-finite forms of the Spanish verb are the INFINITIVE *cantar*, the GERUND *cantando* and the PAST PARTICIPLE *cantado*. See FINITE.

noun – One of the traditional PARTS OF SPEECH, which denotes a thing, a person or an abstraction: e.g. *bolígrafo* 'ball-point pen', *José*, *verdad* 'truth'.

number – Spanish distinguishes singular and plural number in nouns (e.g. *libro / libros*) and verbs (*escribo, escribes, escribe / escribimos, escribís, escriben*). See AGREEMENT.

object – DIRECT OBJECT and INDIRECT OBJECT are usually distinguished: direct objects are the most immediately affected by the action of the verb, while indirect objects 'benefit' from the action of the verb. Both kinds of object appear with verbs like *dar* (e.g. *María le dio un libro* [direct object] *a Juan* [indirect object] 'María gave a book to Juan'). PREPOSITIONS are also said to have objects: e.g. *en Madrid* 'in Madrid'.

object pronoun – A PERSONAL PRONOUN which denotes an OBJECT: e.g. *A Conchita la conocimos en Madrid* 'We met Conchita in Madrid'.

ordinal number – A number expressing position in a sequence (e.g. *primero* 'first', *segundo* 'second', *tercero* 'third').

part of speech – A traditional grammatical category: the usual list involves at least NOUN, PRONOUN, ARTICLE, VERB, ADJECTIVE, ADVERB, PREPOSITION and CONJUNCTION.

passive – In English and Spanish, the passive is formed syntactically by making the object of the active verb its syntactic subject; the subject, if expressed, appears in a prepositional phrase introduced by English *by* and Spanish *por* respectively, and is known as the agent of the passive sentence. *El proyecto de ley fue aprobado por el presidente* 'The bill was approved by the president' is the passive sentence corresponding to the active *El presidente aprobó el proyecto de ley* 'The president approved the bill': *el proyecto de ley* is the object of the active sentence and the subject of the passive sentence; *el presidente*, the agent, is the subject of the active sentence and introduced by the preposition *por* in the passive sentence. The verb form traditionally identified as the passive in Spanish is formed from the verb *ser* + the past participle of a transitive verb: in the passive sentence here, *fue aprobado* is the passive verb form corresponding to the active *aprobó*.

past participle – A NON-FINITE verb form regularly characterized in Spanish by the endings *-ado* and *-ido*: e.g. *hablar* → *hablado, comer* → *comido*. Past participles can function as ADJECTIVES (e.g. *un libro* **manoseado** 'a dog-eared book') and are used with the perfect and PASSIVE AUXILIARIES (see AUXILIARY).

person – A category, typically of personal pronouns and verb inflections, which indicates relationship to the speaker (*yo* / *nosotros* are 1st person, *tú* / *vosotros* are 2nd person, *él* / *ella* / *ellos* / *ellas* are 3rd person). In Spanish, the polite *usted* / *ustedes* is 2nd person in meaning though 3rd person as regards AGREEMENT with the verb of which it is the SUBJECT.

personal pronoun – A PRONOUN denoting the subject or object of the verb. The term is used to refer not only to third person personal pronouns, which refer to full nouns (for an example, see OBJECT PRONOUN), but also for first and second person personal pronouns (e.g. *yo, me, mí, tú, te, ti*, etc.). See also REFLEXIVE.

phrase – A sequence of words in a sentence which together have the function of a PART OF SPEECH. In the sentence *Nuestros amigos volaron a Roma* 'Our friends flew to Rome', *nuestros amigos* is a noun phrase consisting of a possessive adjective and a noun, *volaron a Roma* is a verb phrase consisting of a verb, a preposition and a noun, and *a Roma* is an adverbial phrase consisting of a preposition and a noun. Phrases are to be distinguished from CLAUSES, which always contain a verb and are like whole sentences.

possessive – An ADJECTIVE or PRONOUN which expresses ownership or close personal relationship: e.g. **nuestra** *casa* 'our house', **sus** *críticas* 'their critics', *un amigo* **tuyo** 'a friend of yours', *Este lápiz es* **mío** 'This pencil is mine'.

preposition – One of the traditional **parts of speech**, which governs NOUNS, PRONOUNS and other elements used as nouns, expressing notions such as direction, instrument, agent, etc.: e.g. **en** *Buenos Aires* 'in Buenos Aires', **sin** *azúcar* 'without sugar', **con** *un machete* 'with a machete', **hasta** *pronto* 'so long', lit. 'until soon'.

preterite – The simple past verb form of Spanish: e.g. **fue, comenzaron, llegaste**.

pronominal verb – A class of Spanish VERBS with a REFLEXIVE PRONOUN which does not have a literally reflexive meaning: e.g. **atreverse** *(a)* 'to dare', **olvidarse** *(de)* 'to forget'.

pronoun – One of the traditional PARTS OF SPEECH, which can be used in substitution for a more precise full NOUN (e.g. *ella* for *Sara*). See also REFLEXIVE PRONOUN and RELATIVE PRONOUN.

radical-changing verb – A verb which changes the vowel of its stem when the stem is stressed. There are several different types of radical-changing verb in Spanish: *querer* → *quiere, recordar* → *recuerda, pedir* → *pide*.

reciprocal – The subject and object of the verb are the same pair or group between or amongst whom there is a mutual relationship: e.g. *Los amigos se escribieron* 'The friends wrote to each/one another'. The Spanish REFLEXIVE PRONOUN (here *se*) does not discriminate the reflexive relationship ('The friends wrote to themselves') from the reciprocal relationship, since it is usually obvious which one is implied, but *unos a otros* can be used to make the reciprocal relationship clear if necessary.

reduplicative – In Spanish, an INDIRECT OBJECT PERSONAL PRONOUN is often used with a full noun indirect object; the latter is called reduplicative or 'redundant', since it 'doubles' the expression of the indirect object: e.g. *Inés **le** dio un regalo **a su** madre* 'Inés gave a present to her mother'.

reflexive – Identity between the subject and object of the verb. In *Juan se vio en el espejo* 'Juan saw himself in the mirror', *Juan* is both the subject and object of *vio*. In Spanish a distinctive reflexive PERSONAL PRONOUN, *se*, is used in the third person.

reflexive pronoun – See REFLEXIVE.

relative clause – A SUBORDINATE CLAUSE which refers to a noun in the MAIN CLAUSE. The noun in the main clause is known as the antecedent of the relative clause, and in Spanish a relative clause is always introduced by a relative pronoun. In *Vimos al chico que conocimos en el bar* 'We saw the boy we met in the bar', the relative clause is *que conocimos en el bar*, *chico* is the antecedent noun and *que* is the relative pronoun.

relative pronoun – See RELATIVE CLAUSE.

reported speech – When a speaker reports what someone has said, a number of changes are made to the original, or direct, speech. *Mañana voy a la oficina* 'Tomorrow I'm going to the office' might be reported as *Mi padre dijo que al día siguiente iba a la oficina* 'My father said he was going to the office the next day': the person and tense of the verb (*voy* → *iba*) and the adverb (*mañana* → *al día siguiente*) have been altered to suit the reported speech structure and its speaker's point of view; a reported statement such as this is linked to the verb of reporting (*dijo*) by the SUBORDINATING CONJUNCTION *que*.

sequence of tense – The relation between the tenses of a MAIN CLAUSE and a SUBORDINATE CLAUSE. When a SUBJUNCTIVE is used in the subordinate clause, it is normally in the present or perfect if the main clause verb is present, future, perfect or future perfect, but in the imperfect or pluperfect if the main clause verb is imperfect, preterite, conditional or pluperfect, e.g. ***Quiero** que los alumnos **escriban** una corta redacción* 'I want the students to write a short essay' but ***Quería** que los alumnos **escribieran** una corta redacción* 'I wanted the students to write a short essay'.

simple tense – A TENSE which consists of a single word, as opposed to a COMPOUND TENSE.

subject – Traditionally, an element of a sentence which performs the action of the verb. Syntactically, in English and Spanish, the subject is the element with which the verb AGREES in person and number. In *Los niños juegan en la playa* 'The children are playing on the beach', *los niños* is the subject of the verb *juegan*. In *Me gustan las patatas* 'I like potatoes', lit. 'Potatoes are pleasing to me', *las patatas* is the subject of the plural verb *gustan*.

subjunctive – A MODAL category of verbs (see MOOD), which is associated with a number of meanings, especially commands, hypothesis, denial and emotive attitude; in Spanish it is often in contrast with the INDICATIVE.

subordinate clause – See CLAUSE. A subordinate clause is one which depends on another and functions as a consituent of its MAIN CLAUSE: its function can be nominal (such subordinate clauses are also called complements), adjectival (see RELATIVE CLAUSE) or ADVERBIAL (e.g. temporal clauses).

subordinating conjunction or **subordinator** – see CONJUNCTION.

suffix – A suffix is not a word in its own right but follows a stem to form a word: in *cuidadosamente* 'carefully', *-mente* is an ADVERBIAL suffix attached to the stem *cuidadosa*.

superlative – see COMPARATIVE.

tense – A set of verb forms which are loosely related to time reference: so, for example, the future tense (Sp. *comeré, comerás,* etc.) refers to future time ('I will eat', 'you will eat', etc.). However, a tense may have several different meanings which are not always apparent from its traditional name and may not be primarily to do with time reference: the Spanish CONDITIONAL is used to express future time reference in the past (e.g. *Juan dijo que me **visitaría** '*Juan said he would visit me'), the consequence of a condition being met in the present or future (e.g. *Si tuviéramos dinero **comprar-íamos** un ordenador* 'If we had money we would buy a computer'), or a supposition about the past (***Serían** las ocho cuando le vi* 'It must have been eight o'clock when I saw him').

verb – Traditionally, the part of speech which expresses an action, event or state: e.g. *romper* 'to break', *ocurrir* 'to happen', *quedar* 'to stay, remain'.

Key to the Exercises

1 Nouns

1.1

1. la 2. la 3. el 4. la 5. el (though feminine) 6. el 7. la 8. el 9. la 10. la 11. la 12. la 13. el 14. el (though feminine) 15. la 16. la 17. el 18. el (masculine) 19. la 20. el

1.2

1. el incidente 2. el dolor 3. el césped 4. la sed 5. el color 6. la radio 7. el mapa 8. la serie 9. la carne 10. el tranvía

1.3

1. directora 2. juez *or* jueza 3. alcaldesa 4. actriz 5. princesa 6. leona 7. nuera (sometimes *yerna* in LA) 8. poeta *or* poetisa 9. presidente *or* presidenta 10. profesora 11. condesa 12. heroína 13. dependienta 14. guitarrista 15. jefa (formerly *jefe*) 16. modelo 17. yegua 18. policía 19. gallina 20. estudiante

1.4

1. la 2. el 3. el 4. la 5. un 6. la 7. la . . . izquierda 8. un . . . amplio 9. el 10. la 11. un 12. una 13. la 14. el 15. la 16. el 17. uno . . . los 18. la 19. la 20. el

1.5

1. los almendros 2. la capital 3. el policía 4. la frente 5. una editorial británica 6. unos pendientes exóticos 7. unos peces muy pequeños 8. las márgenes 9. orden alfabético 10. el Mar Mediterráneo está muy sucio 11. la trompeta 12. las cerezas 13. el cometa Hiyakutake 14. ocho vocales rusos 15. el margen derecho de la página 16. una cura eficaz contra el cólera 17. la orden de Santiago 18. una coma 19. el parte meteorológico 20. los cámaras

1.6

(The definite article is used throughout.)

1. el clima benigno 2. el asma (feminine) crónica 3. los esquemas disparatados 4. el poema épico 5. los problemas contemporáneos 6. la estratagema atrevida 7. la crema depilatoria 8. el emblema venezolano 9. el programa televisivo 10. el diagrama técnico 11. el dogma religioso 12. el diploma avanzado 13. las armas blancas 14. las normas acordadas 15. el dilema complicadísimo 16. el panorama magnífico 17. la diadema preciosa 18. el alma caritativa 19. la flema inglesa 20. la rima perfecta

1.7

1. una apendicitis gravísima 2. la tesis de Pablo es ésta 3. el énfasis 4. un análisis muy profundo de la crisis financiera 5. un nuevo apocalipsis 6. la tercera dosis 7. la apoteosis 8. la meningitis . . . peligrosísima 9. el éxtasis 10. la diéresis . . . necesaria

1.8

Masculine		Feminine	
arete	'earring' (LA)	base	'base, basis'
cable	'cable'	catástrofe	'catastrophe'

carrete	'reel', 'spool' (of film)	gripe	'flu'
chiste	'joke'	higiene	'hygiene'
epítome	'epitome'	índole	'type, character'
juguete	'toy'	mole	'mass'; in Mexico *mole* is a
lastre	'ballast; burden'		type of chilli sauce (used in many
lote	'batch'		idiomatic expressions) and is
			masculine
		pirámide	'pyramid'

1.9

The genders are: el aguanieve (f.), el aguardiente, el altavoz, la bocacalle, el cortacésped, la enhorabuena, el hazmerreír, la madreselva, la maniobra, el parabién, el paraguas, el pésame, el pormenor, el salvapantallas, la sinrazón, el terremoto, el todoterreno.

Compound words are only feminine when they consist of two <u>nouns</u> which are <u>both</u> feminine (e.g. *madre + selva*), or occasionally when they are prepositional phrases based on a feminine noun (*en + hora + buena*, *sin + razón*). All others are masculine, even those consisting of a feminine noun with an adjective (*agua + ardiente*) or a feminine noun which is the object of a verb (*salva + pantallas*).

1.10

1. los dólares 2. las teclas 3. los cafés 4. las tesis 5. los meses 6. las raciones 7. los crímenes 8. los virus 9. las raíces 10. los sacacorchos 11. las horas punta 12. las bocacalles 13. los regímenes 14. los países miembros 15. los viernes 16. los boicots 17. los tabúes 18. los dioses 19. los autobuses 20. los menús

1.11

(Where an alternative answer is given, the most likely possibility is given first.)

1. son 2. llegaron 3. manifestó 4. eran 5. era 6. estaban *or* estaba 7. había, era 8. iba *or* iban 9. opinan *or* opina 10. son

1.12

1. Tengo muchas ganas de tomarme unas vacaciones / irme de vacaciones.
2. La gente puede actuar de manera muy extraña.
3. Pon tu ropa sucia en la lavadora.
4. Todos nos pusimos el abrigo antes de salir.
5. Bajó la(s) escalera(s) canturreando una melodía popular.
6. No ve más allá de sus narices.
7. Todos habían olvidado traer el paraguas.
8. La propuesta recibió calurosos aplausos.
9. Los celos son una cosa terrible.
10. La habitación estaba en tinieblas.
11. No me quedan (más) fuerzas.
12. Las Navidades las solemos pasar / Solemos pasar las Navidades en familia.

2 Articles

2.1

1. un *or* el 2. las 3. la 4. el 5. la 6. la 7. la 8. un *or* el 9. la 10. la 11. las 12. una *or* la

2.2

1. el 2. no articles 3. el 4. un 5. (de)l 6. (de)l' (a)l 7. no articles 8.(de)l 9. no articles 10. el

2.3

2. El Cairo 3. la República Checa 4. La Rioja 6. (el) Paraguay 7. (del) Perú, (la) Argentina 8. La Habana 9. la España medieval

2.4

1. ¡Hasta el lunes!
2. ¿Dónde estuviste/estabas el viernes pasado por la noche/ la noche del viernes pasado?
3. En invierno sólo abrimos de lunes a miércoles.
4. Los sábados por la tarde va a misa.
5. El día de Navidad cae en domingo este año.
6. Salimos el martes 5 de abril.
7. A partir del jueves, esta oficina estará cerrada.
8. Parece que siempre llueve los viernes.
9. No habrá nadie aquí de miércoles a viernes.
10. ¿Qué día es hoy? Es martes.

2.5

1. las 2. el 3. los, no article, no article 4. los, la, no article, no article / las 5. no article, la 6. la, las 7. la / no article 8. el, la, no article 9. el, la, las, no article, los, la, los, del, no article 10. no article, no article, la, los, las, el

2.6

1–3. no article 4. un 5. unos, un 6. un 7. no article, (un) 8. (un) 9. no article 10. no article, (un) 11. un 12. (una) 13. no article 14. (un) 15–17. no article 18. una 19–20. no article.

2.7

1. More usual with *unas* (here, 'a number of'). To omit *unas* would give too vague a meaning.
2. More usual with *unos* since the noun *principios* is qualified.
3. *Unos* means 'a (definite) number of'; omitting *unos* would give a vaguer meaning.
4. *Unos* cannot be omitted, since it has the meaning of 'a few'.
5. There is little difference between *unos profesores* and *profesores* in this example.
6. *Unas* here is obligatory if reference is to a single pair of glasses; *gafas* on its own would imply several pairs.
7. As 3.
8. As 3.
9. As 6.
10. As 3.

2.8

1. Los españoles buscamos la verdad en todas las cosas.
2. En este momento los precios son altos en Francia.
3. La India hizo esto en nombre de la democracia.
4. Los científicos creen que la carne de vaca puede perjudicar la salud.
5. El francés y el español son bastante parecidos.
6. El sábado por la tarde voy a visitar / visitaré al doctor Pérez.
7. En la Plaza de los Libertadores estaba la estatua del Presidente Rosales, fundador de la República.
8. El veinte por ciento de la clase son zurdos.
9. El Señor Puig saldrá en la televisión la semana que viene.
10. No podía jugar al fútbol mientras estaba en la cárcel.
11. La abuela está en casa leyendo.
12. Voy a esperar a que el Real Madrid marque un gol antes de irme a la cama.
13. En el capítulo 4 hay una descripción de Buñuel, celebrado cineasta español.

14. La tía Sonia y mamá están las dos enfermas en cama.
15. El Padre Moreno es de Oviedo, capital de Asturias.

2.9

1. ¡Qué cielo! Nunca he visto tal / semejante tormenta / una tormenta igual / semejante.
2. ¿Quiere usted una habitación con balcón / terraza?
3. Nunca lleva corbata.
4. Me da / Deme medio kilo de naranjas, por favor.
5. Hemos tenido cierta dificultad para / al mandar / enviar este e-mail.
6. El cometa tenía una cola larga.
7. Las sirenas tienen cola de pez.
8. ¿Qué quiere de primer plato / de primero?
9. ¡Qué sorpresa encontrar aquí a tanta gente!
10. Aquí viene otro hombre / señor con paraguas.

2.10

1. no article 2. no article, del 3. el, unos 4. una, las, los, el 5. no article, no article, los 6. los, el 7. no article, la, los / no article, no article 8. un, un 9. la, la, los, la 10. el, la, la, no article, no article

2.11

Actualmente en España las costumbres sociales con respecto a la emancipación familiar están cambiando y dos de cada cuatro españoles entre **los** veintiséis y **los** veintinueve años viven con sus padres. **La** democracia les ha dado libertad y formación pero no les ha dado **la** independencia. Bien buscan **un** trabajo, bien buscan una casa, **las** circunstancias les obligan a quedarse en casa y prolongar su dependencia familiar.

Una de las causas principales es el problema para acceder al primer empleo y la precariedad e inseguridad de continuidad de **los** contratos temporales. ~~Una~~ Otra es el problema de la vivienda. **Los** precios de los alquileres, sobre todo en las grandes ciudades, son desproporcionados a **la** realidad económica mientras el pago de la hipoteca media absorbe **la** mitad del salario medio bruto.

Los padres también sufren esta situación y detrás de cada uno de estos jóvenes hay **unos** padres que se sienten perplejos y culpables y que permiten que sus hijos sigan en casa.

3 Adjectives

3.1

1. española 2. contemporánea 3. catalanas 4. ningún 5. San 6. feliz 7. cortés 8. tercera 9. moderno 10. macho 11. anterior 12. mayores 13. azules 14. primer 15. gris 16. santo 17. indígenas 18. iraníes 19. buen 20. Santo

3.2

1. Siempre me manda cuentos y novelas aburridos.
2. La mayoría de los paraguayos son bilingües.
3. Nos dio cierto placer y alegría.
4. Esa idea es buena.
5. ¿Tiene usted algún argumento u objeción relevante?
6. No tiene nada de malo/malvado.
7. Le pedí que hablara un poco más alto.
8. Ni mi hermano ni yo estábamos ofendidos en absoluto.
9. En Toledo hay muchos edificios antiguos atractivos.
10. Lo hizo con su habitual encanto y paciencia.

3.3

1. el rosa, de rosa intenso / fuerte 2. rojo vivo / fuerte / encendido 3. los rayos ultravioleta 4. hojas verde oscuro / verdinegras 5. (color) naranja 6. el color oro pálido 7. azul turquesa; blanca 8. intensos / fuertes colores vivos, los verdes limas y los rosas estridentes 9. de rayas rojas y azules, el rojo y el azul 10. castaño oscuro, rubia, platino.

3.4

1. una muñeca holandesa 2. mi hermana mayor 3. su amiga hindú 4. una profesora feliz 5. una niña modelo 6. una dama cortés 7. cualquier artista andaluza 8. una chavala encantadora 9. un erizo hembra 10. una princesa musulmana 11. nuestra colega habladora 12. una cantante provenzal 13. una muchacha grandota 14. la ministra anterior 15. una joven marroquí

3.5

1. antiquísimo 2. jovencísimos, riquísimos 3. larguísimo 4. fuertísimo (fortísimo) 5. simpatiquísima 6. pésimas 7. fidelísima 8. dificilísimo 9. mismísimo 10. lejísimos (lejísimo in Argentina, Uruguay, Mexico and Cuba)

3.6

1. hondureña 2. belga 3. malagueña 4. burgalés 5. polacos 6. suizo 7. austriacos (*or* austríacos) 8. madrileños 9. indias (hindúes *or* hindús *in LA*) 10. galesa 11. suecos 12. londinense 13. granadino 14. húngara 15. porteña, bonaerense.

3.7

1. estatal 2. lingüísticos 3. periodístico 4. ciudadano 5. filial 6. pulmonar 7. real 8. corporal 9. minero 10. rutinaria 11. populares 12. policiaca *or* policíaca 13. financiera 14. taquillero 15. ovina 16. veraniega 17. casero 18. discográfica 19. agrícola 20. peatonal

3.8

Here are the complete translations of the sentences as they appear in the translation by José Ferrer Aleu (*El alquilado*, Barcelona: Bruguera, 1984).

1. Tenía un aire de persona elegante, próspera e inaccesible.
2. La casa tenía un inconfundible aire de riqueza.
3. No quisiera hacerlo, sería muy poco amable.
4. Entonces dirigió a Leadbitter una mirada tan llena de tristeza que él se sintió incómodo.
5. Una gran desgracia para los dos, milady.
6. Lo que me atormenta es el mensaje que no pude transmitir.
7. Por un momento se sintió físicamente intranquila.
8. Pero el demonio de Leadbitter no se dio por satisfecho.
9. Las voces hablaban en tonos ásperos y toscos.
10. – Y lo consiguió – dijo lady Franklin sin darse cuenta del calor de sus propias palabras.

3.9

1. *la antigua Yugoslavia* 'former Yugoslavia' is more likely here than *la Yugoslavia antigua* 'ancient Yugoslavia'.
2. *un nuevo ejercicio* is 'another, different, exercise'; *un ejercicio nuevo* is 'a (brand-)new exercise'. Both are possible, but maybe the latter is more likely in the context of *para vosotros* ('new to you').
3. *un buen fontanero* is 'good as a plumber' (most likely everyday meaning); *un fontanero bueno* is 'a plumber who is (also) a good man' – this is rather a forced, though theoretically possible, reading.
4. *tus dichosos sobrinos* is 'your damn nephews' (more likely given the exasperation expressed!); *tus sobrinos dichosos* is 'your lucky nephews (as distinct from others?)'.

5. *numerosas familias* is 'many families'; *familias numerosas* is 'families consisting of many children'. The former is more likely in normal circumstances.
6. *un triste libro* is 'a single book' (the interpretation required by *ni*); *un libro triste* would be literally 'a sad book'.
7. *los valientes soldados* envisages braveness as a natural, inherent characteristic of soldiers (all the soldiers in question were (it goes without saying) brave; *los soldados valientes* means (just) those soldiers who were brave (as distinct from those who were not). The former is more likely in this context, describing the conditions of the soldiers in general.
8. *buen ejemplo* is 'good as an example', and more likely here.
9. *los grandes logros* includes all achievements, and *grandes* means 'great' (most likely here); *los logros grandes* gives *grandes* a distinctive meaning, which is a bit unusual, since one can't very easily envisage achievements which are not great in this context.
10. *una pobre mujer* is an unfortunate woman; *una mujer pobre* is a woman who is not well-off financially.

3.10

1. un lujoso hotel 2. al Servicio Municipal de Limpieza 3. una solución radical 4. numerosos niños 5. prestigiosos catedráticos 6. la industria siderúrgica 7. una fuerte reacción 8. la triste noticia, mi querido colega 9. en voz alta, las siguientes preguntas 10. bandas criminales

3.11

1. Tengo un dolor de cabeza tremendo.
2. Padecía un tipo de cáncer raro.
3. Era exportador de vinos finos.
4. Penélope Cruz es una estrella de cine conocidísima.
5. Soy director de una empresa española de juguetes.
6. Mi amigo tiene una colección extraordinaria de sellos *or* una colección de sellos extraordinarios.
7. La Giralda es el edificio más alto de Sevilla.
8. Hay una red nacional de autocares en este país.
9. El 23 de diciembre se celebró una comida navideña de empresa.
10. Te puedo recomendar una agencia de viajes fiable.

3.12

1. El roble es un árbol grande y majestuoso.
2. La gran final del torneo fue aplazada debido al mal tiempo.
3. El ordenador portátil ya no es el hermano pequeño del PC de sobremesa / Los ordenadores portátiles ya no son los hermanos pequeños de los PCs de sobremesa.
4. Las grandes empresas españolas aprovechan las redes sociales para crear nuevos mercados.
5. Las malas noticias le ponen / han puesto / pusieron a Andrés de mal humor.
6. Reducir la contaminación atmosférica de los centros urbanos es un / el gran reto. Reducir la contaminación atmosférica es un / el gran reto de los centros urbanos. / Es un gran reto reducir la contaminación atmosférica en los centros urbanos.
7. Los establecimientos hoteleros españoles tienen un gran prestigio internacional debido a la buena formación de su personal.
8. Catalina es / era la niña mala de su promoción pero siempre saca / sacaba buenas notas. Catalina . . . la niña buena . . . malas notas.
9. El pequeño comercio / Los pequeños comercios pierde(n) / ha(n) perdido la batalla contra las empresas grandes / las grandes empresas / la gran empresa.
10. Para disfrutar de una buena mesa, el / un buen vino y (una / la) buena compañía son fundamentales. / Un buen vino y buena compañía son fundamentales para disfrutar de una buena mesa.

3.13

1. El español medio no tiene bichos / animales raros en casa.
2. Aquí tiene media botella de aceite puro de oliva.

3. Cundinamarca era el antiguo nombre de varios de los actuales países latinoamericanos.
4. El pobre huérfano robaba de pura hambre.
5. Las ciudades antiguas tienen cierto encanto.
6. El edificio alto estaba pintado de colores varios (*varios colores* is also possible).
7. ¡Valiente amigo eres tú: no me has dejado ni un triste centavo / céntimo!
8. En ciertas épocas del año los altos dignatarios visitan a los jubilados más pobres.
9. Los deliciosos platos tenían una rara atracción para los humildes / sencillos campesinos.
10. Tenemos la esperanza cierta de que nuestra pobre amiga recobrará su antigua felicidad.

4 Comparatives

4.1

A Here are some suggestions for how you could have completed the sentences.

1. más caro 2. mejor 3. más elevadas / altas / cálidas 4. más protocolaria / rica / tradicional / antigua 5. más rápidamente / deprisa 6. menos 7. más tarde 8. mayor 9. más largos / fríos / peores 10. más bajo

B

1. bastante / mucho más caro, *etc.*

4.2

1. mayor / más grande 2. mayor 3. gran 4. menor 5. menor 6. mayor 7. grande 8. gran 9. gran 10. gran 11. Gran 12. menor 13. mayor 14. más / mayor 15. mayor 16. mayor 17. grandes 18. mayor 19. menor 20. menor / más pequeño 21. menor 22. grandes 23. mayores 24. mayores 25. menor

4.3

1. más de 2. más de 3. menos que 4. más de 5. más que 6. más de 7. más de 8. más de 9. más que 10. más de

4.4

1. que 2. de 3. que 4. de 5. de 6. que 7. que 8. de 9. de 10. que 11. que 12. de 13. que 14. que

4.5

1. lo tarde que llega; más tarde de lo que se permite.
2. lo bien que canta; mejor de lo que supones.
3. lo fuerte que es; más fuerte de lo que uno espera.
4. lo listo que es; más listo de lo que parece.
5. lo lejos que queda; más lejos de lo que uno piensa.
6. lo alto que hablan; más alto de lo (que es) habitual.
7. la de dinero que tienen; más del que pueden (puedan) gastar.
8. la de flores que me regalaba; más de las que cabían en casa.
9. la de estilográficas que se venden; más de los que parece.
10. la de dificultades que nos pusieron; más de las que esperábamos.
11. la de amigos que hicimos; más de los que te imaginas.
12. la de pasta que se come; más de la que se cree.

4.6

1. nobilísimo y fidelísimo / el animal más noble y fiel 2. antiquísima / la parte más antigua 3. amabilísimo / el señor más amable 4. simplicísimo / el problema más simple 5. jovencísimo y valentísimo / el chico más joven y valiente.

4.7

1. A tu parecer / En tu opinión, ¿qué es lo más estresante / cuál es el aspecto más estresante de la vida de un médico?
2. Como es / Siendo la persona más insociable de la familia, prefiere que le dejen solo (en paz).
3. Aquella fue, con mucho, la peor paella que he comido jamás.
4. Haré todo lo posible por ser el / la primero/a.
5. ¿Quiénes fueron los que más cristal reciclaron el año pasado?
6. María fue la que / quien más papel recogió para reciclar.
7. ¿Qué es lo que más te gustaría hacer?
8. Daba la impresión de ser la persona a quien / a la que más le gustaban los niños.
9. Aquí es donde las montañas parecen más altas.
10. La economía globalizada / La economía global proporciona la mejor calidad de vida al menor costo / coste posible.
11. La democracia es la peor forma de gobierno que jamás se ha / haya inventado, a excepción / excepción hecha de / menos / salvo / excepto todas las demás.
12. Lo veré en cuanto pueda, pero adviértele que lo antes que lo puedo ver será el jueves y lo más tarde el viernes, porque salgo / me voy de viaje de negocios.

4.8

1. más / menos, más / menos 2. más, más 3. más, menos 4. más / mejor, peor / mejor 5. más / menos, más / menos 6. más, peor / mejor 7. más, más 8. más, mejor / más 9. más, más / menos 10. menos, más, más

4.9

1. – j . La crisis es cada vez más profunda / . . . cada vez es . . .
2. – c. El nivel de vida es cada vez más elevado.
3. – g. Las relaciones personales son cada vez más complicadas.
4. – e. Encontrar empleo es cada vez más difícil.
5. – d. El índice de natalidad es cada vez más bajo.
6. – h. La vida es cada vez más dura.
7. – f. El mundo de los negocios es cada vez más sucio.
8. – b. El paro es cada vez mayor.
9. – i. La situación es cada vez más confusa.
10. – a. Las condiciones sanitarias son cada vez mejores.

4.10

1. tan 2. tantos 3. tan 4. tan 5. tantos 6. tanto, tan 7. tanta 8. tan 9. tantos 10. tanta 11. tanto 12. tan

4.11

(1) hay cada vez más coches (2) gente mayor / los mayores (3) de más de 65 años (4) más de la mitad de (5) menos seguros (6) más prudentes (7) mayor percepción (8) yendo más despacio (9) cuanto más despacio van, más molestan a otros conductores (10) tan buena como (11) más del treinta por ciento de los ancianos (12) los conductores más temerarios (13) tantos accidentes como (14) muchos más conductores hombres que mujeres (15) corren más riesgos de los que son conscientes / de los de que se dan cuenta (16) los mejores (17) los conductores más peligrosos.

4.12

1. Han llegado menos de la mitad de los invitados.
2. La casa es más bonita de lo que imaginaba.
3. Muchas veces / A menudo las cosas son más complicadas de lo que parecen.
4. Los lagos están a más de dos horas en coche.
5. Cuanto antes se cierre el trato, mejor para todos.
6. Los problemas de la sociedad se hacen cada vez más complejos.

7. No debe gastar tanto como sus amigos si gana menos.
8. Mientras menos te vemos por aquí, más contentos / tranquilos estamos.
9. El ajedrez se introduce cada vez más en los colegios pero se le presta cada vez menos atención en los medios de comunicación.
10. Los resultados se sabrán / conocerán más bien pronto.
11. ¡Venga, entrad! Cuantos más mejor.
12. Cuanto antes mejor.
13. Vamos a aprovechar / Aprovechemos al máximo esta oportunidad.
14. Más vale tarde que nunca.
15. Devuélvalo para el 30 de noviembre como muy tarde.

5 Demonstratives

5.1

(The accents are written here in accordance with traditional practice; they can of course be omitted completely.)

1. estos 2. aquella 3. esto /eso 4. estas /esas 5. aquella 6. este, ése 7. este, ese 8. ese 9. eso 10. éste, aquél

5.2

1. En aquel año empezó la Revolución Francesa.
2. Los que estaban dentro no podían salir.
3. Ese es el problema.
4. ¿Quieres este periódico? No, quiero ese que está en la mesa.
5. Aquellos romanos sabían mucho sobre la construcción de (las) carreteras. (If the Romans have been recently mentioned, *esos* would be more usual.)
6. Esta es la diferencia entre las estalactitas y las estalagmitas: aquellas bajan y estas suben.
7. Los *or* Aquellos de entre vosotros / ustedes / Los que hayáis / hayan terminado podéis / pueden ir a casa.
8. Esos son los niños que quiero ver.
9. Me gustan esas nuevas camisetas que tienen en esa tienda de la Calle Mayor.
10. Fue en esa silla en la que / ese asiento en el que dejé mi bolso (cartera LA).

5.3

1.–2. los *is preferred;* aquellos *might be found in a more literary register* 3. las 4. el 5. los 6. la 7. aquella 8. aquel *is preferred, since it is in contrast to* este 9. aquella 10. aquellos de ustedes que piensen . . . *or* los de ustedes que piensen. . .

5.4

1. Notice how *este*, etc., is often used to refer to a noun already involved in the discourse, often as a part of general experience (e.g. *esos pequeños descuidos* 'those little careless actions (which we are all aware of)') and *este*, etc., to a noun more immediately involved with the speaker (e.g. *estas grandes cosas se pueden corregir mucho mejor que las pequeñas tonterías* 'these large things (I've been outlining)'). In written language it would often be preferable simply to use a definite article for such anaphoric reference (i.e. reference back to something already known about or mentioned).
2. Here (as in the general statistics given), *ese*, etc.
3. B&B note that *aquel* is in places yielding to *ese* (6.4.2); but also, *ese* and *este* can refer back to something or someone already mentioned, whereas *aquel*, except in its meaning of 'former' (6.4.3), usually refers to something or someone outside the immediate situation.
4. Although B&B correctly say that this construction often has a sarcastic overtone, it also appears quite often simply to establish the common experience of speaker and hearer ('this one that we know about').

6 The neuter

6.1

1. lo.   The strange thing is they haven't let us know.
2. lo.   Take the underground: it's the easiest way.
3. lo de.   The upstairs bit/part is still unfurnished.
4. lo.   The most typical feature of London is the red double-decker buses.
5. lo de.   Don't be cross. What happened yesterday was a joke.
6. lo.   He's a sleepyhead; the earliest he gets up is 10.
7. lo.   Call me at 11 o'clock / 11p.m. at the latest.
8. lo.   The worst thing was that they ended up arguing.
9. lo de.   What happened a century ago always seems more idyllic to us.
10. lo.   The most boring thing is doing the vacuuming.
11. lo.   The most entertaining thing on TV is the adverts.
12. lo.   It's the cheap stuff that sells first. / What sells first is the cheap stuff.
13. lo de.   The bit behind the garage was full of scrap metal.
14. lo.   The likeliest thing is that they've forgotten.
15. lo de.   What lies next to it belongs to the Council.

6.2

1. Hay que ver lo guapo que es este niño.
2. Hay que ver lo antipático que es el tipo.
3. Hay que ver lo rica que está esta paella.
4. Hay que ver lo agradable que es este local.
5. Hay que ver lo interesante que es este libro.
6. Hay que ver lo aburrida que es esa película.
7. Hay que ver lo difícil que es este ejercicio.
8. Hay que ver lo precioso que es ese lugar.
9. Hay que ver lo original que es ese diseño.
10. Hay que ver lo pequeña que es esta casa.

6.3

1. Con lo poco que trabajas . . .
   You work so little you've no right to complain.
2. Con lo grave que estuvo mi padre . . .
   Considering how seriously ill my father was, he's really fine now.
3. Con lo difícil que fue el examen . . .
   Considering how difficult the exam was, I can't understand how I got such a mark / grade.
4. Con lo cara que está la vida . . .
   When the cost of living is so high, I don't know how people live on those salaries.
5. Con lo rico que está el vino . . .
   When wine tastes so good, how can you drink water?
6. Con lo bien que se vive en España . . .
   If you can live so well in Spain, what are you doing not living there?
7. Con lo guapa que es esa chica . . .
   For someone so beautiful, that girl always looks a sight.
8. Con lo puntuales que son los Pérez . . .
   Seeing that the Pérez are so punctual, it is odd they haven't arrived yet.
9. Con lo raro que es tu vecino . . .
   When your neighbour is so strange, I don't know how he makes any friends.
10. Con lo lejos que vives . . .
    You live so far away, we can't visit you just any time.

6.4

1. sí que lo son 2. no lo es 3. sí que lo son 4. sí que lo estoy 5. lo estoy 6. también lo soy 7. sí que lo es 8. no lo es 9. no lo sé 10. lo dijo 11. lo digo 12. lo hicieron

6.5

1. lo, lo que, lo que.
   The bad thing about it was not what he said but what he didn't say.
2. lo que, lo, lo que.
   This child is impossible! He always does the opposite of what you tell him.
3. lo que, lo, lo.
   What happened was that he was arrested by the police / the police arrested him for being so drunk and for behaving so rudely to them.
4. lo que, lo, lo, lo que.
   Politicians never do what they promise, as a result of which the only thing they achieve is that people never believe what they say.
5. lo, lo.
   It's a pity that cured ham should be so expensive when it is so delicious.
6. lo, lo que
   What was incredible about the situation was that Paula was not embarrassed by / ashamed of what she had done.
7. lo que, lo.
   Considering what she eats, you've no idea how thin she is.
8. lo, lo de, lo.
   Since you're such a good cook, why don't you do it more often?
9. lo que, lo.
   That's all I needed! As though I wasn't late enough I've left my money at home.
10. lo de, lo de, lo que, solucionármelo.
    It is not having to earn my living or be responsible for the children that worries me, but having to sort it all out single-handed.
11. Hazlo, lo.
    Do it as best you can.
12. lo, lo.
    The rest will be dealt with / We'll deal with / we'll attend to the rest gradually.
13. lo, lo.
    In both major and minor illnesses Sanitas takes care of your health.
14. lo, lo que, lo que.
    I don't think film criticism is my thing. I know how difficult it is to make a film and how annoying it is when the critics rubbish it.

6.6

1. eso 2. esto 3. eso 4. esto 5. aquello / eso 6. eso 7. eso 8. esto 9. aquello / eso 10. esto

6.7

1. lo 2. lo 3. lo 4. lo 5. del 6. el 7. el, el 8. lo

6.8

1. Lo de Pepe 2. . . . le encanta lo dulce 3. Lo del rescate . . . 4. . . . lo inteligente que es . . ., lo domina todo 5. Lo que nos pasa es estupendo 6. . . . (todo) lo que contó. 7. . . . lo mejor 8. . . . lo del viaje.

7 Possessives

7.1

(The way to make ambiguous phrases clear is given in brackets.)

1. Mis zapatos
2. Querido amigo mío, ¿cómo estás?
3. Su novio (el novio de ella)
4. ¿Estas cartas son suyas (de ustedes)?

5. Una obra suya (una de sus obras, una de las obras de él)
6. Tus pies
7. El pan nuestro de cada día / nuestro pan de cada día
8. Su tía (la tía de él)
9. A pesar suyo (a pesar de ellos)
10. Sus primos (los primos de ellos *or* de ellas)
11. Una mala costumbre mía
12. Su desayuno (el desayuno de ustedes)
13. Una amiga vuestra / Un amigo vuestro
14. Nada suyo (nada de ella)
15. Mi cumpleaños
16. Nuestras excusas / disculpas
17. Alrededor nuestro / a nuestro alrededor
18. Su llegada (la llegada de ellos / de ellas)
19. Un estilo muy tuyo
20. Su vestido (el vestido de usted)

7.2

1. Este chico me ha robado la cartera.
2. Te estrechó la mano.
3. La gente nos hacía la vida imposible.
4. Tienes que cambiarte la ropa.
5. Su madre le lavó la camiseta.
6. ¡No me compliques la vida!
7. No sé si me atrevo a pedirle el coche prestado.
8. Me duele la cabeza.
9. En la iglesia tenemos que quitarnos el sombrero.
10. ¿Quién va a salvaros la vida?
11. Por favor, no me estropees la cámara.
12. Dejó de cargar los sacos cuando se le cansaron los brazos.
13. No reconocí a Juan. Se había afeitado la barba.
14. ¡Qué falta de educación no ayudarte a ponerte el abrigo!
15. Al oír las noticias se me llenaron los ojos de lágrimas.

7.3

1. *Mis ojos son azules* or, using a different construction, *Tengo los ojos azules* (*tengo* establishes the first person). *Los ojos son azules* could refer to anyone's eyes.
2. *¡Abróchate la chaqueta!* is most usual.
3. *Sansón no quería que su mujer le cortase el pelo* is most normal; in particular . . . *que su mujer cortase su pelo* could imply that she was cutting someone else's hair.
4. *En cuanto vi tu cara me enamoré de ti* or *en cuanto te vi la cara* (but the former is more personal).
5. *Te he hecho una paella con mis propias manos* is the only possibility.
6. *La abuela me pidió que le diera la mano para ayudarle a ponerse de pie* is strongly preferred.
7. *Creo que dejé / me dejé el suéter en tu despacho*: the ownership is clear.
8. *A ver si duermes ahora: cierra los ojos* is most usual.
9. *El agua fría se derramó por todo mi cuerpo*; *mi* must be used to establish the first person.
10. *Me duelen los pies* (no other possibility with the *me* pronoun).
11. *Entonces vi su pie* (or *le vi el pie*) *por debajo de la cortina*.
12. *Novocrem suaviza su piel* (*la piel* would be general and have no personal reference).
13. *Mi hermana es azafata* (no other possibility).
14. *Tenemos que tender la ropa para que se seque.*
15. *¿Dónde tiene el pasaporte?* (*su* is possible, but not necessary; it could also mean someone else's).

7.4

1. el mío 2.–3. no change 4. la mía 5. la tuya 6. el mío 7. la tuya 8. no change 9. los tuyos 10. no change if simply expressing possession ('belongs to me, belongs to you'); *el mío* and *el tuyo* are more likely if the possessive has a distinguishing value ('is mine, is yours' as opposed to anyone else's) 11. el mío 12. la suya 13. del nuestro, del vuestro 14.–15. no change

7.5

1. la 2. el 3. los 4. los 5. los 6. lo 7. la 8. lo 9. la 10. las

8 Numbers

8.1

1. . . . dos mil cinco a dos mil diez . . . noventa y cinco mil . . .
2. . . . de treinta y un años . . . cuarenta metros cuadrados . . . setecientos euros.
3. . . . un (uno coma cero) miligramo, cero coma ocho miligramos . . . catorce miligramos, diez miligramos.
4. . . . ocho coma ocho / ocho millones ochocientos mil videojugadores . . . veinte . . . treinta y siete por ciento . . .
5. . . . del cinco coma / con cinco por ciento . . . un dos coma / con uno por ciento . . . el seis coma / con dos por ciento. . . ...
6. . . . (del mil novecientos cuarenta y seis al cincuenta y dos, del mil novecientos cincuenta y dos al cincuenta y cinco y del mil novecientos setenta y tres al setenta y cuatro).
7. . . . treinta grados Oeste, a partir de las cinco horas.
8. Dieciséis (decimosexto) Premio . . . con cinco mil euros . . . calle Jorge Juan, ciento dos, segundo B. Dos ocho cero cero nueve Madrid. Teléfono noventa y uno, quinientos setenta y cinco / cinco setenta y cinco, cuarenta, noventa y uno, hasta el quince de octubre.
9. . . . quince coma / con cuatro . . . ciento veinte . . . once . . . mil doscientos cuarenta
10. Isabel Segunda . . . mil ochocientos sesenta y ocho . . . la Primera República.

The latest spelling norms allow for tens and units above *wienta* is be written as one word giving for example: *noventaicino, weintaisiete* (Real Academia Española, Ortografia de la lengua española (Madrid Espasa Calpe, 2010)).

8.2

Figure	Cardinal number in words	Ordinal number in words	Collective numeral in words
10	diez	décimo	una decena
16	dieciséis	decimosexto	
12	doce	duodécimo	una docena
40	cuarenta	cuadragésimo	una cuarentena
2	dos	segundo	un par
11	once	undécimo	
25	veinticinco	vigésimo quinto	
100	cien(to)	centésimo	un centenar/una centena
1.000	mil	milésimo	un millar
1.000.000	un millón	millonésimo	
20	veinte	vigésimo	una veintena

8.3

1. Léame las dos primeras líneas, por favor.
2. Carlos Quinto reinó en la primera mitad del siglo dieciséis.
3. Mañana cumple mi hermano cincuenta años.
4. Esta es la vigésimosegunda/vigésima segunda edición del Diccionario de la Real Academia (*a context in which the old ordinal number might be used: more informally* la veintidós edición).
5. El capítulo quince trata de Alfonso trece.
6. Nuestro equipo ocupa el tercer puesto / está el tercero en la liga.
7. En dos mil cinco se celebró el cuarto centenario de la publicación de la primera edición del *Quijote*.

8. El Papa Juan veintitrés convocó el Segundo Concilio Vaticano.
9. ¿Te puedes imaginar la cuarta dimensión?
10. Bienvenidos a la ochenta y cinco reunión de la Sociedad.
11. Cuando mi bisabuela habla de viajar en tercera (en tercera clase), no sé de qué habla.
12. El primer día no hicimos nada pero el segundo (día) fuimos al Museo de Arte Moderno.

8.4

1. cien 2. ciento 3. cien 4. ciento *or* cien 5. cien 6. cien 7. ciento 8. cien 9. cientos 10. cien por cien

8.5

1. – f. 2. – j. 3. – h. 4. – a. 5. – c. 6. – i. 7. – d. 8. – b. 9. – e. 10. – g

8.6

1. Cuatro veces siete / Cuatro por siete son veintiocho.
2. Dos tercios de quince son diez.
3. Cinco octavos equivalen a cero coma seiscientos veinticinco.
4. El cuarenta y cuatro por ciento de la población no hace suficiente ejercicio.
5. La superficie de la habitación / del dormitorio son cinco metros cuadrados y medio.
6. ¿En qué piso vives, el quinto o el sexto?
7. La tercera parte / un tercio de las enfermedades se debe(n) al tabaco.
8. El milímetro es una milésima parte de un metro.
9. Alfonso décimo reinó en el siglo trece.
10. Los españoles generan más de diecisiete millones de toneladas de residuos al año de las que sólo / solamente se reciclan la cuarta parte.
11. El río tiene cinco metros de ancho y cuatro coma setenta y cinco metros de profundidad.
12. La temperatura media de la Antártida es de veinte grados bajo cero.
13. Los impares están en este lado de la calle.
14. La valla forma un ángulo recto con la pared de la casa.
15. Había veintiún / veintiuna chicas en una clase de veinticuatro.

9 Pronouns

9.1

A

1. vosotras, yo, ella, tú 2. ustedes, yo, él 3. nosotros, tú 4. ustedes, nosotras 5. usted, yo 6. nosotros 7. vosotros, yo, nosotros 8. yo, vosotros, yo 9. vosotros, nosotros, ellos 10. ustedes, yo, ella, ellos

B

The following could be omitted: *vosotros* in 1. and *nosotras* in 4. The others are necessary for contrast or to avoid confusion between *usted/ustedes* and *él/ella/ellos*. Sentences 1, 7, 8 and 9 are Peninsular Spanish. Latin American Spanish would use *ustedes* not *vosotros*.

9.2

They obviously have a common background and know one another, possibly from their village. *Nene*, who seems to have married into money, calls Raba *vos* consistently: 1, 2, 3, 5, 6, 7, 10, 12, 13, 14, 15, 18, 19, 34. *Raba* on the other hand changes the way she addresses Nene from l6 onwards. In numbers 4, 8, 9, and 11 she uses the *usted* form. In numbers 16, 17, 20, 21, 22, 23, 24, 25, 26, 27, 28, 29, 30, 31, 32, and 33 she uses the *vos* form.

Peninsular Spanish version:

Nene: (1): ¿qué dices? (2): ¿cómo andas? (3): hablas (5): the same (6): the same (7): vives (10): quieres decir (12): the same (13): the same (14): the same (15): the same (18): tú (19): llámame (34): llámame.

Raba: In numbers 16 to 33 the only differences would be: (24): tú, and (28): tú.

9.3

Firstly, she addresses her husband as *tú*: (1): *¿no podrías. . .?* Then the exchange with the taxi-driver is all in formal *usted*: (2): *mire*, (3): *fíjese*, (4): *oiga*, (5): *no ha visto usted*, (6): *mire*, (7): *oiga*, (8): *pare*, (9): *pare*, (10): *le*, (11): *tenga*, (12): *quédese*. In (13): *estás* and (14): *estás*, the *tú* form is used by irate drivers. In (15): *se sorprenderán* and (16): *les*, she addresses the readers in the *usted* form. In (17): *su*, the machine answers the customer using *usted*. In (18): *tu*, (19): *vas* and (20): *te*, the furious customer uses the *tú* form to insult the machine.

9.4

1. con ellos 2. por ti 3. de nosotros 4. Entre tú y yo 5. él 6. con nosotros 7. a ella 8. hacia ti 9. a mí 10. de mí

9.5

1. nosotros 2. ti 3. vosotros 4. mí 5. él, él 6. usted *or* él *or* ella 7. mí 8. ustedes 9. mí 10. vosotros 11. ellos 12. tú 13. yo 14. tú 15. mí 16. tú 17. ti 18. mí 19. tú 20. tú, yo

9.6

1. contigo 2. conmigo 3. contigo 4. consigo 5. contigo 6. conmigo 7. contigo 8. contigo, sin ti 9. consigo 10. conmigo, contra mí

9.7

1. de sí mismo, en él (mismo) / en sí mismo 2. para sí (misma) / para ella (misma) 3. de ti (mismo) 4. de por sí 5. entre ellos 6. contigo mismo 7. por nosotros mismos 8. consigo misma 9. delante de ellos 10. contra sí mismo

9.8

1. Marta las recibió. 2. Los señores lo aceptaron. 3. ¿La llevaste a casa? 4. Vosotros nos insultasteis. 5. ¿Me lo das? 6. Los clientes nos han dicho que no los quieren. 7. Manolo les descargó la película. 8. ¿Dónde me has dejado los libros? 9. Javier les mandó un e-mail ayer. 10. Mi hermana siempre me ha tenido envidia.

9.9

1. no se le dio importancia. 2. ¿nos lo compramos? 3. os los lleváis. 4. ya se lo comunicaremos a ustedes. 5. me las habré dejado en casa. 6. Niño, no te me vayas a caer. 7. Nos la dieron en Turismo. 8. nos lo vamos a terminar. 9. no os lo vuelvo a repetir. 10. para que no se me olvide. 11. nos lo entregó. 12. no se les ha vuelto a ver. 13. se les cae el pelo. 14. os lo quedáis. 15. se nos averió el coche. 16. y se me está hinchando. 17. no se les ocurrió. 18. no nos lo entregaron.

9.10

a)

1. ciérralas. 2. súbelas. 3. apagadlas. 4. leedlo. 5. mostrádselo. 6. dámelas. 7. mandádselo. 8. cómpramela. 9. lleváoslas. 10. pedídselo. 11. déjanoslo. 12. póntelos.

b)

1. no las cierres. 2. no las subas. 3. no las apaguéis. 4. no lo leáis. 5. no se lo mostréis. 6. no me las des. 7. no se lo mandéis. 8. no me la compres. 9. no os las llevéis. 10. no se lo pidáis. 11. no nos lo dejes. 12. no te los pongas.

9.11

1. Están construyéndolas / las están construyendo 2. leyéndolo 3. estaba pintándolas / las estaba pintando 4. se las siguió envolviendo / siguió envolviéndoselas 5. poniéndolos 6. estoy preparándotelo / te lo estoy preparando 7. no los he hecho 8. te lo hemos mandado 9. se la has contado 10. no las han saludado

9.12

(1) iban a verme. (2) va a pelarnos. (3) no puede peinarlas. (4) cannot be changed. (5) va a pelarnos. (6) no volvieron a buscarme. (7) no quiere recogerlas. (8) si ellas me quieren buscar. (9) yo las sabré defender. (10) pero ir yo a meterme.

9.13

1. me 2. les 3. me 4. os 5. les 6. nos 7. me 8. te 9. os 10. me.

9.14

1. a mí me interesa . . . a mi novia le aburre. 2. les atraía. 3. a nadie le parece bien. 4. le ha tocado. 5. le tiene que gustar/tiene que gustarle. 6. le puede ir bien. 7. le conviene. 8. les apetece salir. 9. los tenía. 10. nos lo contaron.

9.15

1. Los pantalones los recogí . . . . 2. Las noches las podemos dedicar . . . . 3. Esta casa la hemos alquilado . . . . 4. Los guantes los metes . . . . 5. La nueva constitución la aprobaron . . . . 6. A mi madre le he traído . . . . 7. A los supervivientes los han ingresado . . . . 8. ¿A los García los habéis llamado? 9. La botella de ginebra que te dio María, ¿te la has bebido ya? 10. Las cartas me las has echado.

9.16

1. me la fumo 2. nos la contaste 3. me lo puse 4. lo/le van a operar / van a operarlo/le 5. se lo creyó 6. lo dijeron 7. se los llevaron 8. me lo haces / házmelo 9. lo tienen 10. la odia tanto 11. la van a disfrazar / van a disfrazarla 12. me lo teñí

9.17

1. le di, se la 2. les vendimos, se lo 3. le otorgaron, se lo 4. le dieron, se la 5. le eché, se lo 6. le dieron, se la 7. les enseñaron, se los 8. les prometí, se la 9. les hemos explicado, se lo 10. les traen, se los 11. le pusieron, se la 12. les dieron, se la

9.18

1. las, las 2. all 3. la, le 4. lo 5. lo 6. las 7. both 8. dile, verlo and verle 9. le, la 10. le, le 11. contándole, besándola, acariciándola 12. le, lo

9.19

1. tú, yo, se la 2. se nos, nos 3. te, te, pedirme 4. le, lo, pagarle 5. se lo, la, yo 6. la, la, (ella) me 7. les, se lo, me 8. se me 9. ayúdame, préstame, los, te los, te lo 10. nosotros, nos lo

9.20

1. Recuérdale a tu hermana que llegue puntual.
2. Tengo unos vivos recuerdos de mi madre. La recuerdo de pie delante del espejo, preparándose para salir.
3. Tratando de llamarle la atención (que le hiciera caso) le tiró primero un guijarro (una piedrecita) y luego se acercó a ella (se le acercó) por detrás y le tiró de la trenza.
4. Si no le obedeces a tu profesora, se va a enfadar mucho contigo.

5. Despidieron a la profesora del colegio por pegarle a una niña.
6. A mi madre le preocupa que voy a suspender el examen.
7. Pepe le dijo a María que aunque a ella no le concernía a él no le importaba contárselo todo.
8. ¿Cómo le vais a llamar a la niña? (¿Qué nombre le vais a poner a la niña?) Por favor llamadnos cuando lo hayáis decidido.
9. A mi madre le interesa casi todo pero a mi padre sólo parece interesarle ver fútbol.
10. Enséñale a tu madre lo que acabas de hacer.
11. A la niña le enseñaron a tocar el arpa y al niño el saxo.
12. Ahora le toca a ella estar (ponerse) contenta, le acaba de tocar / acaba de tocarle la lotería.

10 Forms of verbs

10.1

Form	*hablar*	*comer*	*escribir*
1st pers. sing. Present	hablo	como	escribo
1st pers. pl. Imperfect	hablábamos	comíamos	escribíamos
3rd pers. sing. Preterite	habló	comió	escribió
Gerund	hablando	comiendo	escribiendo
3rd pers. sing. Present Subjunctive	hable	coma	escriba
2nd pers. pl. (informal) Future	hablaréis	comeréis	escribiréis
2nd pers. sing. Conditional	hablarías	comerías	escribirías
2nd pers. pl. (polite) Imperative	¡hablen!	¡coman!	¡escriban!
2nd pers. pl. Imperfect Subjunctive (-ra)	hablarais	comierais	escribierais
1st pers. pl. Imperfect Subjunctive (-se)	hablásemos	comiésemos	escribiésemos
1st pers. sing. Preterite	hablé	comí	escribí

10.2

The incorrect forms, and their correct versions, are:

2. aíslan 3. cogemos 5. argüimos 6. condujeron 7. paguéis 8. empecemos 10. confío (Present) or confió (Preterite) 11. varíe (Present subjunctive) varié (Preterite) 12. bucea 14. fluctuó (Preterite) or fluctúo (Present) 17. reúne 18. ciñó 19. sugiera (from sugerir).

According to the latest spelling norms (Real Academia Española, Ortografía de la lengua española (Madrid, Espasa Calpe, 2010)), crié (no. 15) need not be written with an accent if it is pronounced as one syllable.

10.3

Infinitive	3rd pers. sing. present	3rd pers. sing. preterite	1st person sing. pres. subjunctive	1st pers. plural imperfect subjunctive (-*ra* form)
pedir	pide	pidió	pida	pidiéramos
cerrar	cierra	cerró	cierre	cerráramos
divertirse	se divierte	se divirtió	se divierta	nos divirtiéramos
entender	entiende	entendió	entienda	entendiéramos
oler	huele	olió	huela	oliéramos

Infinitive	3rd pers. sing. present	3rd pers. sing. preterite	1st person sing. pres. subjunctive	1st pers. plural imperfect subjunctive (-ra form)
dormir	duerme	durmió	duerma	durmiéramos
seguir	sigue	siguió	siga	siguiéramos
despertarse	se despierta	se despertó	se despierte	nos despertáramos
elegir	elige	eligió	elija	eligiéramos
sentir	siente	sintió	sienta	sintiéramos
sentarse	se sienta	se sentó	se siente	nos sentáramos
aprobar	aprueba	aprobó	apruebe	aprobáramos
jugar	juega	jugó	juegue	jugáramos
vestirse	se viste	se vistió	se vista	nos vistiéramos
tropezar	tropieza	tropezó	tropiece	tropezáramos

10.4

D	O	Y	S	A	Q	U	E	S	E
I	I	A	A	L	U	F	U	I	R
R	A	C	L	I	I	U	S	E	A
I	S	E	I	A	S	I	E	N	D
G	A	N	A	N	I	S	R	T	E
I	D	E	N	C	E	T	A	E	B
S	A	L	G	O	R	E	U	N	E
E	M	T	E	M	A	N	N	E	R
P	O	N	R	E	N	D	I	R	A
A	S	P	U	D	I	E	R	A	N

10.5

The verb forms are:

1. fuimos 2. estuve 3. tuviste 4. condujo 5. quisieron 6. pusisteis 7. supimos 8. hiciste 9. pude 10. dijiste 11. hubo 12. vinieron 13. reduje 14. anduvimos 15. fue, tuvimos 16. dio 17. hizo 18. dije, quiso 19. vimos 20. produje

10.6

1. sabría 2. querría 3. haremos / haríamos, saldremos / saldríamos 4. habrá 5. podría 6. dirá 7. cabrá 8. pondrá 9. tendríamos 10. hará 11. vendrá 12. valdría

10.7

1. ve 2. di 3. sal 4. sé 5. pon 6. ven 7. ten 8. vete 9. haz

10.8

1. disculpes 2. pregunte 3. sea, se enamore 4. se ponga 5. vayamos 6. expliques 7. tengas 8. llegue
9. sepan 10. podáis 11. vengas, hagas 12. traigan, quepan 13. acompañes, haya 14. esté 15. empiece

10.9

1. El primer ministro negó que su política estuviera / estuviese dictada por los extremistas.
2. Solo pedía / pedí que la gente me escuchara / escuchase.
3. Todos temían que el proceso de reforma pudiera / pudiese ser largo.
4. ¿Cómo era posible que no lo supieras / supieses todavía?
5. Los investigadores no creían que las consecuencias del escape fueran / fuesen tan graves.
6. Había que convencer a Mario para que no hiciera / hiciese nada que perjudicara las buenas relaciones que teníamos.
7. Dijo que el problema no estaría resuelto mientras no sintiéramos / sintiésemos vergüenza por la situación del tercer mundo.
8. Sabía que cuanto más tuviéramos / tuviésemos más querríamos.
9. Me gustaba mucho que hubiera / hubiese tantas tiendecitas en el barrio.
10. Dudaba que cupiéramos / cupiésemos todos en el local.

10.10

The forms which have been changed are italicized.
  – ¿Por qué te vas?
  – Temo que tampoco *tú* me entiendas.
Me dio rabia.
  –¿Cómo? Te pregunto algo que para mí es cosa de vida o muerte, en vez de responderme *sonríes* y además te *enojas*. Claro que es para no entenderte.
  – *Imaginas* que he sonreído – comentó con sequedad.
  – Estoy seguro.
  – Pues te *equivocas*. Y me duele infinitamente que hayas pensado eso.
No sabía qué pensar. En rigor, yo no había visto la sonrisa sino algo así como un rastro en una cara ya seria.
  – No sé, María, *perdóname* – dije abatido –. Pero tuve la seguridad de que habías sonreído.
  . . .
  –¿Qué edad *tienes tú*?
  – Treinta y ocho años.
  – *Eres* muy joven, realmente.
  . . .
  – Y *tú*, ¿qué edad *tienes*? – insistí.
  –¿Qué importancia tiene eso? – respondió seriamente.
  –¿Y por qué has preguntado mi edad? – dije, casi irritado.
  – Esta conversación es absurda – replicó –. Todo esto es una tontería. Me asombra que te *preocupes* de cosas así.

10.11

The authors gave up counting, but would be interested to hear of anyone scoring over the 400 mark! One verb will yield many forms, e.g. *engañar* gives us *engaña, engañas, engañar, engañad, engañaré, engañaréis, engañe, engañes, engañéis, engañase, engañara, engañaras, engañé* and *engañaste* (plus *engañás, engañés* if you include the *voseo* forms). We have found the following verbs (the infinitive itself is not always a possibility, and in such cases the letters not contained are given in brackets): *adentra(r), añadir, andar, anegar, anidar, ara(r), asar, asentar, atender, dañar, dar, de(c)ir* (but *diga, digas, digan* are possible), *desengañar, designar, dignar, engañar, engastar, enredar, ensañar, enseñar, entender, entera(r), entra(r), entrega(r), entrena(r), e(r)g(u)ir* (the subjunctive *irga* is possible), *estar, ganar, gastar, idear, indagar, nadar, negar, rega(r), regaña(r), reí(r), reina(r), rendi(r), reñi(r), reseñar, resenti(r), resta(r), reta(r), sanar, segar, sentar, sentir, ser, tañer, tarda(r), tender, tener, teñir, trae(r), trina(r).*

11 Indicative usage

11.1

1. dijo. 2. voy a traer / traeré. 3. cruzó, mató. 4. venid, aparcad. 5. descubrió, tuvo. 6. compraré. 7. va a celebrar / celebrará. 8. idos. 9. hubiera sabido, habría/hubiera venido. 10. se pegaron.

11.2

4, 7 and 10 take the simple present only. In all the others either is possible with the present continuous as the first choice in numbers 1, 2 and 8.

11.3

1. Estaba sentado en una mesa debajo de un árbol poniendo mantequilla en un bollo.
2. La chaqueta (la americana, LA el saco) que yo llevaba (puesta) le hizo pensar que era su esposo / marido.
3. ¿Su marido se alberga / hospeda / queda / aloja aquí?
4. Veo que estás progresando con esto.
5. A decir verdad no me siento muy bien.
6. ¿Cuándo se reúne con Mortimer?
7. Los agricultores acusan al público de tirar basura en el campo.
8. Los agricultores esperaban una buena cosecha este año.
9. Durante 30 horas ofrecemos un descuento masivo del 30% en todas las existencias.
10. Estuvieron disparando la pistola durante toda la noche.

11.4

1. ¿Dónde estuviste / estuvo de vacaciones el verano pasado?
2. ¿Por qué elegiste / eligió ese lugar?
3. ¿Cómo fuiste / fue hasta allí?
4. ¿Cómo te desplazabas / se desplazaba si no tenías / tenía coche?
5. ¿Tenías / tenía algún conocido en aquel lugar?
6. ¿Hiciste / hizo amistades nuevas?
7. ¿Comías / comía en restaurantes o preferías / prefería quedarse en casa?
8. ¿Seguías / seguía un horario o improvisabas / improvisaba algo distinto cada día?
9. ¿Qué impresión sacaste / sacó del lugar?
10. ¿Estaba cara la vida o barata? ¿Te / le salió caro el viaje?

11.5

1. . . . nunca **visitó** a su amiga . . . 2. . . . lo que más le **gustaba** era el Retiro. 4. . . . hasta que éste la **abandonó** por otra. 5. . . . **tardaba** seis horas. 8. Desde que **descubrió** . . . 9. Eduardo no **quiso** ir al cine . . .

11.6

1. era, tenía, se ponía, nos hacía, teníamos. 2. era, iban, acababan, decidieron. 3. estuvieron, durmieron, salía/salió, había. 4. vivíamos, veraneábamos, dijo, se aburría, dejamos. 5. cayó, pasaron, llegaron. 6. estuvieron, se rompió, adoraban, quería, siguieron, se hicieron. 7. ocurrió, se dio, vieron. 8. volvió, se sentó, dijo, se sentía, apetecía.

11.7

1. se encenderán. 2. convertirán. 3. se iniciará. 4. demarcará. 5. dará. 6. estará. 7. proyectará. 8. sostendrán. 9. se conformará. 10. presidirán. 11. abrirá. 12. adornarán. 13. será. 14. girará. 15. se encontrarán. 16. habrá. 17. entonarán.

11.8

1. Les habrá pasado algo. 2. Se habrán enfadado. 3. No quedará ni un céntimo. 4. estarás agotado. 5. habrá cumplido. 6. cabrán unas cien personas. 7. costará. 8. vivirán. 9. será. 10. tendrá.

11.9

1. comentaron, estarían 2. aseguré, tendría 3. creían, valdrían 4. sabía, contaría 5. estaba, volverían 6. prometió, ayudaría 7. estaban, caerían 8. sabían, aceptaría 9. dijo, se reuniría 10. quería, daríamos.

11.10

1. gustaría. 2. parecería. 3. diría. 4. quedaría. 5. tendríamos. 6. serían. 7. querría. 8. saldrían. 9. habría. 10. ayudaría(n).

11.11

A

1. lo echarían del trabajo. 2. no se pondría colorado. 3. habríamos ido a ver la exposición. 4. jugaríamos. 5. podríamos ir a la playa mañana. 6. les habríamos oído. 7. deberías ayudarme. 8. no seguiría corriendo. 9. lo arreglarían. 10. se las pondría. 11. lo habríamos conseguido. 12. querría invitarles a almorzar.

B

3. hubiéramos. 5. pudiéramos. 6. hubiéramos oído. 7. debieras. 11. hubiéramos. 12. quisiera.

11.12

1. Estaría rota. 2. tendría. 3. Irían. 4. Tendrían. 5. No querría. 6. Vendrían. 7. No me oiría. 8. se dejaría. 9. recibiría. 10. estarían.

11.13

1. había salido 2. se había casado 3. habían hecho 4. he puesto 5. se habían agotado 6. me he duchado, he tenido 7. se ha dedicado, ha ganado 8. has terminado 9. ha estado 10. se había enterado

11.14

1. No la había visto **nunca** or **nunca** la había visto. 2. tenemos **pintadas**. 3. llevo **escritas**. 4. **hayamos llegado**. 5. sí lo han **vendido**. 6. no nos han invitado **jamás**. 7. **siempre** nos has dicho or nos has dicho **siempre**. 8. seguro que se habrá **agotado**. 9. no han recibido **todavía** or **todavía** no han recibido. 10. ya tienen **reservadas**.

11.15

1. me creía 2. hicimos 3. enchufaba 4. tecleaba 5. pensé/pensaba 6. estaba 7. estaba 8. mostró 9. disponía 10. tenía 11. llegamos 12. actuó 13. nos perdimos 14. vimos 15. dio 16. pinchamos 17. fue 18. saqué 19. he dejado 20. he hecho

11.16

pisó, ha sido, había pasado, temía, andaba, acudía, pensaba, fue descubierto, telefoneó, explicó, añadió, acudía.

11.17

Más de una película sobre el *Titanic*, el transatlántico más grande de su época, ha sido un éxito de taquilla y su historia sigue fascinando cien años después de haber chocado contra un iceberg y haberse hundido. A bordo había un joven matrimonio español, Víctor y Josefa. En 1911, habían iniciado / comenzado / empezado su viaje de novios / luna de miel en Biarritz y en la primavera del 1912 se encontraban / estaban en París. Un día, hojeando propaganda del barco en el restaurante de Maxim's, decidieron visitar Nueva York. Como no querían decir nada a sus padres, dejaron al mayordomo de Víctor en París con un fajo de postales en las que mentían sobre lo que estaban haciendo y adonde iban. Cada día / todos los días el mayordomo enviaba / mandaba una de estas postales a la madre de Víctor así que ella no tenía ni idea de que su hijo se había embarcado en el *Titanic* en Cherburgo.

La noche del 13 de abril, el capitán del barco dio una cena de gala. En el restaurante de primera clase, Víctor y Josefa cenaban / cenaron vestidos de etiqueta. A las once de la noche se fueron a su camarote. Josefa ya estaba acostada / en la cama / cuando oyeron un ruido. Esto no les / los alarmó pero la criada / doncella de Josefa estaba inquieta y llamó a la puerta. Víctor salió a (la) cubierta a ver qué pasaba. El mar estaba tranquilo pero el buque / barco no se movía. Todo el mundo pensaba que no podía hundirse / no se podía hundir, pero cuando un oficial le dijo a Víctor que la situación era grave, éste corrió a buscar a Josefa y a Fermina. Agarraron / cogieron los abrigos y los chalecos salvavidas y subieron a la cubierta. Ya reinaba el pánico y todo el mundo gritaba. Un oficial sacó una pistola y disparó al aire gritando "¡las mujeres y los niños primero!" Así sobrevivieron Josefa y Fermina. Horas después de la tragedia, en Madrid, la madre de Víctor estaba comiendo cuando cayó un moscardón en su plato. Entonces supo que algo le había pasado a su hijo. Poco después vio su nombre en la lista de desaparecidos del barco publicada en el periódico.

Josefa volvió a casarse / se volvió a casar en 1918 y cuando murió en Madrid en 1972 a la edad de 83 años, su hijo Mauricio comentó que a ella no le gustaba hablar del viaje. Contestaba a las preguntas pero enseguida cambiaba de tema. Sin embargo, guardó fotografías de Víctor toda la vida.

11.18

A is from *El beso de la mujer araña*, by the Argentinian writer Manuel Puig. There are several instances of the preterite being used where European Spanish – with some regional exceptions: Galicia, Asturias and Leon – would use the present perfect: *desayunaste, hiciste, perdí, se rompió, se volcó, no pasó, pasó.*

Notes:
(1) In Peninsular Spanish it would be *para* (see B&B 34.14.2g).
(2) Standard *fuera*.

B comes from the Spanish writer Pedro Maestre, *Matando dinosaurios con tirachinas* (Barcelona: Ediciones Destino SA) and uses the present perfect where his Argentinian and Mexican counterparts would use the preterite: *has sabido, he puesto, lo has terminado, has dado las clases, lo ha dejado, he venido, no ha salido.*

C comes from *Hasta no verte Jesús mío*, by the Mexican Elena Poniatowska. The following are preterites that would have been present perfect tenses in Spain: *ya vino, ya dejó, puse, comistes, dejé, quedé.*

Notes:
(1) Equals *llevo* in Peninsular Spanish.
(2) A typically Mexican use of *hasta*, i.e. *regresaba a las cinco* or *no regresaba hasta las cinco.*
(3) In Spain this would be *llora y llora* (= crying non-stop).
(4) Non-standard form, common on both sides of the Atlantic for *comiste*.

11.19

1. *Había tocado* or *tocaba*.
2. *Había hecho* or *hacía* (though *había hecho* is stylistically clumsy because of the preceding *había perdido*).
3. *Tocó* (if the idea of the war as an event is uppermost in the mind) or *tocaba* (if thought of as description, parallel to *vislumbrábamos*).
4. *Tuvieran* is a subjunctive here; *tuviesen* is a possible alternative.
5. *había aspirado* or *aspiraba*.
6. *Resultara* is a subjunctive here; *resultase* is a possible alternative.
7. *Cumpliera* as a subjunctive suggests an imaginary or as yet unknown prison; *cumpliría, había de cumplir* or *iba a cumplir* could be used if it is understood that the author regards the stage as an actual prison.

12 The imperative

12.1

The full table is:

Infinitive	*tú* imperative	Negated *tú* imperative	*vosotros* imperative	Negated *vosotros* imperative
hacer	haz	no hagas	haced	no hagáis
ser	sé	no seas	sed	no seáis
leer	lee	no leas	leed	no leáis
tener	ten	no tengas	tened	no tengáis
poner	pon	no pongas	poned	no pongáis
irse	vete	no te vayas	idos/iros	no os vayáis
salir	sal	no salgas	salid	no salgáis
sentarse	siéntate	no te sientes	sentaos	no os sentéis
decir	di	no digas	decid	no digáis
dar	dame	no me des	dadme	no me deis

12.2

The forms in the original version, in order, were: *disfrazaos, haced, andad, cantad, corred, pintad, aporread, abrid, voltead, bailad, bebed, comed, saciaros* (or *saciaos*), *asustad, perseguid, burlad, tirad, seáis* (negative imperative), *bailad, quedaros* (or *quedaos*).

12.3

1. échalas al correo. 2. llévenlo al taller. 3. riégalas un poco. 4. bájelas al contenedor. 5. peladlas y freídlas. 6. repártanlo entre los pobres. 7. enciéndela cuanto antes. 8. termínenlo. 9. corrígelo. 10. denle de comer. 11. dejadla encendida. 12. cómetelos todos. 13. ciérrela. 14. arréglenla cuanto antes. 15. amontónalos en ese rincón.

12.4

1. ¡No le digas la verdad! 2. ¡No la pongas en la nevera! 3. ¡No me lo dé! 4. ¡No se lo entregue a ese señor! 5. ¡No te acuestes ahora mismo! 6. ¡No lo cuelgues allí! 7. ¡No elijas la más grande! 8. ¡No lo hagas así! 9. ¡No se lo pidáis a vuestro tío! 10. ¡No me la traigas! 11. ¡No se siente! 12. ¡No me esperen! 13. ¡No lo pruebe! 14. ¡No lo leáis en voz alta! 15. ¡No me lo describa! 16. ¡No me lo cambies por otro!

12.5

Mirá (l.1,5,8). = mira; embromés (l.6) = embromes, *but* no bromees *is the word used in Peninsular Spanish*; callate (l.7) = cállate; tocá (l.8) = toca; hacelo (l.12) = hazlo; hacé (l.14) = haz; cerrá (l.16) = cierra; decí (l. 17) = di; no abras (l.19) = *the same*; esperate (l.19) = espérate; tocá (l.19) = toca; abrí (l.21) = abre.

12.6

Latin American version:
No transiten apareados a otra u otras bicicletas.
No trasladen bultos o paquetes que les obliguen a manejar la bicicleta con una sola mano.
No transporten pasajeros en el cuadro (caballo) o manubrio de la bicicleta.
No se remolquen de un vehículo en marcha.
No conduzcan soltando el timón, manillas, pedales o haciendo acrobacias.
¡Eviten accidentes!

Peninsular version:
No transitéis apareado a otra u otras bicicletas.
No trasladéis bultos o paquetes que os obliguen a manejar la bicicleta con una sola mano.
No transportéis pasajeros en el cuadro (caballo) o manubrio de la bicicleta.
No os remolquéis de un vehículo en marcha.
No conduzcáis soltando el timón, manillas, pedales o haciendo acrobacias.
¡Evitad accidentes!

12.7

. . . hagamos algo . . . separemos . . . pongamos . . . no seamos perezosos . . . tirémoslas / depositémo-slas . . . Dejemos . . . vayamos andando . . . tomemos el autobús . . . utilicemos . . . Y no nos olvidemos de . . . Mostrémonos

12.8

. . . que la vea . . . que lea . . . que siga durmiendo . . . que se prepare . . . que haga . . . que salga . . . que no se desanime . . . que los invite . . . que vengan . . . que beban

12.9

1. Poner a remojar. 2. Dejar hervir. 3. agregar. 4. añadir. 5. sacar.

13 The subjunctive

Note: For reasons of space, only one form of the past subjunctive (usually the -ra form, which is more common) is given in answers which require this form. Unless otherwise stated, the -se form (or the -ra form) is equally acceptable.

13.1

A
1. notifiquen / notificarán. 2. haya ido. 3. dijeron / dijeran / hayan dicho. 4. lleguen / llegarán. 5. hayas gastado, han quitado / habrán quitado. 6. encuentres. 7. entienda. 8. sepan / saben. 9. hayan oído, hayan / han retrasado, están / estén. 10. quedes / quedarás.

Note: Differences in the use of the preterite versus the present perfect are relevant here. Where the preterite is used to refer to recent events (Latin America and Northwestern Spain), the past subjunctive would be used in sentences 2, 3, 5 and 9 instead of the standard Peninsular present perfect.
B
All are followed by the verb in the indicative. *Igual* and *lo mismo* are more widely used in Spain.

13.2

The verb forms are: 1. se vuelva. 2. abandonen. 3. les cambiaran. 4. se conecten. 5. se repatríe a los. . . 6. me respondas. 7. sustituyan. 8. se produzca. 9. tuviéramos . . . nos salieran . . . 10. salgamos . . . vayamos. 11. fueran. 12. se hable. 13. se reduzca. 14. vean. 15. vieran.

13.3

1. – f, 2. – d, 3. – a, 4. – e, 5. – b, 6. – c.

13.4

1. **era**. They warned us that that was the last evening train.
   fuéramos. We were warned not to take the last train at night.
2. **compren**. They've been persuaded not to buy that expensive house.
   pueden. They're convinced they can't afford it.
3. **pusieras**. I told you to put your coat on, it's cold.
   hacía. I told you it was cold and that you'd need a coat.
4. **tenía pensado**. Last week she/he wrote to say she/he was coming to visit us soon.
   pensáramos. Last week, he/she wrote (to say) that we should start thinking about visiting him/her.
5. **experimente**. It has been (legally) established that experimenting with human cloning has to stop.
   es. It has been (scientifically) established that a gene is responsible for obesity.
6. **apetece**. I'm quite sure I don't feel like eating any more.
   des/dé. I insist, don't give me any more food, I've had enough.
7. **vamos a ir**. We've decided to go and eat at a restaurant.
   vengan. We've decided they should come to eat at a restaurant with us.
8. **invitáramos**. He hinted that we should invite him to spend a few days with us at the seaside.
   quería. He implied (hinted) that he wanted to spend a few days with us at the seaside.

13.5

1. Merece la pena que vayas a ver la exposición.
2. Está bien que se lo digan para que cambie de actitud.
3. Es mejor que crees dos direcciones de correo electrónico.
4. Es igual que le digan de todo, él ni se inmuta.
5. Es natural que queramos proteger nuestra identidad en la Red.
6. ¡Qué pena que no nos quedara tiempo para verlo todo!
7. ¡Qué maravilla que los proveedores ofrezcan gratis un servicio de videoconferencia!
8. Les molestó que estuviéramos cuchicheando todo el rato.
9. Es importante que vigiles la presión de los neumáticos.
10. ¡Qué rabia que no tengan mi talla!
11. ¡Qué lástima que él no conociera tu situación!
12. Es lógico que quiera mejorar cómo sea.

13.6

This is a free exercise with many possibilities but you will have these subjunctive forms, or the *-ase, -iese* equivalent:

que nos cayera; tuvieran; se agotara; nos robaran; viajaran; se pudiera; dejara; condujera; le metieran; se fuera; se escapara; consiguiera; llegáramos y no hubiera nadie; nos perdieran; ganara; quitaran; tuviera; cerraran.

13.7

me sienta, sea, lleve, friegue, saque, haga, cierre, vacíe, haga, deshaga, llame, escriba, pueda, sea, vivir, sean, llegar, hacer, dé, dejar, representar.

In the last paragraph there are several cases of co-referentiality, where the subject of the two verbs is the same. In these cases an infinitive is used without *que*.

13.8

The verb form only is given.

1. esté. 2. tuvieran. 3. fueran. 4. fuera a salir. 5. estuviera. NB: *la impresión de que. . .* always takes the indicative in the Peninsula (because it is a verbal expression of thinking like *creer* or *parecer*). 6. fuera. 7. sea. 8. vaya a adoptar. 9. entendieras. 10. quisieran. 11. vayan a declarar. 12. cayeran. 13. siga. 14. hubiera. 15. fuera a pasar nada.

13.9

1. hay. 2. pudo. 3. voy a poner. 4. era, llamaba. 5. están. 6. tienes. 7. acuerdas/acuerdes. 8. pueden. 9. es. 10. es.

NB in sentences like 1 and 7, while in Spain the present indicative or the future would be used, in Latin America, especially in Mexico, in general the tendency is to use the subjunctive.

13.10

This is a free exercise with many possibilities but you will have these subjunctive forms:

1. le aparezcan 2. prohíban 3. se salga 4. se legalicen 5. haya 6. se convierta 7. vayamos 8. se resuelvan 9. dejen 10. se encuentre

13.11

A
1. . . . que exista/haya un antiamericanismo visceral.
2. . . . que se entienda la realidad.
3. . . . que los estadounidenses no son todos tontos ni belicistas, ni inmaduros.
4. . . . que los estadounidenses son todos tontos, belicistas e inmaduros.
5. . . . que sea una sociedad muy dura con el débil.
6. . . . que tengan sentido de la meritocracia (que valoren el mérito personal).
7. . . . que sea/es el país más poderoso.
8. . . . que abusaron de su poder.
9. . . . que los portugueses les siguen considerando (viendo como) chulos a los españoles.
10. . . . que los españoles son chulos.
11. . . . que los colonizados les amemos.
12. . . . que pretendan que les amemos, dada su superioridad y prepotencia.

B
Tengo la sospecha de que es una obsesión. (*sospechar*: verb of perception)
A los jóvenes les trae sin cuidado que Fulano robe. (*traer sin cuidado*: value judgement)
A ellos les interesa (. . .) que haya nieve. (*interesar*: verb of influence)
No es que la mía (mi vida) sea mayor que la de ellos. (*no es que*: a negated statement)
Comprendo que les aburra. (*comprender* = here 'sympathize', an emotional reaction)
Creo que se equivocan. (*creer*: an affirmative statement of belief)
Piensan que no les incumbe. (*pensar*: an affirmative statement of knowledge)

13.12

1. tenemos (this is an attested fact). 2. hayan. 3. fiestea (a known occurrence). 4. sea. 5. aporte, ocupe. 6. necesita (a well-known fact). 7. tengan. 8. sea. 9. es (a well-known occurrence). 10. tienen. 11. necesita (presented as being evident). 12. goce, haya.

Numbers 1, 3, 6, 9 and 11 are all evident, well known, nothing new: verbs of knowing, perceiving or statements of fact.

13.13

1. *pusieras.* It's understandable that you should have gone mad when they said such a thing.
   dijo. I didn't understand a word of what the lecturer said.
2. *puedas.* I'm very sorry you cannot come tomorrow.
   estoy. I'm feeling worse by the moment.
3. *salgamos.* That means that we have to leave the house at six o'clock, otherwise we'll be late.
   querréis. I imagine you/you'll want to do it, don't/won't you?
4. *quería.* He explained how he wanted to come without fail.
   quiera. This explains that he should want to come.
5. *regalemos.* Do you think we should give the car to the children?
   viven. They seem to live happy and contented, but they're rather short of money.
6. *fuéramos.* They warned us to take a different road because that one was closed to traffic.
   había/estaba. They warned us there were works on that road and it was closed to traffic.

13.14

1. veas 2. encuentres, te toque 3. me eches 4. nos fuéramos 5. se arrepienta 6. le detuviera 7. has comido / comiste 8. eres 9. podían / pudieron 10. quiera(n) 11. convencía 12. lo digas, me da 13. se enteró / enterara: *He explained it in such a way that no one understood / should understand* 14. les oyó / oyera: *They left so quietly that even the porter couldn't hear them /so as not to be heard by the porter* 15. piensas 16. sepamos 17. quedó 18. se encienda

  2. Don't go before 7 or you won't find anyone there and you'll have to wait.
  3. I came so that you could / would help me with these forms.
  5. Say yes straight away in case he changes his mind.
  6. The person who caused the accident fled in case the police should arrest him.
  7. So you didn't eat the cake! Who did eat it then?
 10. The Government are in the minority, hence they want to call a general election.
 12. I'm not doing this just because you say so, but because I want to.

13.15

1. guisaras, diera. 2. trató. 3. quieres. 4. quieran. 5. tenemos. 6. llegaran. 7. parecía. 8. hagas. 9. tiene. 10. conseguirás.

13.16

1. conocieran/conociéramos. 2. ocurriera. 3. interesara. 4. fueran. 5. se pudiera. 6. dijera. 7. hubiera. 8. supieran.

13.17

  1. Los niños jugaron al fútbol hasta que les llamaste. . . . jugarán . . . llames.
  2. Preparé el té en cuanto llegamos a casa. Prepararé . . . lleguemos . . .
  3. Marta apagó la tele en cuanto sonó el timbre. . . . apagará . . . suene . . .
  4. Te lo dije antes de que empezara la película. . . . diré . . . empiece . . .
  5. Recogimos las sillas apenas empezó a llover. Recogeremos . . . empiece . . .
  6. No pudimos/podíamos sacar el coche del aparcamiento después de que lo cerraron / No podremos . . . lo cierren.
  7. Sarita soltaba una carcajada siempre que le daba la gana. . . . soltará . . . dé . . .
  8. No te dije nada hasta que se fue tu madre. . . . diré . . . vaya . . .
  9. No me aburría mientras estabas conmigo. . . . aburriré . . . estés . . .
 10. Me escabullí antes de que él se diera cuenta. . . . escabulliré . . . dé . . .

13.18

1. maten 2. trataron 3. sea 4. parecía / pareciera 5. había / hubiera 6. diga 7. te empeñes 8. hicimos 9. sea / fuera 10. parezcan 11. se entrenaba / se entrenase 12. des

1. He is stubborn, he won't give in even if they kill him.
6. No matter how many times I tell you you're not going to believe me.
8. However many claims we put in, we never got our money back.
9. However rich he may be/might have been, the girl would have never married him.
11. However hard s/he trained, s/he never got to the final.
12 However long you think the matter over, you'll not understand it.

13.19

1. des 2. pidan 3. les deis 4. saques 5. entreguen 6. tengan 7. rebajara 8. hayan 9. hagas 10. envíe 11. se hayan olvidado 12. estuviéramos.

1. Provided you don't bother anyone, you may stay there as long as you wish.
3. Provided you welcome them, I shall be satisfied/happy.
5. If you don't hand in your work in time, I shall not mark it.
6. Provided you have enough money, you'll have no worries.
9. Should you do only a little / Even if you do very little, you'll meet the deadline.
11. Unless they've forgotten, sooner or later they'll turn up.

13.20

1. Si no molestas puedes quedarte un rato.
2. Si hubiera tenido las gafas lo habría leído.
3. Si se telefonea por la noche se ahorra mucho dinero.
4. Si lo hubiera sabido antes, no vengo.
5. Si no terminas pronto, hoy no sales.
6. Si no te urge mucho, no le molestes ahora.
7. Si yo fuera él/ella/usted, no lo volvía a repetir.
8. Si viene, se lo diré.
9. Si se lo dices para las diez, es suficiente.
10. Puedes ir a la fiesta si vuelves antes de medianoche.

13.21

1. Eso no nos hubiera/habría ocurrido si hubieras estado con nosotros.
2. Si hubieras llegado a tiempo, te habríamos/hubiéramos esperado.
3. Si tuviéramos dinero, iríamos de vacaciones.
4. Si no tuviera tanto miedo a mi jefa, hablaría con ella.
5. No se equivocarían tanto / No cometerían tantos errores si leyeran las instrucciones.
6. Si hubiera nevado, podríamos ir a esquiar.
7. Los chicos no se aburrirían si se interesaran por algo.
8. Podría llevarte a casa si me hubieran arreglado el coche.
9. Si no hubiera llovido, jugarían al fútbol.
10. Estarías en forma si hicieras ejercicio.

13.22

1. De haber sabido ayer . . . 2. Caso de que me llamen . . . 3. Como no te portes mejor / A no ser que te portes mejor . . . 4. Pensándolo bien . . . 5. . . . contando con que me prestes el coche . . . 6. Con que trabajes / Trabajando un poco todos los días . . . 7. De ser ésa la única . . . 8. Yo que ustedes . . . 9. A / De no ser por el perro . . . 10. . . . caso de que / a no ser que te lo hayas dejado olvidado / de no habértelo dejado olvidado . . .

13.23

1. Si dijéramos. 2. si no me lo creo. 6. si alguien nos lo empezara / empieza. 8. si hubieras llamado. 9. si no haces lo que te digan / dicen. 11. si yo digo. 12. si no se comportan.

13.24

1. necesitaba / necesito. 2. pueda. 3. sucediera / sucedió o dejara / dejó de suceder. 4. anda preguntando. 5. se contenta. 6. necesite / necesita. 7. tiene. 8. tuviera. 9. cure. 10. hace, se mete.

13.25

1. No conozco a nadie que admire a los políticos.
2. Nunca he encontrado a nadie que esté de acuerdo con el actual sistema fiscal.
3. ¿Hay alguien a quien le interese un PC de sobremesa barato?
4. No había casi nadie en la clase que hubiera visto la película.
5. Es casi imposible encontrar un español que no haya visto nunca una corrida de toros.
6. (Este) es un tema que ha levantado una gran polémica.
7. No hay un solo extranjero que no se haya quejado nunca de la comida inglesa.
8. ¿Hay algo que te apetezca?
9. Los estudiantes que hayan/han terminado se pueden marchar / pueden marcharse.
10. Si hay algo que te guste, llévatelo.
11. Acabo de leer el mejor libro que se ha / haya escrito jamás.
12. Esta es la peor situación en la que me he / haya encontrado jamás.

13.26

1. Quienquiera que dijera eso, estaba totalmente equivocado. / El que dijo eso estaba totalmente equivocado.
2. Iré a buscarla / La buscaré dondequiera que esté.
3. Lo mires como lo mires, la respuesta es que no.
4. Pagaré, por mucho que cueste / cueste lo que cueste.
5. Fueran donde fueran / Dondequiera que fueran / Allí donde iban, les recibían con los brazos abiertos.
6. No te desprendas nunca de eso, te lo pida quien te lo pida / quienquiera que sea el que te lo pida.
7. Vienen cuando / siempre que les apetece.
8. Vendrán cuando / siempre que les apetezca.
9. Haz el ejercicio que más te guste.
10. Lo mires como lo mires, no hay solución.
11. Llévate todo lo que encuentres, que te guste.
12. Hagan lo que hagan, los terroristas nunca conseguirán sus objetivos.

13.27

These are some suggestions.
1. ¡Ojalá haga buen tiempo! / ¡Ojalá no llueva!
2. ¡Ojalá estuviéramos en España!
3. ¡Ojalá nos toque la lotería!
4. ¡Que lo pase bien! / ¡Que tenga unas buenas vacaciones!
5. ¡Que se mejore!
6. ¡Que sean felices!
7. ¡Ojalá hubiera venido!
8. ¡Ojalá tuviéramos tiempo!
9. ¡Que le vaya bien! / ¡Que tenga suerte! / ¡Que apruebe!
10. ¡Ojalá hubiéramos ido! / ¡Ojalá no nos lo hubiéramos perdido!

13.28

Many possibilities: the subjunctive forms are based on the following 1st person singulars: dé, vuelva, vaya, haya, tenga, haga, diga, llegue, sienta, despierte, llueva, llame.

13.29

pienso, dé (no sea que), leas (no hace falta que), compres (basta que), salga (cuando), recomiendes (basta que), ha inducido, contenga (no estoy seguro de que), tenga (es posible que), vaya, tiende, fuese (como si), sea (aunque), quiere.

14 Reported speech

14.1

Pepita le comentó a su marido que tenía el frigo averiado desde el martes y no conseguía hablar con el electricista antes de que saliera / saliese de casa para todo el día. Y era inútil decirle a su mujer que le diera / diese el recado, porque él era un vago y no quería molestarse. Trataría de engatusarle, sabía que una vez que lo prometiera / prometiese no se echaría atrás. Ella le comprendía perfectamente: ¿por qué había de trabajar pudiendo permitirse el lujo de no hacerlo? Dinero no le faltaba, ya hacía su agosto con los veraneantes . . .

14.2

1. Me preguntó qué hora era.
2. Pregunté cómo funcionaba aquel aparato.
3. Pregunté a mi amiga por qué no quería que lo supiese su madre.
4. ¿Sabes si los venezolanos hablan español?
5. No se sabía cuántos pasajeros había en el avión siniestrado.
6. Todavía no me has dicho qué/lo que opinas sobre la nueva estrategia del gobierno.
7. No hay nadie que desconozca en qué ciudad nació Cervantes.
8. Ignoraba dónde se habrían metido los críos.
9. El oficial quería saber cuántos años llevaba allí esa familia.
10. Los políticos siempre están discutiendo cuál es más importante: el bienestar social o la prosperidad económica.

14.3

1. Le aconsejé que leyera / leyese más alto.
2. Te dijo que tuvieras / tuvieses cuidado con las tijeras.
3. Le sugirieron que pagara / pagase la habitación al día siguiente.
4. Os ordenan que terminéis este trabajo cuanto antes.
5. Te dirán que no pongas excusas.
6. Le insististe en que hiciera / hiciese caso a los peatones.
7. Nos suplicaron que no actuáramos / actuásemos de esa manera.
8. Te pidió que le dijeras / dijeses la verdad.
9. Me animasteis a que comprara / comprase otro coche or Me animasteis a comprar otro coche.
10. Le dijimos que no volviera / volviese a decirnos tales mentiras.

15 The syntax of verbal constructions

15.1

1. a 2. – 3. a 4. – 5. en 6. de 7. a 8. – 9. en 10. – 11. – 12. – 13. – 14. a 15. a 16. a 17. – 18. de 19. – ; por or para 20. en 21. –/a 22. – 23. con 24. para 25. por

15.2

1. Temo que usted se equivoque.
2. Afirman que los estudiantes hacen varias videollamadas al día.
3. Es mejor que no te busques en Google.
4. Antonio quiso que su hermano nos echara una mano.
5. Marta no recordó haber dejado / que había dejado un mensaje en el buzón de voz.

6. Esperaban que recibiéramos noticias lo antes posible.
7. La universidad virtual ha conseguido que los empresarios ofrezcan un atractivo plan de formación continua a los empleados.
8. La asesoría pretende que la compañía atraiga y retenga personal con talento.
9. Hace falta que Álvaro lo planee todo detalladamente.
10. Preferían que me gastara el dinero en un móvil de última generación antes que en una cámara digital.

15.3

1. La madre de Elena le permitió salir a la discoteca. / La madre de Elena permitió que saliera a la discoteca.
2. Animaré a los niños a comer las alubias. / Animaré a los niños a que coman las alubias.
3. Todo indica que no se trata de un accidente *only*.
4. El Ayuntamiento ha invitado a todos a colaborar para mantener limpia la ciudad. / El Ayuntamiento ha invitado a todos a que colaboren para mantener limpia la ciudad.
5. Le recomiendo abrir una cuenta corriente. / Le recomiendo que abra una cuenta corriente.
6. Querías entrar en el museo de cera *only*.
7. El padre de Tomasico le obligó a devolvérmelo. / El padre de Tomasico le obligó a que me lo devolviese.
8. El director propuso que cenáramos juntos. / El director nos propuso cenar juntos (*if* nos *does not include the director!*).
9. El niño impedía que el agua saliese del tubo *only*.
10. Le aconsejó que no saliera/saliese con aquel tiempo tan malo *only*.

15.4

1. Sentía latir mi corazón.
2. Oímos cantar una canción muy hermosa.
3. He visto desfilar delante de mí a casi todos los reclutas.
4. Oyeron cerrarse de repente la puerta trasera.
5. Te vimos marcar un gol ayer.
6. Hemos oído decir que es un libro buenísimo.
7. Vieron cruzar la calle a la anciana.
8. Vamos a ir a oírles tocar la Novena Sinfonía de Beethoven.
9. No se la vimos preparar.
10. Se notó subir la temperatura considerablemente.

15.5

Suggested translations are given.

1. Bilbao has undergone constant steady growth throughout its history.
2. I've always associated Fridays with the smell of fish ever since.
3. We have spent twenty years investigating the properties of this gas.
4. Let's be going!
5. We always end up quarrelling.
6. If you want to go around criticizing others, at least don't let them hear you.
7. We stayed watching the sunset.
8. He/she got the history chair / professorship. (*cátedra*: head of department in a school or university)
9. We are in the process of arranging all these pebbles in order to make a mosaic.
10. We have always said that Bernardo is a real scholar.

15.6

1. ¿Te atreves a subirla? *only*.
2. Conseguí encontrarla *or* La conseguí encontrar.
3. Le invité a tomarla conmigo *only*.

4. Montse intentó traducirla *or* Montse la intentó traducir.
5. Tengo que verla enseguida *or* La necesito ver enseguida.
6. Los revolucionarios lucharon por restaurarla *only*.
7. Empezamos a recorrerla *or* La empezamos a recorrer.
8. ¡Deje de soltarlas! *only*.
9. ¿Me deja abrirla? *or* ¿Me la permite abrir?
10. Juré entonces no revelarlo *only*.
11. ¿Podemos verlos? *or* ¿Los podemos ver?
12. Preferirían dárselas *or* Se las preferirían dar. (*It is not possible to split up the pronoun group.*)
13. El médico se limitó a recetarlas *only*.
14. Espero cobrarlo mañana *or* Lo espero cobrar mañana.
15. Se esforzó por comerlos *only*.
16. Me invitó a contarla *only*.
17. No quiero oírla.
18. Temen no poder verla *or* Temen no poderla ver (*not* *La temen no poder ver.*).
19. ¿Qué te ha impulsado a recortarla? *only*.
20. ¡Trata de recordarlo! *only*.

16 Non-finite forms of the verb

16.1

1. que yo salga con ellos 2. salir conmigo 3. regalarme 4. que tendría 5. de que yo he dicho eso 6. de haber dicho 7. haber visto 8. que tú viste 9. que todo el mundo lo pasara bien 10. pasarlo bien 11. que te quedes 12. quedarme 13. que lo hayas comprado 14. haberlo comprado 15. vender 16. que el agente le venda 17. poder ir 18. que puedan venir 19. llegar 20. que (ellos) lleguen

16.2

1. al *on leaving* 2. sin *without working* 3. de *if (s)he had moved/had (s)he moved* 4. sin *without saying goodbye* 5. con *by bursting into tears* 6. de *if you had listened* 7. por *because you are* 8. al *when I was getting off* 9. por *because (s)he wanted to help* 10. con *it is enough to work just two hours*

16.3

(In some sentences the infinitive with a subject is an alternative to the *que* construction although it is less highly regarded: see B&B 18.3. This construction is marked with a question mark below.)

1. Después de que terminara el presidente / ?después de terminar el presidente su discurso 2. después de terminar 3. antes de que recibiéramos / ?antes de recibir nosotros los libros 4. antes de enviarnos 5. sin que nadie le diga / ?sin nadie decirle 6. sin decir 7. Con que lo toques 8. Con tocarlo 9. hasta terminar la tarea 10. hasta que alguien lo llamara

16.4

1. viajar 2. hacer 3. pasarse / quedarse / estar 4. nadar 5. estudiar 6. oír 7. navegar 8. beber / tomar 9. levantar, cortar 10. hacer

16.5

1. El chino es muy difícil de aprender para los occidentales.
2. La guía telefónica es imposible de memorizar.
3. Todos esos deberes son imposibles de hacer en un día.
4. La enfermedad es fácil de diagnosticar, pero difícil de tratar.
5. Este coche tan viejo es imposible de vender.
6. Los hermanos gemelos son muy difíciles de distinguir.
7. El gerente de la empresa es imposible de localizar.
8. El jefe es imposible de entender.

16.6

1. escritas, enviadas. 2. puesto, caído, roto. 3. visto, estrenado. 4. dicho, hecho. 5. abierto, encontrado, cubierto. 6. resueltos, aumentado. 7. muerto. 8. disuelto, descubierto.

16.7

The complete table is:

Infinitive	Verbal participle	Adjectival participle
soltar	soltado	suelto
despertar	despertado	despierto
atender	atendido	atento
freír	frito (freído)	frito
presumir	presumido	presunto
extinguir	extinguido	extinto
nacer	nacido	nato
sujetar	sujetado	sujeto
proveer	proveído	provisto
suspender	suspendido	suspenso
maldecir	maldecido	maldito

16.8

1. conversos 2. confusas 3. despertado 4. atendido 5. frito 6. atento 7. impresa 8. soltado, suelto 9. sujeto 10. nato

16.9

1. – f.   Once the show has started, people are not allowed in.
2. – i.   I couldn't register because the registration period was over.
3. – d.   When you have filled in the form, take it to window number two.
4. – g.   When you are over 60, aches and pains begin to make themselves felt.
5. – h.   Once the problem had been solved we could sleep easy.
6. – j.   Books are to be taken back to the library once they have been read.
7. – a.   When the demonstration was over, people dispersed and the police withdrew.
8. – c.   When they got to the top, the climbers planted the flag.
9. – e.   Having said that, he got up and left the room.
10. – b.   Seeing that the guests have not arrived, we will start to eat.

16.10

The complete table is:

Infinitive	Gerund	*-nte* form
agobiar	agobiando	agobiante
imponer	imponiendo	imponente
asfixiar	asfixiando	asfixiante
preocupar	preocupando	preocupante
crecer	creciendo	creciente
poder	pudiendo	pudiente

Infinitive	Gerund	-nte form
influir	influyendo	influyente
alarmar	alarmando	alarmante
interesar	interesando	interesante
pender	pendiendo	pendiente
frustrar	frustrando	frustrante
poner	poniendo	poniente
entrar	entrando	entrante
nacer	naciendo	naciente
aplastar	aplastando	aplastante
acomplejar	acomplejando	acomplejante
desesperar	desesperando	desesperante
estresar	estresando	estresante

16.11

1. pudiente, influyente. 2. asfixiante / agobiante, agobiante / asfixiante. 3. estresante. 4. desesperante. 5. imponente, interesante, acomplejante. 6. creciente, preocupante, alarmante. 7. frustrante, pendientes. 8. naciente, poniente. 9. aplastante, entrante.

16.12

1. un libro interesante. 2. una cabeza pensante. 3. una cara sonriente. 4. una respuesta tranquilizadora/alentadora. 5. un perro que ladra / perro ladrador. 6. un blanco fácil / facilísimo. 7. un ejército en retirada. 8. un asunto entretenido. 9. los cuatro restantes. 10. una persona retraída. 11. un edificio orientado al sur / que da al sur. 12. una respuesta divertida. 13. el abogado defensor. 14. una figura emergente. 15. un toro que embiste. 16. papel de escribir.

16.13

viniendo, construyendo, pidiendo, cayéndose, durmiendo, muriéndose, diciendo, riñendo, huyendo, pudiéndose.

16.14

A

1. purpose = *para decirnos*. 2. time = *cuando paseaba*. 3. concession = *aunque está*. 4. cause = *como es*. 5. condition = *si conduce*. 6. manner = *gracias a/por medio de la venta de pólizas de seguros*.

B

7. condition = *teniendo*. 8. concession = *aun siendo tan blanca de piel*. 9. time = *saliendo de casa*. 10. cause = *viviendo tan cerca*. 11. purpose = *anunciándoles*. 12. manner = *repitiéndolo una y otra vez*.

16.15

It is only possible in sentences 1, 3, 4 and 6.

16.16

1. vengo pensando 2. salió / fue corriendo 3. llevan viviendo 4. sigue trabajando 5. acabó confesando 6. me quedé estudiando 7. vete/vas poniendo 8. anda contando

16.17

Suggested translations for the sentences.
1. White Owl started / set off walking with the long strides of a walker.
2. The lads / boys / kids, carrying some woollen blankets as their only luggage, followed her without asking (any) questions.
3. It occurred to him that he could spend the next / following four days sitting under the same tree.
4. He grasped his knife thinking it was a daring / bold wolf.
5. On the third day, bored and weak / fainting with hunger, he tried to find the path back.
6. Instead of following his instinct and giving chase / to give chase, he stopped and watched it. The fox did not run away.
7. Without hesitating, he started following the fox where it wanted to take him.
8. Diego went with his brother and they arrived in time to see the overseers burning the huts.
9. None of this was new, it happened with increasing frequency without anyone daring to intervene.
10. The last thing that Diego and Bernardo saw before boarding the ship was the haughty figure of White Owl waving them goodbye.

16.18

1. Vi a María esperando el autobús.
2. Al pasar por su casa le oímos practicar el violín.
3. ¿Te imaginas a nuestros padres bebiendo / tomando(1) tequila en México?
4. Noté algo subiéndome (que me subía) por la pierna.
5. Papá le sacó una foto a la abuela esquiando con nosotros.
6. Era una mezcla compuesta de aceite, vinagre y hierbas.
7. Aquí ven a un hombre que lleva / llevando agua de la fuente.
8. Esta es una tradición muy antigua, que data de / se remonta a la Edad Media.
9. Los gatos dormían en la habitación que daba al jardín.
10. El aeropuerto recibe vuelos que transportan hasta un millón de pasajeros.
11. ¿El miedo a / de volar te impide viajar?
12. Haciendo una lista no se te olvidará nada.
13. Soy muy malo / a jugando / para jugar al tenis.
14. Ella es estupenda tocando el piano.
15. Pido excusas / perdón / disculpas por haber sido tan mal educado/a.

(1)*tomando* is the word used in LA for drinking alcohol.

17 Modal auxiliaries

17.1

A

1. puedes 2. puedo 3. puedes 4. puedes 5. sé 6. sabes 7. podemos / podríamos

B

1. puedo / podría 2. sabes 3. sé 4. puede 5. podemos / podíamos / podríamos 6. sé 7. puedes

17.2

Podía. . .	No podía. . .	Pudo. . .	No pudo. . .
escuchar música	bañarse	leerse las obras	participar en un campeonato de tenis
estar sentado	hacer vela	completas de Arturo Pérez-Reverte	
hablar por teléfono	hacer deporte		ir al baile al que le habían invitado
	andar sin muletas		

Podía. . .	No podía. . .	Pudo. . .	No pudo. . .
	bailar	aprender a jugar al ajedrez	correr la maratón
		escribir un cuento que tenía empezado	
		adelantar trabajo para el curso siguiente	
		ver todos los programas de tele que quiso	
		escribir cartas que debía	
		pasarse horas oyendo sus discos favoritos	

17.3

1. Ya podías haberla ido a visitar / ya la podías haber ido a visitar / ya podías haber ido a visitarla.
2. Ya podías habérmelo dicho / ya me lo podías haber dicho.
3. Ya podías haberle ayudado / ya le podías haber ayudado.
4. Ya podían habérselo advertido / ya se lo podían haber advertido.
5. Ya podías haberlos llevado / ya los podías haber llevado.
6. Ya podías haberte acordado / ya te podías haber acordado.
7. Ya podías haberme telefoneado / ya me podías haber telefoneado.
8. Ya podían haber tardado menos.
9. Ya te podían haber informado enseguida / ya podían haberte informado enseguida.
10. Ya podías haber pensado en mí.

17.4

1. Puede que durmiera mal anoche.
2. Puede que tenga algún problema con los ojos.
3. Puede que se hubieran peleado.
4. Puede que estuviera buscando un paquete bomba.
5. Puede que alguien te lo haya robado.
6. Puede que estén preparándote una sorpresa.
7. Puede que estuviera de viaje.
8. Puede que tenga alguna enfermedad grave.
9. Puede que alguien lo haya tirado a la basura.
10. Puede que le hayas ofendido.

17.5

1. tiene que 2. debe / debe de 3. tuvieron que 4. debes / deberías 5. tiene que 6. debía / debía de 7. tenemos que 8. deben / deberían 9. debemos, debemos, tener que 10. tenemos que

17.6

1. tiene que 2. hay que 3. tengo que / hay que 4. tiene que 5. tienes que 6. teníamos que / había que 7. había que / teníamos que / tuvimos que 8. tuvimos que

Note: *Había que,* in number 6, conveys a certain unwillingness. The subject is being prevailed upon.

17.7

1. *querías* 2. *querían* 3. *quise* (because I refused and managed not to become one) 4. *querías* 5. *quise* (it could have been *quería*. By choosing *quise* he is clearly saying that he didn't do it) 6. *quería / querría*

/ quisiera (polite request) 7. *quiere* 8. *quería* 9. *quería / quiere* 10. *quisieron* (they didn't do it) 11. *querían* (they were looking for someone).

17.8

1. ¿Sueles tomar infusiones con las comidas?
2. Suelen tener razón.
3. Solíamos reservar las vacaciones de verano en febrero.
4. Suelo lograr convencerles.
5. Solían llevarme la contraria por principio.
6. María no suele querer meter / hacer horas extraordinarias.
7. Juan no suele estar enfermo.
8. A veces me suele fallar la intuición.

18 Negative constructions

18.1

No is needed in 1, the second gap of 4, 6 and 13. *No* could be used in the first gap of 4, 7 and 12 with a consequent change of meaning.

18.2

1. apenas 2. en absoluto 3. nunca / jamás en mi vida 4. y / ni, tampoco 5. ni (siquiera) 6. nada / palabra 7. nadie 8. jamás 9. nada 10. apenas 11. tampoco 12. ni, ni 13. nadie 14. nunca jamás 15. ni.

18.3

1. Ninguna compañía / empresa que recoja datos personales puede / podrá utilizarlos sin nuestro consentimiento.
2. Quería que le diera mi contraseña / clave de acceso pero le dije que ¡ni pensarlo / ni hablar / de ninguna manera / de ningún modo!
3. No hay mejor manera de mantener el contacto con los amigos y con la familia que viven en el extranjero que con *Skype*.
4. No cabe duda / no se puede negar que es uno de los mejores jugadores del mundo, pero no es un ángel.
5. No veo ningún motivo / no veo motivos para comprar *online* si vives / se vive en una ciudad ya que las tiendas no quedan lejos de (tu) casa / están cerca de tu casa.
6. Eso lo puedo hacer yo sin problema / no hay problema.
7. He dicho que 'no' y punto. Sin discusión.
8. ¿No ves la señal de 'prohibido el paso'? No hay salida por allí.
9. No tenemos más remedio que mejorar / ampliar la banda ancha de acceso a Internet / a la Red.
10. Paco no tiene trabajo ni le queda dinero ni tiene donde vivir.

18.4

1. ninguno 2. nada 3. ningún 4. nadie 5. ningún 6. ninguna 7. nada 8. nadie 9. ninguno 10. nadie 11. nada 12. ningún 13. ninguno 14. ninguna 15. nada

18.5

The 'redundant' *no* is not possible in 1, 4 and 6. (Remember, however, that it is always optional.)

18.6

1. I'm going to look for the letter right now and I'll show it you. / Voy a buscar la carta ahora mismo, y te la muestro.
2. Only yesterday I saw the boy on the tricycle. / Ayer precisamente vi al chico en el triciclo.
3. As I told you, I've been very happy lately. Just the other night I thought I wasn't. / La otra noche sin ir más lejos pensaba que no estaba.

4. Can you let me a room? Just for the night. / Por una noche solo.
5. I'm only leaving you for a minute. / Te dejo solo (por) un minuto.

19 Interrogation and exclamations

19.1

1. ¿Cuántas horas / Cuánto tiempo tarda el tren en llegar a la capital?
2. ¿Cómo te llamas / se llama (usted)?
3. ¿A qué hora / Cuándo empieza el concierto?
4. ¿Adónde vamos esta tarde?
5. ¿Quiénes te ayudaron a construir la barca?
6. ¿Cuánto dinero os queda ahora?
7. ¿Dónde nació Cervantes?
8. ¿Cómo estás / está (usted)?
9. ¿Qué es / A qué se dedica su novia?
10. ¿Qué hora es?
11. ¿Qué estás pensando?
12. ¿Qué falda vas / va (usted) a comprar? *or* ¿Cuál de las faldas . . .? (LA: ¿Cuál falda . . .?)
13. ¿Cuál es el problema?
14. ¿Cómo se hace la tortilla?
15. ¿De dónde es tu / su cuñado?
16. ¿Para qué quieres / quiere (usted) un lápiz?
17. ¿Quién escribió *Cien años de soledad*?
18. ¿Por qué tuviste / tuvo que volver a casa?
19. ¿Qué visteis / vieron en el zoo?
20. ¿Sobre qué versa este artículo?

19.2

The accent is needed in 1, 5, 6, 8 and in 10 with the meaning of 'I know what you sang' (10 makes sense without the accent as 'I know that you sang'). Note that 7 cannot mean 'The police knew what the cause of the accident was' which would be *La policía sabía cuál fue la causa del accidente,* and therefore *que* cannot have an accent here.

19.3

The answers given here reflect the usage generally considered as correct.

1. cuál 2. qué 3. cuál 4. qué 5. cuáles 6. qué 7. qué 8. qué 9. cuál (but *¿qué fecha es hoy?*) 10. cuál 11. cuáles 12. cuál 13. qué 14. qué 15. cuál

(In some areas, *cuál* might be used in 7, 8 and 13.)

19.4

1. ¡Qué idea más / tan interesante!
2. ¡Qué árbol más / tan viejo (es) este!
3. ¡Qué río más / tan ancho!
4. ¡Qué corredor más / tan veloz!
5. ¡Qué pendientes más / tan monos (son) los tuyos!
6. ¡Qué lección más / tan difícil!
7. ¡Qué película más / tan vanguardista!
8. ¡Qué expresión más / tan anticuada!
9. ¡Qué vino más / tan agrio (es) este!
10. ¡Qué pelo más / tan moreno tienes!

19.5

1. ¿Quién me puede decir cómo llegar / se llega a Ciudad Real y a qué distancia está / se encuentra de aquí?

2. ¿Cuánto cuesta el viaje en el tren de alta velocidad / en el AVE?
3. ¿A qué velocidad va y cuánto tarda en llegar?
4. No te puedo decir lo que / cuánto me alegré de / al ver a Olivia después de tanto tiempo.
5. Me explicó cómo había montado su videoblog y cuántos seguidores tenía.
6. No me di / daba cuenta de lo fácil que era y le pregunté cuánto tiempo llevaba haciéndolo.
7. ¿Cuánto tardarás en prepararte / arreglarte? Me muero de ganas de saber qué tal le fue a Carlos su viaje a Buenos Aires y qué le pareció la vida nocturna.
8. ¿Cuánto mide esta habitación / este cuarto? ¿Cuánto mide de ancho y cuánto de largo?
9. ¡Cuánto lo sentimos! Nunca supimos / sabíamos lo enferma / grave que estaba.
10. Nuestra pregunta fue cuál era la altura de la montaña. No os podéis imaginar lo difícil que fue informarnos / enterarnos.

20 Pronominal verbs

20.1

The examples are (the underlined elements make the reciprocal meaning clear):

nos besamos; *besuquearse* <u>con el prójimo</u>; sólo *se* besaban las señoras; *al saludarnos*; si es <u>entre mujeres</u> siempre *nos* besamos; *nos* rozamos, *nos* aproximamos, *nos* tocamos mucho más <u>los unos a los otros</u>; *los franceses también se besan al despedirse o encontrarse; darse la mano.*

20.2

1. Lo que decimos a los demás es un reflejo de lo que nos decimos a nosotros mismos.
2. Cuando Pablo se miraba en el espejo siempre se miraba a los ojos.
3. ¿Se hizo daño cuando se cayó?
4. No puedo permitirme el lujo de comprarme / no puedo costearme un ordenador nuevo; tendré que buscarme un trabajo mejor.
5. Escúchate / Óyete a ti mismo; nunca dejas de criticarte / censurarte.
6. ¿Fue Confucio el que / quien dijo: 'si tú no te quieres, quién te va a querer'?
7. Lo importante en la vida es conocerse a sí mismo y poder reírse de sí mismo.
8. Si se está a gusto consigo mismo, entonces se puede ser feliz.
9. Miguel vino solo pero se fue con la hermana de Juan.
10. Se prepararon unos bocadillos y después salieron a divertirse / a pasárselo bien.
11. Hay quienes no saben portarse bien / comportarse en público.
12. Si lo puedo hacer solo/a / yo mismo/a, estaré muy satisfecho/a de mí mismo/a.
13. Si hace falta / si es preciso, pediré consejo al jefe mismo.
14. Nos dio una descripción falsa de sí mismo pero al único que engañó fue a él mismo.
15. Fuimos a ver su nueva casa. La casa en sí / La casa misma es pequeña pero el jardín es precioso / lindo.

20.3

1. consigo mismo 2. los franceses mismos, los propios franceses 3. yo misma 4. la vida en sí, la vida misma 5. ustedes mismos 6. la autora misma, la propia autora 7. él mismo 8. el jefe mismo, el propio jefe 9. consigo 10. a ti mismo (Note: no accent on *ti*)

20.4

Don't forget that a plural object will need a plural verb with *se*, e.g. 6: *he perdido las llaves* → *se han perdido las llaves* → *se me han perdido las llaves*. See also 3 and 12.

1. b.   Se ha quemado la paella.
   c.   Se me ha quemado la paella.
2. b.   Se ha estropeado la máquina.
   c.   Se me ha estropeado la máquina.
3. b.   Se han pinchado dos ruedas del coche.
   c.   Se me han pinchado dos ruedas del coche.

4. b.   Se ha cerrado la puerta de un golpe.
   c.   Se me ha cerrado la puerta de un golpe.
5. b.   Se paró el coche a mitad de camino.
   c.   Se nos paró el coche a mitad de camino.
6. b.   Se han perdido las llaves.
   c.   Se me han perdido las llaves.
7. b.   Se ha despertado el niño.
   c.   Se me ha despertado el niño.
8. b.   Se ha terminado el vino.
   c.   Se me ha terminado el vino.
9. b.   Se manchó la camisa de pintura.
   c.   Se le manchó la camisa de pintura.
10. b.   Se olvidó echarle sal al guiso.
   c.   Se me olvidó echarle sal al guiso.
11. b.   Se ha metido el coche en la cuneta.
   c.   Se me ha metido el coche en la cuneta.
12. b.   Se han roto dos vasos.
   c.   Se me han roto dos vasos.

Translation into English:

4. I banged the door shut / The door banged shut / The door banged shut in front of *or* after me.
5. We stopped the car half-way. / The car stopped half-way. / Our car stopped half-way.
9. S/he got paint on her / his shirt. / The shirt got paint on it. / Her / his shirt got paint on it.
11. I've driven my car into the ditch. / The car ended up in the ditch. / My car got into the ditch.

20.5

2, 9 and 13 in the Peninsula are ungrammatical, as is 14 in this particular context.

1, 3, 20, 21, 22, 23, 24, and 25 add a nuance of meaning; they are mostly 'verbs of motion, or consumption'. Many Spanish speakers would reject 12, although others would judge that a nuance of meaning is added.

20.6

1. No niego que fue / fuera interesante.
   Me niego a cumplir las normas.
2. Podrías / podría pasar por español(a) perfectamente.
   Te pasas / se pasa de la raya.
3. Las cosas salieron mejor de lo que esperábamos.
   El camión se salió de la carretera.
4. Te has / se ha saltado por lo menos dos páginas.
   Tuve que saltar por encima de las cajas.
5. Me dieron las llaves del coche y se fueron.
   Se le dan muy bien las lenguas.
6. Ha ocurrido algo inaudito.
   A Newton se le ocurrió que la tierra atraía los objetos hacia sí.
7. La persona que le dirigió la tesis es uno de los mejores en ese tema.
   Se dirigía al trabajo cuando le asaltaron / atracaron.
8. Volvió tarde a casa.
   Ella se volvió a mirar.
9. El ladrón cayó en la trampa que le había tendido la policía.
   Mi abuela se cayó por las escaleras.
10. Le paró la policía para hacerle la prueba del alcohol.
   Nos paramos a ver los escaparates.

20.7

1. quedar 2. nos quedamos 3. se quedó 4. (me) quedé 5. (se) quedaron 6. (se) quedó 7. queda 8. quedamos 9. os quedáis / nos quedamos 10. queda.

1. He likes to make a good impression on people; he always sends them presents.
2. In spite of the fine weather, we stayed at home without setting foot in the street all day.
3. The taxi-driver cheated us; he kept some of the change.
4. I was paralysed as a result of the accident.
5. They were astonished to hear the news.
6. The matter was settled by decision of the judge.
7. Where is the hotel that has just been built?
8. Where and when shall we meet? As far as I'm concerned, I'd prefer it to be later and somewhere under cover.
9. Which of the two will you/shall we have, children? The red one or the blue one?
10. We haven't much coffee left; remember to get some when you go to the supermarket.

20.8

1. se están construyendo 2. se está construyendo 3. uno se asusta 4. se ha detenido / se detuvo 5. se han detenido / se detuvieron /se detendrán 6. uno no se para a pensar 7. uno no se sorprende 8. se solucionan 9. se dice 10. se pueden y se deben solucionar 11. uno se avergüenza 12. se les ha puesto / se les puso / se les pondrá

20.9

1. no se (les) enseñaba / no enseñaban 2. no se les quería / no querían 3. se les enseñaba / les enseñaban 4. se utilizan (utensilios) 5. se hicieron (progresos) 6. se le desanimó 7. se le ha inculcado 8. se pueden ver (dos actitudes) 9. se encuentran (ideas) 10. se refiere a (pronominal verb) 11. no siente usted que (corresponds to the transitive use of English 'feel', but the intransitive English 'feel' is *sentirse*: 'To feel well, ill, tired', etc. = *sentirse bien / mal / cansado*, etc.) 12. se puede hacer

20.10

Desde un punto de vista continental, la Reconquista debe enmarcarse [*passive equivalent*] dentro del proceso de crecimiento y expansión ofensiva que se caracteriza la historia del Occidente europeo entre los siglos X y XIII, frente a húngaros, eslavos y musulmanes. El resultado de esta dinámica será la creación del área que actualmente conocemos como Europa occidental.

El planteamiento estratégico de la expansión cristiana, que se careció por lo general del carácter de «cruzada» que comúnmente se le atribuye [*impersonal*], tuvo cuatro fases principales. En la primera de ellas, correspondiente al siglo XI, se consolida [*passive equivalent*] la línea del Duero, el curso medio-alto del Ebro, y el sur de la actual provincia de Barcelona.

La segunda y más decisiva se comprende parte de los siglos XI y XII y se consiste en el control del valle del Tajo y del curso medio-bajo del Ebro. Esta ofensiva se disloca el dispositivo estratégico de la España musulmana, apoyado en la comunicación entre los valles del Guadalquivir y del Ebro, que (se) queda partida en dos. La tercera fase, en el siglo XIII, se completará [*passive – 'was completed'*] con la ocupación del valle del Guadalquivir y, en el Mediterráneo, con el control de los valles del Turia y del Júcar.

El reino nazarí de Granada se mantuvo [*literal - 'maintained itself', or passive – 'was maintained'*] hasta el 2 de enero de 1492. El fin de la Reconquista se° produjo honda emoción en la Europa cristiana, porque se consideró [*impersonal*] que equilibraba la caída de Constantinopla a manos de los turcos.

Los monarcas cristianos conquistaban colonizándose, es decir, ofreciendo tierras a quien se comprometiese [*part of verb: comprometerse a + infinitive*] a ocuparlas, cultivarlas y defenderlas, lo que se dio lugar a trasvases y migraciones del norte peninsular y de Europa nada frecuentes en otras latitudes por aquellas épocas. Aquellos colonizadores, a quienes se dibuja [*impersonal*] con una azada en una mano y la espada en la otra, se fueron formando una sociedad de campesinos relativamente más libre que las existentes en la Europa coetánea.

21 The expression of 'becoming'

21.1

1. purificarse 2. endurecerse 3. adelgazar 4. entristecerse 5. alegrarse 6. vaciarse 7. agudizarse. 8. engordar 9. blanquearse 10. enrojecer 11. enfermar (LA enfermarse) 12. empeorar (LA empeorarse) 13. mejorar (mejorarse *to get better in health or to clear up (of weather)*) 14. palidecer 15. envejecer(se) 16. oscurecer (oscurecerse *to get dark (of sky)*) 17. enloquecer (LA enloquecerse) 18. cansarse 19. ensordecer 20. tranquilizarse

21.2

1. se convirtió en 2. se puso / quedó 3. llegó a ser / se hizo 4. se quedó 5. se volvió 6. se convirtió en 7. ponerte 8. se convierten en 9. se hizo 10. se (nos) hace 11. se había convertido en / se había hecho / se había vuelto 12. pasó a ser / llegó a ser / se convirtió en 13. te quedarás 14. se volvió / se hizo / se puso / quedó 15. se quedaron

21.3

1. Sus tristes pétalos blancos se convirtieron en un elemento más de los escombros.
2. Después, de repente, con la llegada de Schulmann, todo quedó clarificado o con una diferente orientación.
   (**Alternative:** . . .*todo se aclaró, pero de distinta manera.*)
3. La segunda vez atacaron una escuela, después atacaron unos grupos de colonos, luego otra tienda, hasta que, por fin, su campaña comenzó a ser monótona.
   (**Alternatives:** . . .*llegó a ser/se volvió/se hizo/resultaba monótona.*)
4. Un hombre alto y de lentos movimientos, que inmediatamente se convirtió en su guía.
5. El día comenzó a ser caluroso, y las áridas colinas se tornaron de color rojo y amarillo.
   (**Comments:** It would be more natural to recast the first part of this sentence in Spanish, e.g. *Fue aumentando la temperatura/el calor*; alternative choices for *comenzó a ser* might be *se hizo/se fue haciendo/se volvió*. In the second part of the sentence, *se tornaron* has a literary feel, and can be substituted by *se volvieron*.)
6. Yanuka se convirtió en fatal víctima de sus propias aficiones al lujoso vivir.
   (**Comment:** Note also the expression *cayó víctima de*, though if this is used no adjective is possible.)
7. Por esta razón, hasta el último cuadro, Charlie no se dio cuenta de que aquel hombre estaba sentado entre los niños en edad escolar.
8. Detestaba el chismorreo hasta el punto de ser capaz de que se le congestionara el rostro y de comportarse con rudeza.
   (**Alternative:** . . .*hasta tal punto que era capaz de ponerse colorado e incluso llegar a perder los modales.*)
9. Últimamente, es mucho más moderada.
   (**Alternative:** . . . *se ha vuelto* . . .)
10. El picacho se había convertido en la negra silueta rectangular de un edificio.
11. La forzada frivolidad de su tono había dado a la voz de Charlie un sonido que era extraño a los oídos de la muchacha.
    (**Alternative:** . . .*que comenzaba a resultarle extraño* . . .)

Note: The Spanish translation has sometimes used a name in order to avoid the ambiguity of the Spanish third person verb or possessive.

22 Passive

22.1

1. Fue eliminado del equipo porque no rendía.
2. La caldera no fue arreglada como era debido.
3. El partido de fútbol fue emitido por TVE a las diez.
4. La fábrica fue inaugurada el 11 de marzo.
5. Los micrófonos fueron instalados por toda la sala.

6. Los resultados fueron analizados por los científicos.
7. El hospital ha sido construido con capital extranjero.
8. El programa fue modificado sin previo aviso.
9. Todavía ninguna de las denuncias ha sido investigada.
10. La empresa ha comunicado que más de cien empleados van a ser / serán despedidos.

22.2

1. The economic problems of Latin America will never be resolved.
2. When the truth was known, it was too late.
3. This path leads nowhere. / This path doesn't lead anywhere.
4. Fruit should be stored / kept in the fridge.
5. Independence Day is celebrated in Argentina on the 9th July.
6. The arsonists have still not been found.
7. The race was postponed because of the bad weather.
8. They say / It is said that euthanasia will be debated in the next parliament.
9. Under-sixteens are not allowed on these premises.
10. Through lack of time the report which was submitted last month has still not been evaluated.

22.3

1. *He* is the indirect object of *give*, and cannot form the passive subject in Spanish. *(Su madre le regaló un iPhone.)*
2. *¿Fue vista por alguien?* is not impossible as a translation of the first sentence, though it would be more common in speech simply to say *¿La vio alguien?* The reflexive cannot be used normally with an agentive phrase (*¿Se vio por alguien?* is unacceptable), and in any case *verse* could be interpreted as a literal reflexive. Personal pronouns such as *me* cannot be used as the agents of passive sentences in Spanish, so the second sentence is most naturally *¡Sí, la vi yo!*
3. In formal register a passive would be the most normal way of rendering this, since it has a definite agent: *La página web fue diseñada por Promag.*
4. Spanish resists using the passive with *limpiar*. *(Se limpian / Limpian las habitaciones dos veces por día.)*
5. *Despertar* does not passivize in Spanish. *(A las cinco me despertó mi padre.)*
6. As 1: *you* is the indirect object of *teach*. *(¿Quién te enseñó español?)*
7. As 1 and 6: *children* is the indirect object of *read*. *(Los padres debieran leerles a los niños.)*
8. The passive would be appropriate here, especially in a formal register: *El colegio fue fundado en el siglo XVI.* Since there is no agent expressed, *se fundó* could also be used.
9. As 1, 6 and 7: *speaker* is the indirect object of *give*. The notion of 'give a welcome' could also be rendered by *acoger*, however, which does take a direct object and with which the passive is possible in formal register, especially if an actual agent is envisaged. The passive *se* would be inappropriate since *acogerse* could be construed literally, though the impersonal *se* construction is appropriate. *(Se dio / Dieron una acogida calurosa al conferenciante / El conferenciante recibió / fue objeto de una acogida calurosa; El conferenciante fue acogido de forma calurosa (por la multitud)/ Se acogió calurosamente al conferenciante.)*
10. The most appropriate equivalent of *reach* in this context, *llegar a*, has a prepositional object which does not admit passivization in Spanish (*by* here is not introducing an agent). The indefinite subject can be rendered by the impersonal reflexive. *(Se llega a la casa por un túnel subterráneo.)*
11. *Romper* does not admit passivization in Spanish. *El vaso se rompió* would imply that it got broken (accidentally) and the passive reflexive is in any case impossible with an agent expressed. *(El gato rompió el jarrón / El jarrón lo rompió el gato.)*
12. This is appropriately translated as a reflexive (*escandalizarse*) or as *quedar escandalizada*: *Tu tía quedaría escandalizada / se escandalizaría si lo supiera.*
13. Either a passive or passive *se* is appropriate here: *En dos semanas han sido vendidos / se han vendido más de 150.000 ejemplares de este libro.*
14. As 2, personal pronouns cannot be used as the agents of passive sentences in Spanish, so: *No hace falta que me digas . . . .* The passive *se* is appropriate for the second clause: *No hace falta que me digas cómo se descargan fotos.*
15. **varias detenciones fueron hechas* is too literal a translation and should be avoided, so either

passive *se*: *Cuando la manifestación se volvió violenta, se hicieron varias detenciones*, or as the police are the unstated agents, a passive: *Cuando la manifestación se volvió violenta, varias personas fueron detenidas (por la policía* is understood).

22.4

1. Pusieron en libertad a los sospechosos después de que hubieran prestado declaración.
2. Las organizaciones de los derechos humanos aseguran que todavía no se ha investigado ninguna de las denuncias.
3. Se rescató/rescataron con vida al menos a 50 de las personas que se encontraban a bordo del avión.
4. El oficial dimitió la semana pasada, después de que se le hubiera abierto una nueva investigación por presuntos delitos.
5. El Papa acaba de recibir al presidente francés.
6. El Ministro de Exteriores argelino ha criticado muy duramente a su homólogo portugués.
7. Las fuerzas del orden sugirieron la posibilidad de que se confundiera a la víctima con otra persona.
8. Se consideró al director de la empresa como el principal sospechoso.
9. A continuación se llevó/llevaron al malhechor a la cárcel.
10. Se expulsará/expulsarán del lugar a los infractores y se les castigará/les castigarán con fuertes multas.

22.5

Some variation in tense is possible.

1. estaba 2. estar 3. fue / ha sido 4. está / estaba 5. estoy 6. estamos 7. fue / ha sido 8. fue / ha sido 9. está / estaba 10. están / estaban 11. fue / era *(in journalistic register)* 12. están *or* han sido 13. estoy / estaba 14. ser 15. estado

These are some ideas for sentences 'the other way round':

1. Al volver al puerto, la barca fue atada al muelle por los tripulantes.
2. La viruela fue por fin controlada por la OMS. *Also as an adjective:* Su reacción era muy controlada.
3. *Está atracado* is impossible.
4. En la Edad Media, la Meseta Central fue poblada por los castellanos en su expansión hacia el sur.
5. Fui persuadido por sus elocuentes argumentos.
6. *Not usual as a passive with* ser, *but* ser interesado *can mean 'to be selfish, interested in oneself'.*
7. *Not so usual with* estar, *but* el delito está denunciado *would mean 'the crime is (duly) reported'.*
8. Estos libros están vendidos (no están en venta).
9. El vaso fue hecho añicos (por el gato).
10. El plan tendrá que (volver a) ser estructurado por los nuevos responsables.
11. Ahora muchos ferrocarriles están desmantelados.
12. Muchos de los anglicismos fueron incluidos en la última reunión.
13. Adán fue tentado por la manzana de Eva.
14. *Not so usual as with* ser: Está muy criticado pero lo sabe aguantar.
15. *Not so usual as with* estar: El sendero fue marcado por los primeros alpinistas. *Also as an adjective:* Su sentido de justicia es muy marcado.

22.6

Passive *se* is likely to be the most frequent construction in just about any Spanish text. The passive with *ser* + past participle will probably not occur at all in a representation of dialogue, or in descriptive prose; it will occur much more in journalism or in abstract prose.

22.7

1. A *se* construction is not possible here, since the verb is reflexive. *Uno* could be used, with the implication that the speaker was involved: *En Suecia uno se queja del coste de la vida.*

2. *Se puede comer en una de las fondas que hay en la ciudad.*
3. *Se tiene que apretar el botón rojo para parar el tapiz metálico.*
4. As 1. *Una* would be more usual given the context! *Una* will also be understood as the subject of the second verb. *Una suele ponerse la falda más corta que encuentra.*
5. *Está claro que se sufría mucho a causa de la peste bubónica.*
6. As 1 and 4. Although the first verb is not reflexive, the second one is. *Si uno lee, nunca se aburre.*
7. *Se les vio a los niños jugando en la calle.*
8. As 1 and 4. *Uno no se va a asustar de lo violenta que es la película.*
9. *Hoy en día se viaja por toda Europa sin el menor problema.*
10. As 1, 4 and 8. Because the action is dissociated from the speaker, the third person plural is better than *uno*.

22.8

1. Una pared sin pintar.
2. Era de esperar.
3. El artículo está a medio escribir.
4. Eso queda / está por ver.
5. Estaba sin afeitar.
6. Esta es la suma a pagar / que queda por pagar.
7. La mesa estaba sin encerar / barnizar.
8. El programa está por discutir.
9. ¡Estoy a medio vestir!
10. Queda mucho por hacer.

23 *Ser, estar* and *haber*

23.1

1. es 2. son 3. es 4. fue 5. es 6. están 7. está 8. es 9. es 10. estamos / estáis / están 11. soy, estoy 12. fue 13. esta(te) 14. sed 15. está 16. está 17. estar 18. estoy 19. era 20. estaba

23.2

1. hay, hay, está 2. está, hay, hay, estará 3. están, hay 4. hay, hay, están 5. está, hay

23.3

1. las 2. lo 3. los 4. las 5. lo 6. las 7. lo 8. lo

23.4

ser	*estar*	both
caro/barato, claro/oscuro	bien/mal comunicado	céntrico/alejado
soleado/sombrío	orientado al sur/norte	
alegre/triste	poco/muy estropeado, poco	
grande, enorme/pequeño	usado	
nuevo/viejo	cerca/lejos del metro	
espacioso, amplio/angustioso	amueblado/sin amueblar	
claustrofóbico	en una zona peatonal/en una	
cómodo/incómodo	calle de mucho tráfico	
antiguo/moderno, de nueva	recién pintado/sin pintar	
construcción	muy cuidado/poco cuidado	
de protección oficial/de lujo	mugriento/reluciente	
frío/caliente	renovado/sin renovar	
	bien/mal distribuido/	
	diseñado	

If instead of saying *el piso es. . .* one says *es un piso. . .* all of them could be used, e.g. *Es un piso sin amueblar, recién pintado*, etc.

23.5

1. están (now) 2. estar 3. son 4. es 5. es 6. está 7. están 8. están 9. son 10. es 11. somos 12. está 13. están 14. es 15. es 16. están 17. está 18. están 19. es 20. son

23.6

. . . su discurso fue impactante . . . nadie había sido tan atrevido . . . es la serie de preguntas . . . Cristóbal Colón era español . . . está claro que . . . Puede que la fecha sea . . . estaba seguro . . . la Historia está manipulada.

23.7

1. estás 2. está 3. sea 4. estoy 5. Es 6. Es 7. estar 8. ser 9. estamos 10. sea 11. está 12. está 13. está 14. estamos 15. ser 16. están / son 17. es 18. está 19. Soy 20. están 21. estar 22. está 23. está 24. está 25. es 26. estaba 27. será 28. soy 29. son / están 30. es

23.8

1. están 2. fue 3. son, son 4. es 5. es 6. estuvieron / están / han estado / estarán 7. Está 8. son 9. es 10. son, están 11. es, Es, Estás, Es, Era 12. Es, es, es.

23.9

1. es, está 2. está 3. está 4. estuvo 5. es 6. está 7. es 8. está

23.10

1. es 2. estado, es 3. está, ser 4. está, es 5. fueron 6. es, estoy / es

23.11

1. Life is difficult. (as a general truth)
   Life is difficult. (at the moment)
2. That's how things are. (generally)
   That's how things are. (at the moment)
3. It's autumn.
   It's autumn now. (that's the season we're in at the moment)
4. This is confusing.
   He is confused.
5. How tall he's grown! (the speaker has noticed a change)
   How tall he is! (objective description)
6. How boring you are!
   How bored you are!
7. There were five of us at home. (five members of the family lived at home)
   There were five people in the house. (not necessarily the usual ones)
8. This exercise is perfect. (for the purpose)
   This exercise is correct.
9. He's in Cartagena de Indias.
   It is held (e.g. a meeting) in Cartagena de Indias.
10. How clean he is! (by nature)
    How clean it looks! (just now)

23.12

Here are some possible answers:

1. Hay que ver lo antipático que está.
2. Hay que ver lo joven / ágil que está.
3. Hay que ver lo calvo que está.

4. Hay que ver lo mala / sosa que está.
5. Hay que ver lo oscuro que está.
6. Hay que ver lo nuevo / limpio que está.
7. Hay que ver lo barato que está.
8. Hay que ver lo fácil que está.
9. Hay que ver lo torpe que estoy.
10. Hay que ver lo aburridas que están.

24 Adverbs

24.1

1. rigurosamente 2. rápidamente 3. terminantemente 4. cuidadosamente 5. prácticamente 6. fácilmente 7. económicamente 8. inconscientemente 9. nuevamente 10. cortésmente

24.2

There are many possibilities; here are some suggestions.

honesta y abiertamente (1. – f.)
firme pero cortésmente (4. – b.)
tanto cultural como socialmente (9. – e.)
rápida y económicamente (2. – c.)
lenta pero cuidadosamente (7.– d.)
ni lógica ni estéticamente (10. – h.)
dulce y armoniosamente (6. – a.)
tanto literal como figuradamente (3. – i.)
tanto mental como físicamente (5. – g.)
feliz y tranquilamente (8. – j.)

24.3

There are other possibilities besides the ones given here.

1. . . .disparaba a ciegas. . . 2. . . .hechas a mano 3. . . .se amaban con locura / como locos 4. . . .evacuar muy rápido / deprisa 5. Contestó muy de mal humor. . . 6. Levantó el jarrón con mucho cuidado / Tuvo mucho cuidado en levantar el jarrón 7. Por desgracia. . . 8. . . .ataviado de modo espectacular 9. . . .reducida en años recientes 10. . . .constituye en la actualidad. . .

24.4

1. aquí / ahí 2. allí / allá 3. acá / aquí 4. ahí 5. allá 6. allí / allá, aquí 7. ahí 8. ahí / allí 9. aquí 10. allá 11. ahí 12 ahí 13. acá / aquí 14. allí 15. ahí

24.5

1. aún 2. aun 3. aún 4. aún 5. aún 6. aún 7. aun 8. aún 9. aún 10. aun

24.6

1. debajo de (LA abajo de) 2. abajo 3. abajo 4. abajo 5. bajo 6. abajo 7. bajo 8. bajo 9. debajo del (LA abajo de) 10. abajo

24.7

1. . . . entonces . . . luego . . . entonces . . . luego . . .
2. . . . entonces . . . luego . . . entonces . . . luego . . .
3. . . . luego . . . entonces . . . entonces . . . luego / entonces . . .

24.8

1. detrás (de) (LA atrás (de)) 2. tras 3. atrás 4. tras 5. detrás 6. atrás 7. atrás 8. tras 9. detrás (de) (LA atrás (de)) 10. atrás

24.9

1. 'No,' the parish priest of Mira said to me, not without a certain irritation, 'I never knew your great-grandfather.'
2. 'But, as I've already told you,' he continued in his grave whispering way, 'I did know Don Armando.'
3. The story now had a life of its own and I didn't count for anything.
4. 'Only for a moment, believe me; we've got business to finish.'
   'Yes, you've always got business to finish.'
5. Dad said that the old man had got out of his coffin – figuratively speaking, you understand.
6. I turned round to Grandma but she was no longer there.
7. As far as I was concerned those two idiots could go wherever they liked.
8. Hey, open up at once, hurry!
9. OK, I've insulted him enough.
10. You should know that Marina is a woman now.

24.10

The adverbial phrase will normally follow the verb, e.g., for 1.-h., Puedo recitar de memoria las coplas de Jorge Manrique.

1. – h., 2. – j., 3. – g., 4. – i., 5. – a., 6. – c., 7. – d., 8. – f., 9. – e., 10. – b.

25 Expressions of time

25.1

1. Los estudiantes llevan dos meses aprendiendo árabe.
2. Rosa y Adán llevan tres años buscando su casa ideal.
3. Los vecinos no llevan mucho tiempo aquí.
4. El niño lleva dos horas navegando por Internet.
5. Julián lleva año y medio al frente de este restaurante.
6. El viejo lleva varios años sin tener noticias de su hija.
7. (Yo) llevo años diciéndotelo.
8. Pilar lleva seis semanas sin fumar.
9. ¿Llevas mucho tiempo esperándome?
10. Nosotros llevamos toda la vida viviendo en este pueblo.

25.2

1. Hace diez minutos que te estoy esperando / Llevo diez minutos esperándote.
2. Está hablando por teléfono desde hace media hora / Hace media hora que está hablando por teléfono.
3. Luisa es videobloguera de belleza desde hace tres años / Luisa lleva tres años como videobloguera de belleza.
4. Hacía un cuarto de hora que el niño estaba gritando / El niño llevaba un cuarto de hora gritando.
5. No aplican leyes ya aprobadas desde hace más de un año / Hace más de un año que no aplican leyes ya aprobadas.
6. Hace tiempo que no veo a mi hermana / No veo a mi hermana desde hace tiempo.
7. Hacía dos años que estaban reformando el edificio / Llevaban dos años reformando el edificio.
8. Manolo estaba enfermo desde hacía mucho tiempo / Manolo llevaba mucho tiempo enfermo.
9. La Junta Militar gobernaba el país desde hacía siete años / Hacía siete años que la Junta Militar gobernaba el país.

10. Este portátil lleva solamente seis semanas en el mercado / Este portátil está en el mercado desde hace solamente seis semanas.

25.3

(In LA the *llevar* construction is little used, *tener* being sometimes used instead.)

1. Estudio hebreo desde hace siete meses. / Llevo siete meses estudiando hebreo. / Hace siete meses que estudio hebreo.
2. Llevábamos dos años en Lima cuando se marchó mi mujer.
3. Somos amigos desde 1978.
4. No hay guerra desde hace cinco años. / Llevamos cinco años sin guerra. / Hace cinco años que no hay guerra.
5. La nueva comisión. . . se estableció hace un año. / Hace un año que existe la nueva comisión. . ./ Existe la nueva comisión. . . desde hace un año. / La nueva comisión. . . lleva un año de existencia.
6. Me di cuenta de que hacía tres años que no le visitaba. /. . .de que no le visitaba desde hacía tres años /. . .de que llevaba tres años sin visitarle/. . .de que llevaba tres años que no le visitaba.
7. Mañana hará 25 años que estamos casados. / Mañana llevaremos 25 años de casados.
8. No te he visto/veo desde hace dos años. / Hace dos años que no te he visto/veo. / Llevo dos años sin verte. / Llevo dos años que no te he visto/veo.
9. Llevaba un año en la empresa / Hacía un año que estaba en la empresa / Estaba en la empresa desde hacía un año cuando fue nombrado vicepresidente.
10. Me dijo que pintaba desde marzo pasado. / Me dijo que llevaba pintando desde marzo pasado.

25.4

1. desde que 2. desde 3. desde que 4. desde 5. desde hace 6. desde que 7. desde 8. desde que 9. desde que 10. desde hace

25.5

1. durante / – / por (Lat. Am.) 2. desde que 3. por / para 4. hace 5. para 6. desde, lleva 7. hace 8. durante 9. para, – / durante 10. llevan 11. durante 12. por

25.6

1. They had been living there for seven years.
2. There had been a dictatorship in that country since the middle of the last century.
3. He's been like that for as long as / ever since I've known him.
4. The Castro family have owned this land / have been owners of this land since the sixteenth century.
5. They haven't seen one another for ages.
6. Paco hasn't been in touch with me for two years.
7. I've been trying to get hold of you for I don't know how long to no avail.
8. Not that long ago you were saying the opposite.
9. This car hasn't gone / worked properly ever since you bought it.
10. Paloma had been living with that man for several years and he was still like a stranger to her.

25.7

1. dentro de 2. en 3. dentro de 4. en 5. dentro de 6. en (if this means, as is more likely, that they would take half an hour to clean it) 7. en 8. dentro de 9. en 10. dentro de

25.8

Many possibilities: pay attention to the following syntactic constructions: *acabar de* + infinitive, *acabar* + gerund, *acabar* and *terminar por* + infinitive, *continuar* + gerund, *seguir* + gerund or adjective, *soler* + infinitive, *tardar en* + infinitive, *volver a* + infinitive.

26 Conjunctions

26.1

1. sino 2. si no 3. pero 4. sino 5. sino 6. si no 7. sino 8. pero 9. pero 10. si no 11. pero 12. pero 13. Si no 14. si no 15. sino.

26.2

1. No es a ti, sino a tu hermano, a quien quiero ver.
2. No quiero que me hagas el trabajo, sino que me ayudes.
3. No vengo de visita, sino que quiero pedirte un favor.
4. No nos dijo que fuéramos el lunes, sino el jueves.
5. No dijo que fuéramos el lunes, sino que llamáramos el lunes.
6. No compraron una casa, sino un piso.
7. No compraron una casa, sino que vendieron la que tenían.
8. No fue Pepe quien me avisó, sino Toni.
9. Pepe no me llamó, sino que me envió un recado con Toni.
10. No han sido dos, (sino cinco), las veces que te has equivocado, sino cinco.

26.3

1. u, e 2. e, ni 3. o, o, u 4. e, y, e 5. o, y, o 6. ni, ni 7. e, y 8. e, y

26.4

1. de que 2. de que 3. de que 4. que, qué 5. de que 6. que 7. que 8. que 9. que, de que 10. que, de que 11. de que 12. de que, que 13. de que, de que 14. de que, que 15. de que 16. de que, que

26.5

1, 3 and 6 are all incorrect (examples of *dequeísmo*). Use *que* here, **not** *de que*.

26.6

1. porque 2. por qué 3. porque 4. el porqué 5. por qué 6. porque, porque 7. por qué 8. porque.

26.7

1. **Como** es muy simpática tiene muchos amigos.
   Tiene muchos amigos **porque** es muy simpática.
   Es muy simpática, **así que** tiene muchos amigos.
2. **Como** hace mucho frío no vamos a salir hoy.
   No vamos a salir hoy **porque** hace mucho frío.
   Hace mucho frío, **así que** no vamos a salir hoy.
3. **Como** no ponemos la tele no nos enteramos de las noticias.
   No nos enteramos de las noticias **porque** no ponemos la tele.
   No ponemos la tele, **así que** no nos enteramos de las noticias.
4. **Como** se me ha acabado el detergente no puedo poner la lavadora.
   No puedo poner la lavadora **porque** se me ha acabado el detergente.
   Se me ha acabado el detergente, **así que** no puedo poner la lavadora.
5. **Como** se nos ha roto la calefacción nos vamos a congelar en casa.
   Nos vamos a congelar en casa **porque** se nos ha roto la calefacción.
   Se nos ha roto la calefacción, **así que** nos vamos a congelar en casa.
6. **Como** no tenía vehículo propio siempre iba a pie.
   Siempre iba a pie **porque** no tenía vehículo propio.
   No tenía vehículo propio, **así que** siempre iba a pie.
7. **Como** solo hablan su propio idioma no les apetece viajar al extranjero.
   No les apetece viajar al extranjero **porque** solo hablan su propio idioma.
   Solo hablan su propio idioma, **así que** no les apetece viajar al extranjero.

8. **Como** conducía como un loco le retiraron el carnet de conducir.
   Le retiraron el carnet de conducir **porque** conducía como un loco.
   Conducía como un loco, **así que** le retiraron el carnet de conducir.
9. **Como** tiene úlcera de estómago el doctor le ha puesto a dieta.
   El doctor le ha puesto a dieta **porque** tiene úlcera de estómago.
   Tiene úlcera de estómago, **así que** el doctor le ha puesto a dieta.
10. **Como** las máquinas hacen el trabajo sobra la mano de obra.
    Sobra la mano de obra **porque** las máquinas hacen el trabajo.
    Las máquinas hacen el trabajo, **así que** sobra la mano de obra.

26.8

Open exercise. Some examples are:
   Le dolían muchísimo las muelas, **así que se tomó un calmante**.
   Su padre es diplomático, **de tal forma que se pasan la vida en el extranjero**.
   Está en paro, **de manera que no puede permitirse grandes lujos**.
   La campaña publicitaria ha sido un fracaso **de ahí que no la volvamos a repetir**.
   No nos convencía ninguno de los programas electorales **de manera que no fuimos a las urnas**.
   Nosotros no tenemos dinero, no podemos pagarte los estudios, **por lo tanto tendrás que buscar un trabajo**.
   Es muy tarde **así que nos vamos**.
   Salieron a escondidas **de ahí que nadie los viera**.
   Ninguno de los dos tenía pasaporte **de modo que no pudieron apuntarse para el viaje**.
   Se quedaron sin gasolina nada más salir de casa, **por consiguiente llegaron con dos horas de retraso**.

26.9

A

1. Aunque / por más que nos matemos a trabajar, aquí nadie nos lo agradece.
2. Aunque / a pesar de que no ve / vea muy claro lo del nuevo trabajo, Javier va a firmar el contrato.
3. Aunque llevan / lleven años luchando por sus derechos, no hay manera de conseguirlos. (Por más años que llevan / lleven luchando, no hay manera de conseguirlos.)
4. Aunque / por muy duro que me resulte hacerlo, sé que es muy importante para mí.
5. Aunque / a pesar de que el médico se niega / niegue . . ., él piensa ir a trabajar.
6. Aunque / por mucho que el periódico cuente que la economía está boyante, eso no hay quien se lo crea.
7. Aunque les hemos advertido varias veces que no metan ruido, ellos no hacen caso.
8. Aunque no tenga la más mínima posibilidad de conseguir ese puesto, mi hermano lo va a solicitar.
9. Aunque no nos apetezca nada ir a trabajar, no nos queda más remedio.
10. Por más vueltas que le doy al tema, no le veo la solución.

B

2. Javier va a firmar el contrato, y eso que no ve muy claro lo del nuevo trabajo.
5. Él piensa ir a trabajar mañana mismo, y eso que el médico se niega a darle el alta.
7. Ellos no hacen caso, y eso que les hemos advertido varias veces que no hagan ruido.

26.10

All these conditional structures except *de* + infinitive take the verb in the subjunctive.

1. Con tal de que / A condición de que / Siempre que la firmen todos los vecinos. . .
2. Como sigan mimando al niño de este modo. . .
3. Con tal de que / A condición de que / Contando con que / Siempre y cuando me lo devuelvas. . .
4. Como siga / De seguir este tiempo. . .
5. Siempre que / Con tal de que / A condición de que hagamos. . .

6. Con tal de que / A condición de que / Mientras no moleste. . .
7. Mientras / Con que / Con tal de que haya. . .
8. Como se pierda la carta . . . / De perderse la carta. . .
9. Con tal de que / Mientras / Con que se lo recuerdes. . .
10. Como sea verdad. . . / De ser verdad. . .

26.11

1. Dame la mano para que no me caiga.
2. Pon otra manta en la cama para que no te resfríes.
3. Haced publicidad de la conferencia para que vaya gente/alguien.
4. Vamos a pedir un taxi para que no tenga que llevarnos mi hermano.
5. Hay que echar gente a la calle para que sobreviva la empresa.
6. Bajad el volumen de la música para que no se quejen los vecinos.
7. Van a mejorar el transporte público para que no se quejen los usuarios.
8. Me pasé la tarde con mi abuela para que no se sintiera sola.
9. Hay que ponerle antibióticos para que no siga subiendo la fiebre.
10. Voy a hacer de canguro para mis hermanos esta noche para que vayan al cine.

26.12

1. antes de que 2. una vez que 3. tan pronto como / en cuanto 4. mientras 5. hasta que 6. conforme / a medida que 7. cada vez que / siempre que 8. despúes de que 9. cuando 10. a la vez que / al mismo tiempo que

27 Prepositions

27.1

2. a mi secretaria 4. a un albañil 5. a este monstruo de perro 6. a las enfermeras más que a los médicos 8. a un preso 9. a sus hijos

27.2

2. a mi madre más que a nadie 4. no encuentro las tijeras (without *a*) 8. a sus amigos que a sus propios padres 9. esperan la llegada 10. a los Reyes Magos 11. como a una pobre mujer 12. visitar a la abuela 13. el museo 15. no reconoce (a) la persona y deja pasar (a) una . . .

27.3

It is necessary in all cases except in numbers 2 and 5.

27.4

1. a la que / que 2. a quienes / a los que 3. al que / a quien 4. a los que / a quienes / que 5. a la que / a quien / que 6. a quien / que

27.5

1. a 2. en 3. a 4. al 5. a 6. a 7. en 8. a 9. a 10. en 11. a 12. en 13. a 14. en 15. a 16. a 17. en 18. a 19. al 20. al 21. a 22. en 23. en 24. en 25. al 26. en 27. en 28. a 29. a 30. a 31. a 32. a 33. a

27.6

1. a la plancha, en su punto 2. a favor, en contra 3. en proyecto, a punto 4. a golpes, en exclusiva 5. a dieta, enseguida 6. al hombro, en voz baja 7. en serio, a mano 8. en efecto, a plazos

27.7

1. desde, de 2. desde, de 3. de, de 4. desde, de 5. de, desde 6. desde, del 7. desde / de, desde 8. desde 9. de, de 10. desde

27.8

1. para, por 2. por, para 3. por, para 4. para, por 5. por, para 6. para, por 7. para, para, por 8. para, para 9. por, para 10. por, para 11. para, por 12. por, para 13. por, para 14. para 15. para

27.9

1. por, para 2. por, por 3. por, por 4. por, para / por 5. para 6. por 7. por, por 8. por, por 9. por, por, por 10. por, por 11. por, por, por 12. por 13. para 14. para 15. para 16. para 17. para 18. por 19. para, por 20. por, para

27.10

1. para colmo 2. por si acaso / por si las moscas, por poco 3. por cierto, por lo menos 4. por fin, por si las moscas / por si acaso

27.11

1. por 2. por 3. para 4. por 5. por 6. para 7. por 8. por 9. por 10. por 11. por 12. para 13. por 14. por 15. por 16. por 17. por 18. por 19. por 20. por

27.12

1. por 2. por 3. por 4. por 5. para 6. para, para 7. para 8. por 9. para 10. por, por 11. por, para 12. por, por 13. por 14. por 15. para, para 16. para 17. para 18. para 19. por 20. por 21. para 22. por 23. por, para 24. para 25. por

27.13

1. ante 2. ante 3. ante 4. delante de 5. delante de 6. delante 7. ante 8. delante del 9. ante 10. delante de

27.14

1. bajo 2. bajo 3. debajo de 4. debajo de 5. bajo 6. debajo del 7. bajo 8. bajo. 9. bajo 10. debajo del

27.15

1. después de 2. detrás del 3. detrás de 5. después de 6. detrás del
In 4, *tras* is the only possibility.

28 Relative pronouns

28.1

1. El salvapantallas que más me gusta es el de la puesta del sol.
2. ¿Has imprimido las fotos que hicimos / tomamos / sacamos cuando estábamos de vacaciones?
3. Una de las fotos es del tronco en el que grabaste nuestras iniciales.
4. El hotel en el que nos alojamos era muy cómodo.
5. Una alemana que conocimos en Praga (nos) lo recomendó / (Nos) lo recomendó una alemana que conocimos en Praga.
6. La pareja con la que fuimos a Praga ya se ha / han separado / ya han roto / ahora están separados.
7. El mensaje de texto que César (le) mandó / envió a Rosario era 'tq' que quiere decir 'te quiero'.
8. Pero Rosario ya no estaba segura si César era el hombre con el que / con quien quería salir.
9. La verdad es que creía que por fin había encontrado al hombre con el que / con quien había estado soñando / había soñado.
10. Este hombre que era (un) amigo de su hermana tenía un sentido del humor que a Rosario le encantaba.

28.2

1. que 2. la que 3. que 4. que 5. (d)el que 6. que 7. los que

28.3

The most obvious possibilities are given.

1. Finalmente encontré el anillo que había estado buscando. (restrictive)
2. Esta novela, que/la cual se llama *Hombres de maíz*, me ha gustado muchísimo. (non-restrictive)
   Esta novela, que/la cual me ha gustado muchísimo, se llama *Hombres de maíz*. (non-restrictive)
3. El Escorial, donde/en el cual están enterrados los reyes de España, fue construido por Felipe II. (non-restrictive)
   Los reyes de España están enterrados en El Escorial, que/el cual fue construido por Felipe II. (non-restrictive)
4. ¿Cuál es la casa que tiene un aldabón en forma de pelícano? (restrictive)
5. Balbuceó unas palabras en aymará, que/las cuales no entendí. (non-restrictive)
   No entendí las palabras que balbuceó en aymará. (restrictive)
6. Se detuvo ante el escaparate, en el que/cual había juguetes. (non-restrictive)
   Había juguetes en el escaparate ante el que/cual se detuvo. (restrictive)
7. Manuel de Falla, cuya música me encanta, nació en Cádiz. (non-restrictive)
   Me gusta mucho la música de Manuel de Falla, que/quien nació en Cádiz. (non-restrictive)
8. Vi muchos carteles que anunciaban un circo ruso. (restrictive)
   Muchos carteles que vi anunciaban un circo ruso. (restrictive)
9. Hojeaba las páginas de una revista femenina, entre las que/cuales encontró un billete de cincuenta pesos. (non-restrictive)
   Hojeaba una revista femenina, entre cuyas páginas encontró un billete de cincuenta pesos. (non-restrictive)
   Entre las páginas de una revista femenina que hojeaba encontró un billete de cincuenta pesos. (restrictive)
10. ¿Cuántos años tendrá el joven actor que conocimos anoche? (restrictive)

28.4

1. (el) que / el cual 2. (el) que / el cual 3. quien / al que 4. la que 5. los que / cuales 6. quien 7. la que / la cual 8. (la) que 9. la que (spatial location) 10. [de]l que (de = 'from')

28.5

1. lo que / cual 2. lo que / cual 3. el que 4. lo que 5. lo que 6. lo que / cual 7. lo que 8. el que 9. lo que 10. los que / cuales

28.6

1. cuyos 2. cuyos 3. cuya 4. cuyo 5. cuyo 6. cuya 7. cuya 8. cuya 9. cuyas 10. cuyos

28.7

1. donde 2. como 3. cuando 4. donde 5. adonde / hacia donde 6. (en) donde 7. cuando 8. de donde 9. como 10. cuando.

29 Nominalizers and cleft sentences

29.1

A
1. Mi móvil tiene muchas más prestaciones que el de Alfonso.
2. Carmen es la que da la charla.
3. A los que ganaron se les concedió una medalla / les concedieron una medalla / Los que ganaron recibieron una medalla.

4. Congelaron / fueron congelados todos los sueldos, incluso los de los enfermeros.
5. La economía mundial sigue dependiendo de la industria del petróleo y de la del carbón.
B
1. El de la barba . . . 2. . . . los que trabajan. 3. Los de abajo . . . 4. El que / Quien . . . 5. . . . los que . . .

29.2

Some ideas to capture the force of *lo de* in English are given.

1. When you mentioned the word clubs. . .
2. This question of transplants is the least important thing. . .
3. . . .this following fashion isn't a very good idea. . .
4. . . .what really counts is how you are on the inside.
5. . . .this business of the intensive working day.
6. That children's programme thing that was on yesterday. . .
7. . . .I liked singing a lot (and everything to do with it).
8. . . .it's the same old story. . .
9. The problem about poverty is that it's a vicious circle. . .
10. But is this Palaeography stuff very complicated?
11. . . .getting next day's business ready.
12. . . .they enjoy this football thing.

29.3

1. Fue a su hermano a quien / al que se lo dio. / A quien / al que se lo dio fue a su hermano.
2. Es por la tarde cuando Luis piensa ir a visitarles. / Cuando Luis piensa ir a visitarles es por la tarde.
3. Es comiendo golosinas como uno se engorda muchísimo. / Como uno se engorda muchísimo es comiendo golosinas.
4. Es cancelar la hipoteca lo que me interesa más que nada. / Lo que me interesa más que nada es cancelar la hipoteca.
5. Es solo a base de cometer errores como se aprende. / Como se aprende es solo a base de cometer errores.
6. Fueron Carmen y Antonio quienes / los que se separaron al cabo de cinco años. / Quienes / Los que se separaron al cabo de cinco años fueron Carmen y Antonio.
7. Es con el abogado con quien habrá que tratar este asunto. / Con quien habrá que tratar este asunto es con el abogado.
8. Es la mentalidad de la gente lo que hay que cambiar. / Lo que hay que cambiar es la mentalidad de la gente.
9. Era / es precisamente de eso de lo que te quería hablar. / De lo que te quería hablar era / es precisamente de eso.
10. Es para mi madre para quien / la que quisiera un frasco de perfume. / Para quien / la que quisiera un frasco de perfume es para mi madre.

29.4

1. lo que 2. las que 3. lo que 4. los que *implies the tall ones as opposed to the other sort;* lo que *would imply glasses as opposed to anything else* 5. lo que; (la que *would imply television violence as opposed to any other kind*) 6. lo que 7. el que 8. lo que 9. la que (*Alicia's suggestion as opposed to anyone else's*) 10. lo que

29.5

This is a mechanical exercise, but remember to put the verbs in the right tenses. We give the second possibility for each sentence.

1. Es por eso por lo que voy a leer. . .
2. Es por eso por lo que tengo que ir . . .
3. Fue por eso por lo que fui . . .
4. Era por eso por lo que estábamos . . .
5. Fue por eso por lo que quedó . . .

6. Es por eso por lo que no puedes . . .
7. Era por eso por lo que no me gustaban . . .
8. Ha sido / Es por eso por lo que nos ha resultado . . .
9. Es por eso por lo que siempre vamos . . .
10. Es por eso por lo que no me oyes.

29.6

1. sabían 2. queréis 3. ganamos 4. dirija(s) 5. cobramos 6. estoy / está 7. ves / ve 8. tiene 9. deben / debían / deberán / debieran 10. tendríamos

30 Word order

30.1

1. Esta es la ventana por la que entró el ladrón.
2. Ha aparecido la bicicleta que se llevaron ayer.
3. Entró en el bar un hombre a quien le faltaba una pierna.
4. Este portavoz que tienen los sindicatos es inútil.
5. Las flores que Antonio me regaló / me regaló Antonio están marchitas.
6. Ha llamado el señor que nos trajo los muebles/Nos ha llamado el señor que trajo los muebles.
7. El coche en el que viaja el Rey / el Rey viaja está blindado.
8. Me gusta ese futbolista al que el árbitro sancionó.
9. Ha llegado un fax que confirma los resultados.
10. De repente apareció mi padre, que estaba furioso por lo sucedido.

30.2

A

1. ¿Quién es Aitor?
2. ¿Con quién vive?
3. ¿Dónde vive su hermana?
4. ¿Cuánto mide/cómo es de alto/qué altura tiene?
5. ¿Cómo lleva el pelo?
6. ¿De qué marca lleva los vaqueros?
7. ¿Cuáles son sus pasatiempos favoritos?
8. ¿Qué es lo que más le gusta?
9. ¿Desde cuándo tiene esa pasión?
10. ¿Qué tipo de bici le regalaron sus padres?

B

The word order does not change in indirect questions in Spanish. Remove the question marks and add the sentences to the beginnings given: *no sé, no tengo ni idea de*, and *me pregunto*.

30.3

1. ¡Qué inteligente es esa chica!
2. ¡Cómo me molesta que me observen!
3. ¡Qué cantidad de gente! / ¡Cuánta gente había!
4. ¡Cómo canta esta soprano!/¡Qué bien canta esta soprano!
5. ¡Qué cantidad de problemas tengo! / ¡Cuántos problemas tengo!
6. ¡Cómo te mira ese señor!
7. ¡Qué deliciosa está esta comida!
8. ¡Cómo habla mi madre!
9. ¡Qué cara está la vida en este país!
10. ¡Cómo me gusta el cine!
11. ¡Qué daño me hacen los zapatos!
12. ¡Cómo toca la flauta mi hermano!/¡Qué bien toca la flauta mi hermano!

30.4

1. – a, 2. – b, 3. – c, 4. – b, 5. – a.

30.5

Unlike in English, in Spanish it is possible to place the adverbs between verb and object (1–8). In 9 and 10, while in English the normal order is adverb of place followed by adverb of time, Spanish admits either order.

1. Pagué inmediatamente la cuenta / pagué la cuenta inmediatamente.
2. Habla perfectamente el japonés / habla el japonés perfectamente.
3. Mejor será que abramos en seguida el paquete / abramos el paquete enseguida.
4. Conoce perfectamente a todos / conoce a todos perfectamente.
5. Bate con cuidado los huevos / bate los huevos con cuidado.
6. Esta chica juega al tenis estupendamente / juega estupendamente al tenis.
7. Cantó la canción lentamente / cantó lentamente la canción.
8. Tomé en enero la decisión / tomé la decisión en enero / en enero tomé la decisión.
9. Fuimos ayer a Londres / fuimos a Londres ayer / ayer fuimos a Londres.
10. Estuvo la semana pasada en casa de su hermana / estuvo en casa de su hermana la semana pasada / la semana pasada estuvo en casa de su hermana.

30.6

1. con el que se abren y cierran puertas.
2. en el que se guarda el dinero.
3. con el que se adereza la ensalada.
4. en el que se sienta uno.
5. en la que se encierra a los delincuentes y criminales.
6. con lo que se juega al fútbol.
7. al que se lleva a los enfermos.
8. por lo que la gente se vuelve loca.

30.7

In all these sentences some 'set phrases' have been broken up: 1. *llevar a cabo*: se llevarán a cabo; 2. *darse cuenta*: se dio cuenta de que; 3. *tener que* + infinitive: tienen que estar terminadas; 4. *ir a* + infinitive: se va a celebrar; 5. *hacer público*: hará público .

31 Affective suffixes

31.1

These are the most commonly used:

calorcito / calorcillo, florecita / florecilla, arbolito / arbolillo / arbolucho, farolito / farolillo, solecito / solecillo, ratoncito / ratoncillo, baloncito / baloncillo, trenecito / trenecillo / trenucho.

cabecita / cabecilla / cabezucha, barquito / barquillo(1) / barquichuelo, siestecita / siestecilla, piedrecita / piedrecilla, botellita / botellín(2), callecita / callejuela, tecito, piececito / piececillo.

mayorcito, pequeñito / pequeñín, grandecito / grandecillo, buenecito / buenecillo, malito / malillo, blanquito, marroncito, facilito.

(1)barquillo is a word in its own right with the meaning of 'wafer'.
(2)botellín also has the specific meaning of 'small bottle of beer'.

31.2

a. *bonito* = 'pretty' (adjective) and 'tuna' (noun), *periquito* = 'budgerigar'.
b. *carretilla* = 'wheelbarrow', *mantequilla* = 'butter', *mirilla* = 'peephole'.

c. *cerámica* = 'pottery, ceramics', *barrica* is both a diminutive of *barra* and a word for a cask.

d. *ladrillo* = 'brick', *membrillo* = 'quince', *barquillo* (see **31.1** above), *amarillo* = 'yellow'.

e. *metete* = 'busybody', *periquete* = in the expression (familiar): *en un periquete* = 'in a tick'.

f. *pepita* = pip, seed *favorita* = 'favourite'.

g. *figurín* = 'fashion plate, model', *bailarín* = 'professional dancer', *bombín* = 'bowler hat' (in parts of LA, it is the word for a bicycle pump).

31.3

botellazo(2)/botellón	calorazo	buenón/buenazo
cabezón/cabezota/cabezudo(1) /cabezazo(2)	ojazo	fuertote/fortachón
carpetón/carpetazo(2)	problemón	grandote/grandullón
garrafón	amigote	pobretón
portón/portazo(2)	animalazo	ricachón
tazón	hombrón	tontorrón

(1) *Cabezón, cabezota* and *cabezudo* are more often used in the sense of 'stubborn, pig-headed'.
(2) See ex. 31.4

31.4

1. portazo 2. cabezazo 3. botellazo 4. puñetazos y rodillazos 5. golpazo 6. manotazos 7. codazos 8. carpetazo

31.5

With the exception of *carota* and *palabrota* these are new words that emerged in the late seventies in Spain associated with youth culture. They are now firmly established – even grannies use them.

Bocata = bocadillo = 'sandwich' (*bocaterías* are now seen everywhere in Spain). *Carota* = 'cheeky, cool'. *Cubata* = cubalibre = 'rum/gin with coke'. *Drogota* = 'junkie'. *Litrona* = 'a litre bottle of beer' (that youths buy in supermarkets and share with one another). *Palabrota* = 'swear-word'. *Pasota* = 'someone who doesn't give a damn about anything' (compare with the LA word *quemimportismo* modelled on French *jemenfoutisme*).

31.6

1. b. solterón, c. narigón, zapatón, d. chicote, machote, papelote, e. golpazo, choquetazo
2. a. empujón, camisón, b. estirón, tropezón, c. cinturón, cordón, cajón, e. arañazo
3. a. camión, balcón, corazón, b. emoción, melón, d. coyote, pote, e. brazo, plazo

31.7

1. felpudo 2. plumazo 3. pelmazo 4. peludo 5. orejudo 6. barbudo 7. panzudo 8. cabronazo 9. cornudo 10. pestazo

31.8

The nouns are listed in alphabetical order and each one is followed by its diminutive and augmentative forms.

almohada: almohadilla, almohadón; coche: cochecito, cochazo; hombre: hombrecillo, hombretón; libro: libreta, librote; mano: manita, manaza; mujer: mujercilla, mujerona; nube: nubecilla, nubarrón; piedra: piedrecilla, pedrejón; puerta: portezuela, portón; ventana: ventanilla, ventanal; viento: vientecito; ventarrón; voz: vocecita, vozarrón

32 Spelling and punctuation

32.1

Con solo 18 años se ha erigido en estrella del flamenco. Su primer disco, *Entre dos puertos*, le ha bastado para conseguirlo. Pero Niña Pastori no es una principiante, cuenta con varios premios de cante flamenco. «Empecé a cantar con 8 años», descubre. A esta edad conoció a Camarón quien la presentó en público. «Él era conocido de mi padre y mi tío —comenta la joven cantante —. Me vio actuar en San Fernando y quiso presentarme al público en un gran teatro». La oportunidad surgió a los 10 años, en el Teatro Andalucía de Cádiz: «Entonces no me di cuenta de lo que significaba. Ahora sé lo que fue aquello. Camarón es el mejor, y yo estuve con él, encima de un escenario».

A esa edad aún se tomaba esto como un juego. Cuatro años más tarde decidió dedicarse al cante, «era lo que más me gustaba». Segura de sí misma, Niña Pastori tiene muy claro lo que quiere: «Ser la número uno en el flamenco. Voy a luchar por ello». Sabe que en este mundo resulta difícil entrar pero no se amedranta. «Hoy, las grandes casas de discos se lo piensan mucho antes de contratar a un flamenco, vende más Alejandro Sanz o El Último de la Fila —afirma— . Además hay mucha gente joven que se dedica a esto, y son unos fenómenos».

María Rosa, su verdadero nombre, es la menor y única chica de cinco hermanos. Se educó en el cante gracias a su madre, la cantante Pastori, y a ella también debe su otro nombre, «desde chica todos me conocían como la niña de Pastori».

Y así se quedó. Su profesionalidad salta a la vista. Desprende frescura y simpatía a raudales, cualidades que facilitan su contacto con el público. Sabe qué tiene que hacer para meterse a la gente en el bolsillo. Pero el público no es el único que sucumbe ante su cante y desparpajo, Paco Ortega lo hizo nada más verla. La conoció a finales de 1993 y enseguida se puso a trabajar en el proyecto del disco, «él me presentó a Alejandro Sanz y firmamos el contrato». Ambos producen el disco, bajo la dirección de Ortega.

32.2

Brief notes only are given here.

1. continuo *'continuous'* / continuó *'(s)he continued'*
2. aun *'even'* / aún *'still'*
3. venia *'permission'* / venía *'(s)he was coming'*
4. canto *'I sing'*, *'song' or 'edge'* / cantó *'(s)he sang'*
5. si *'if'* / sí *'himself, herself, itself' or 'yes'*
6. práctica *'practice' (noun)* / practica *'(s)he practises'*
7. sabia *'wise' (f.)* / sabía *'(s)he knew'*
8. cítara *'zither'* / citara 3rd pers. sg. *Imperfect Subjunctive* of citar *'to cite'*
9. mascarón *'large mask'* / mascaron *'they chewed'*
10. amaras 2nd pers. sg. *Imperfect Subjunctive* of amar *'to love'* / amarás 2nd pers. sg. *Future of the same verb*

32.3

1. Poco después de su fallecimiento en 1993, la Dirección Provincial de Asturias en colaboración con la Universidad de Oviedo y los Centros de Profesores preparó material pedagógico sobre la vida y obra del Doctor Severo Ochoa titulado *Homenaje escolar a Severo Ochoa.*
2. Severo José Gerardo Ochoa de Albornoz nació el 24 de septiembre de 1905 en Luarca, Asturias. Comenzó sus estudios en la Facultad de Medicina de la Universidad Central de Madrid en 1923, el mismo año que se jubiló Santiago Ramón y Cajal (Premio Nobel de Medicina en 1906), y consideró su mayor desgracia no haber recibido las enseñanzas directas de Cajal.
3. La obra de Santiago Ramón y Cajal es una de las más transcendentes de toda la Historia de la Ciencia. En *La acción integradora del sistema nervioso*, el famoso neurofisiólogo inglés Sir Charles Scott Sherrington (Premio Nobel de Medicina en 1932) reconoce cuánto le debe a Cajal la Neurología moderna.
4. Al estallar la guerra civil española, Ochoa decidió abandonar España, y Juan Negrín, ministro de la Segunda República y antiguo director del Laboratorio de Fisiología de la Residencia

de Estudiantes, le consiguió un salvoconducto con el que Ochoa pudo llegar a Heidelberg, Alemania donde se convirtió en bioquímico.

5. Tras una estancia en el Reino Unido, primero en Plymouth donde publicó con la colaboración de su mujer Carmen un trabajo en *Nature,* y después en Oxford, Severo Ochoa se trasladó a Estados Unidos y en 1959 compartió el Nobel de Medicina con Arthur Kornberg, padre de la replicación del ADN.

32.4

Había algo nuevo en el ambiente. El padre Ferro desvió la mirada, molesto, cual si estuviese lejos de sentirse a sus anchas en aquel tema. En cuanto a Macarena, parecía preocupada.

—El padre Quart —dijo— tiene una de las postales de Carlota.

—Eso es imposible —objetó la duquesa— . Están dentro del baúl, en el palomar.

—Pues la tiene. Una donde se ve la iglesia. Alguien la puso en su habitación del hotel.

—Qué tontería. ¿Quién iba a hacer una cosa así? —la vieja dama miró a Quart brevemente con recelo—. ¿Te la ha devuelto? —preguntó a su hija.

Esta negó despacio con la cabeza:

—He permitido que la conserve. De momento.

La duquesa parecía perpleja:

—No me lo explico. Al palomar sólo subes tú, y el servicio.

—Sí —Macarena miraba el párroco—. Y también don Príamo.

El padre Ferro casi estuvo a punto de saltar de la silla.

—Por el amor de Dios, señora —su tono era agraviado, a medio camino entre la indignación y el sobresalto—. No estará insinuando que yo. . .

—Bromeaba, padre —dijo Macarena, con una expresión tan indefinible que Quart se preguntó si realmente ella había hablado en broma, o no—. Pero lo cierto es que la postal llegó al hotel Doña María. Y eso es un misterio.

32.5

1. Tu amigo ¿cuándo lo supo?
2. ¿Dónde tienes el abrelatas?
3. Entonces me dije: «¡ah, bueno, muy bien! si no me dicen nada, nada puedo hacer».
4. Esas fotos te han salido estupendas, ¿no es así?
5. ¡Ah!, ¿qué te pasó entonces?
6. Bueno, ¿nos vamos o nos quedamos en casa?
7. El vídeo ese que estábamos viendo ayer, ¿lo tenemos que devolver hoy?
8. Usted tiene tres hijos, ¿no?
9. Es bastante extraño, ¡pero qué le vamos a hacer!
10. Ha escrito muchos libros, ¡pero muchos!

33 General exercises

33.1

1. está 2. a 3. han 4. sido 5. a 6. para 7. mayor /más 8. se 9. al 10. los 11. embargo 12. su / al 13. tuvo 14. que / y 15. para 16. como 17. por 18. de 19. en 20. no 21. que 22. le 23. edad 24. con

33.2

1. desde. 2. con. 3. el. 4. nombre. 5. en. 6. dedicaran/dedicasen (*or another suitable verb in the imperfect subjunctive*). 7. para. 8. ser. 9. al. 10. sin. 11. se. 12. mandaba (*or another suitable verb*). 13. los. 14. enseñasen / enseñaran. 15. para. 16. al. 17. de. 18. de. 19. cayera/cayese. 20. ellos (*or perhaps él*). 21. esa (*or another demonstrative in the feminine singular*). 22. al. 23. tratar. 24. ni. 25. sino. 26. se.

33.3

Para que el coche **siga** siendo el medio de transporte predilecto **e** icono de la libertad individual, a los ingenieros y diseñadores se **les** presentan dos problemas en gran parte **provocados** por el mismo coche . . . Prestaciones e innovaciones tecnológicas que hoy se **ven** . . . Por eso cada nuevo lanzamiento al mercado de un coche de lujo **está** rodeado . . . aunque no **conozcamos** . . . no sólo más ecológicos **sino** también . . . .